普通高等学校"十四五"规划新媒体全能专攻复合型人才培养新形态教材

--- 专家委员会 ---

主　任

张骏德　复旦大学新闻学院教授、博士生导师

副主任

刘海贵　复旦大学新闻学院学位委员会主席
　　　　复旦大学新闻学院教授、博士生导师

委　员（排名不分先后）

胡百精　教育部新闻传播学类专业教学指导委员会副主任委员
　　　　中国人民大学新闻学院执行院长，教授、博士生导师
张涛甫　教育部新闻传播学类专业教学指导委员会副主任委员
　　　　复旦大学新闻学院执行院长，教授、博士生导师
王晓红　教育部新闻传播学类专业教学指导委员会秘书长
　　　　中国传媒大学教务处处长，教授、博士生导师
李本乾　教育部新闻传播学类专业教学指导委员会委员
　　　　上海交通大学媒体与传播学院院长，教授、博士生导师
韦　路　教育部新闻传播学类专业教学指导委员会委员
　　　　浙江大学媒体与国际文化学院院长，教授、博士生导师
严三九　教育部新闻传播学类专业教学指导委员会委员
　　　　上海大学新闻传播学院院长，教授、博士生导师

--- 编审委员会 ---

主　任

严三九　教育部新闻传播学类专业教学指导委员会委员
　　　　上海大学新闻传播学院院长，教授、博士生导师

副主任

陈建云　复旦大学新闻学院副院长，教授、博士生导师
韩立新　教育部新闻传播学类专业教学指导委员会委员
　　　　河北大学新闻与传播学院院长，教授、博士生导师
杨海军　上海大学新闻传播学院副院长，教授、博士生导师

委　员（排名不分先后）

姜智彬　上海外国语大学教务处处长，教授、博士生导师
武志勇　华东师范大学传播学院，教授、博士生导师
王冬冬　同济大学艺术与传媒学院副院长，教授、博士生导师
姜　红　安徽大学新闻与传播学院院长，教授、博士生导师
杜友君　上海体育大学新闻与艺术学院院长，教授、博士生导师
郑　欢　上海师范大学人文与传播学院教授、博士生导师
赵为学　上海大学新闻传播学院副院长，副教授

普通高等学校"十四五"规划新媒体全能专攻复合型人才培养新形态教材

主编 严三九　　副主编 赵为学

新媒体策划与制作

New media planning and production

邓佳煜　罗璇　张雨 ◇ 编著

华中科技大学出版社
http://www.hustp.com
中国·武汉

图书在版编目(CIP)数据

新媒体策划与制作/邓佳煜，罗璇，张雨编著. —武汉：华中科技大学出版社，2022.10（2024.1重印）
ISBN 978-7-5680-8670-7

Ⅰ.①新… Ⅱ.①邓… ②罗… ③张… Ⅲ.①媒体-策划　②媒体-制作　Ⅳ.①G206.2

中国版本图书馆CIP数据核字(2022)第168234号

新媒体策划与制作
邓佳煜　罗　璇　张　雨　编著

Xinmeiti Cehua yu Zhizuo

策划编辑：周晓方　杨　玲
责任编辑：唐梦琦
封面设计：原色设计
责任校对：张汇娟
责任监印：周治超

出版发行：华中科技大学出版社（中国·武汉）　　电话：(027)81321913
　　　　　武汉市东湖新技术开发区华工科技园　　　邮编：430223
录　　排：华中科技大学惠友文印中心
印　　刷：武汉开心印印刷有限公司
开　　本：787mm×1092mm　1/16
印　　张：15.75　插页：2
字　　数：400千字
版　　次：2024年1月第1版第2次印刷
定　　价：49.90元

本书若有印装质量问题，请向出版社营销中心调换
全国免费服务热线：400-6679-118　竭诚为您服务
版权所有　侵权必究

总序
Introduction

随着信息传播技术的快速发展,智能媒体时代、全媒体时代的到来,媒体融合向纵深推进,中国的新闻传播教育也处在大变革、大发展时期。为了大力普及新传播技术背景下的当代新闻传播学知识,为全国普通高等院校新闻传播学类专业的学生提供符合新传播技术发展要求的最新、实用的教材,华中科技大学出版社和上海大学新闻传播学院等单位共同组织编写了一套智能媒体时代的新闻传播学系列教材。

本套教材编撰宗旨:

本着与时俱进、不断革新的精神,大力普及新传播技术背景下的当代新闻传播学理论、知识和技能,并为全国普通高等院校的新闻学、传播学、广播电视学、广告学、网络与新媒体等相关专业提供符合智能媒体时代、全媒体时代要求的实用教材。

本套教材编撰原则:

(1) 与时俱进,不断革新,具有时代特色、中国特色。

(2) 深入浅出,删繁就简,基础理论与实务训练并重。

(3) 继承学术传统,吸收中国新闻改革30多年来的学术成果和典型案例。

本套教材编撰特色:

(1) 吸收当前新闻传播学的最新研究成果。

(2) 以智能媒体、全媒体的新闻传播主要平台为视角。

(3) 以实务为基点阐述新闻传播的主要理论。

(4) 采用大量案例,聚焦新闻传播学类专业新的知识要点。

(5) 注重实际训练,培养学生的基本技能。

本套教材在编撰过程中尽量做到文字通俗易懂但不肤浅,教学案例众多但有特色,紧扣智能媒体、新媒体技术但尊重传统。

本套教材的指导委员会、编审委员会成员来自复旦大学、中国人民大学、中国传媒大学、上海交通大学、浙江大学、华东师范大学、同济大学、安徽大学、上海外国语大学、河北大学、上海师范大学、上海体育大学和上海大学等众多高校的新闻传播学院,因而这套教材是各兄弟院校教师大协作的产物。

参加本套教材编著的老师都长期工作在新闻传播学专业及其相关专业的第一线,多年从事专业课程的教学、科研,具有丰富的教学经验并获得了重大的研究成果。其中,有的是教育部高等学校新闻传播学类专业教学指导委员会委员,有的长期担任中国新闻奖与省部级新闻奖的评委;大多数老师参加过国家级、省部级规划教材的编写;同时他们都参与了大量的新闻工作实践,为本套教材的新颖性和实用价值提供了有力的保证。

本套教材着重强调基本理论知识和案例分析相结合,在内容上既有科学性、系统性,又有很强的可读性、实用性和示范性,同时注重吸收30多年新闻改革的最新成果。每本教材的主编都有多年教学和实践的经验,能够对同类教材及参考书编写的传统结构有所突破,以方便读者更好地掌握课程精髓为目的,以创新为核心,重新构架全书的结构。

在人工智能、大数据、移动互联网、物联网、区块链技术大发展的媒介化社会,新闻传播成为当代社会生活的一个重要方面,媒介素养也成为提高干部素质,乃至提高公民素质的重要方面。本套教材不仅可以作为高等院校本科生、高职高专学生的教材,也可以作为新闻工作者与宣传部门从业人员进修的参考书、广大新闻爱好者的继续教育与自学用书。

我们处在一个革故鼎新、新生事物层出不穷、科技日新月异的信息化时代、数字化时代和智能化时代,客观实践经常跑在思想认识和理论研究的前面。因此,在高校教材建设上,强调面向当代社会实践,面向未来,强调以马克思主义、习近平新时代中国特色社会主义思想等为指导,注重科学性、知识性、前瞻性与实用性,这是我们编写这套教材的共同要求。而其中每一本教材,在框架设计、理论知识阐述、材料运用、行文风格等方面,又各具特色。我们每位执笔人,都把编写教材的过程作为总结经验、研究学问的过程。本套教材也是十多个兄弟院校老师共同的学术成果,必将受到新闻传播学院师生、新闻宣传工作者以及新闻爱好者的欢迎,必将在开展新闻传播教育和指导新闻传播实践中发挥更大的作用与产生更广泛的社会效益。同时,我们也预计到,我们的思考和编写难免有不周之处,敬请读者不吝指正。随着新闻传播学教学、科研、实践的不断发展,这套教材内容肯定要不断充实与更新。我们殷切地期待读者提出批评与建议,使这套教材臻于完善。

张骏德　严三九
2019 年 7 月 26 日

目录 Contents

第一章　新媒体界定与范式　/ 1

第一节　理解新媒体　/ 1
第二节　新媒体的主要类型　/ 15

第二章　网站设计与制作　/ 45

第一节　网站设计与制作基础　/ 45
第二节　网站界面设计　/ 63
第三节　网站内容管理与运营推广　/ 105

第三章　网络专题策划与制作　/ 115

第一节　网络专题概述　/ 115
第二节　网络专题分类　/ 117
第三节　网络专题设计与策划过程　/ 123

第四章　微信公众号策划与运营　/ 128

第一节　微信公众号策划　/ 128
第二节　文案策划与运营　/ 173

第五章　短视频策划与制作　/ 201

第一节　什么是短视频　/ 202
第二节　短视频内容生产　/ 207
第三节　短视频制作　/ 212
第四节　短视频传播策略　/ 220
第五节　短视频营销模式　/ 225
第六节　短视频的潜在问题及反思　/ 227

第六章　附录　/ 231

第一节　网络音频作品制作　/ 231
第二节　网络视频作品制作　/ 240

第一章 新媒体界定与范式

本 章 提 要

人类传播的历史告诉我们:新媒体的出现、新的传播时代的到来都会对人类的生产、生活产生深远的影响。与互联网的兴起与发展的过程相伴的是多种新媒体的孕育、诞生和成长。了解网络背景下快速发展的新媒体,掌握新媒体的策划与制作是传媒人才必修的功课。本章在简要回顾人类传播历史发展脉络的基础上,将带领读者走近新媒体。当然,什么是新媒体?如何去界定新媒体?这是我们首先要解决的问题。在了解新媒体的概念之后,本章将介绍应用于新媒体传播的各种新技术,分析新媒体传播的共同特征,进而列举各类典型的新媒体,研究其不同的传播特性。本章内容将为读者熟悉新媒体以及进一步从事新媒体传播实践奠定基础。

第一节 理解新媒体

网络"新媒体"的出现与快速发展改变了我们的生活,也改变了世界。传播学奠基人威尔伯·施拉姆有一个著名的"最后 7 分钟"的比喻,即把人类历史的 100 万年假设成一天,这样 1 小时约等于 41666.67 年,1 秒钟约等于 11.57 年。这一天中,人类文明的进展如下:

晚上 9 点 33 分,出现了原始语言(10 万年前);

晚上 11 点,出现了正式语言(4 万年前);

晚上 11 点 53 分,出现了文字(3500 年前);

午夜前 46 秒,古登堡发明了西方活字印刷术(1450 年);

午夜前 5 秒,电视首次公开展出(1926 年);

午夜前 3 秒,电子计算机(1946 年)、晶体管(1947 年)、人造卫星(1957 年)问世。

因此,施拉姆认为这一天的前 23 个小时在人类传播史上几乎是空白的,一切重大的发展都集中在这一天的最后 7 分钟。

施拉姆看到了人类传播史最后精彩的 7 分钟,尤其是午夜前辉煌的 3 秒。如今,历史的篇章已经翻到了 21 世纪,伴随着新的思想、新的技术、新的理念、新的习性、新的模式、新的样态的出现,信息传播进入了一个更新的时期。传统的媒体格局已然被打破,人们既惊叹于新媒体的快速便捷,享受着新媒体的自由灵活,体验着新媒体的舒适畅达,又会因新媒体发展的日新月异而感到无所适从。

一、关于新媒体的界定

(一)新媒体的由来与起源

"新"是相对于"旧"而言的,科学技术日新月异,"更新换代""升级提速""扩容增量"等已成为新媒体使用者口中常用的词语。可以肯定地说,今天我们所认可的新技术、新媒体在未来也会变成旧技术、旧媒体,这一规律已经被世界媒体发展演变的历史所证明。基于这一认识,一种关于新媒体起源的说法要追溯至 1959 年 3 月 3 日,加拿大传播学家马歇尔·麦克卢汉在当天参加的一次会议中发表了一个演讲,题目为"电子革命:新媒体的革命影响"。他说:"从长远的观点来看问题,媒介即讯息。所以社会靠集体行动开发出一种新媒介(比如印刷术、电报、照片和广播)时,它就赢得了表达新讯息的权利。……今天,印刷术的君王统治结束了,新媒介的寡头政治篡夺了印刷术长达 500 年的君王统治。寡头政治中,每一种新媒介都具有印刷术一样的实力,传递着一样的讯息……"显然,他在这段演讲中提到的新媒介是指人们新开发出的那些更加新的媒介,比如电子媒介相较于印刷术就是一种新媒介。他并没有对新媒介的概念做出具体的阐述,此处的新媒介仅是一种泛指。

与今天人们的认知更接近的新媒体(new media)一词的源头当属 1967 年美国 CBS(哥伦比亚广播电视网)技术研究所所长、NTSC(美国国家电视系统委员会)电视制式的发明者戈尔德马克发表的一份关于开发电子录像商品的计划书,里面提到了新媒体。1969 年,美国传播政策总统特别委员会主席罗斯托在向尼克松总统提交的报告书中也多处使用了"新媒体"这一概念。从那时起,"新媒体"一词开始在美国乃至全世界流行。

从中国知网的期刊全文检索"新媒体",可以找到最早的一篇中文论文是发表于 1978 年的《教师培养制度演变的一般趋势》,文章指出大功率的新媒体对教师教育、教学带来的有利、有害的影响。其他发表于 20 世纪 80 年代早期与新媒体相关的论文,也多与教学技术的现代化、图书馆媒体的传播和革新有关。

早期真正贴近新媒体技术本质与内核的文章,则是发表于 1986 年的《新技术革命对日本经济的影响》,该文作者是中国社会科学院日本研究所的冯昭奎,他对照日本 20 世纪 60 年代后半期开始的两次信息化热潮,认为在新技术革命中占据核心位置的电子信息技术的应用在日本正变得日益广泛和深入。他在文中提到,"新媒体就是新的传播信息的媒体、工具,包括卫星通信、光纤图像通信、传真、计算机网络、双方向有线电视、文字广播等等,这些传播信息的新工具具有十分灵活而多样的功能,其中有些功能是跨越'传统媒体'的分类的'多重功能'。例如双方向有线电视兼有广播与通信的功能(收看广播的观众可以直接与广播台对话),传真报纸兼有通信和出版的功能,文字广播则可认为是利用电波的出版业"。

1991 年第 6 期的《南风窗》则刊登了一篇题为《日美新媒体争夺战》的文章,可以说是正面揭示了新媒体在日美两国的发展与竞争态势。

(二) 新媒体的诸多定义

许多人试图给新媒体做出界定,比如美国《OnLine》杂志给出的定义,认为新媒体是"所有人面向所有人的传播"。

有学者认为"新媒体这一概念可以从内涵和外延两个方面进行界定。就其内涵而言,新媒体是指20世纪后期在世界科学技术获得巨大进步的背景下,在社会信息传播领域出现的建立在数字技术基础上的能使传播的信息大大扩展、传播速度大大加快、传播方式大大丰富的、与传统媒体迥然相异的新型媒体。就其外延而言,新媒体主要包括光纤电缆通信网、都市型双向传播有线电视网、图文电视、电子计算机通信网、大型电脑数据库通信系统、通信卫星和卫星直播电视系统、高清晰度电视、互联网、手机短信和多媒体信息的互动平台、多媒体技术以及利用数字技术播放的广播网等等。"①

还有学者对新媒体的"类"和"种差"两个方面予以深入剖析,进而提出"新媒体是所有人向大众实时交互地传递个性化数字复合信息的传播介质"②。

也有学者从四个角度来探讨新媒体,得出的认识是:"新媒体"是一个通俗的说法,严谨的表述是"数字化互动式新媒体";新媒体是一个相对概念,特指"今日之新",而非"昨日之新"或"明日之新";新媒体的"新"是以国际标准为依据;新媒体亦是一个宽泛的概念,是利用数字技术,通过计算机网络、无线通信网、卫星等渠道,以及电脑、手机、数字电视机终端,向用户提供信息和服务的传播形态。目前,新媒体主要包括网络媒体、手机媒体、网络电视等媒体形态。③

熊澄宇教授提出,"所谓新传媒,或称数字媒体、网络媒体,是建立在计算机信息处理技术和互联网基础之上,发挥传播功能的媒介总和。它除具有报纸、电视、电台等传统媒体的功能外,还具有交互、即时、延展和融合的新特征。互联网用户既是信息的接收者,又是信息的提供和发布者。包括数字化、互联网、发布平台、编辑制作系统、信息集成界面、传播通道和接收终端等要素的网络媒体,已经不仅仅属于大众媒体的范畴,而是全方位立体化地融合大众传播、组织传播和人际传播方式,以有别于传统媒体的功能影响我们的社会生活"④。

后来,他又用三句话来说明自己对新媒体概念的理解:①新媒体是一个相对的概念,广播相对报纸来说是新媒体,电视相对广播来说是新媒体,网络相对电视来说是新媒体;②新媒体是一个时间的概念,在一定时间段内,总有一种占主导地位的媒体形态,200年前的报纸、100年前的广播、50年前的电视和今天的计算机网络代表着不同时代的新媒体形态;③新媒体是一个发展的概念,它不会也不可能终止于某一固定的媒体形态,新媒体将一直并永远处于发展的过程中。⑤

(三) 新媒体定义的梳理

如何界定新媒体?新媒体到底是什么?学界的认识与看法不尽相同,究其原因,是人们的出发点、侧重点、着力点各有偏好。其中有强调新媒体传播技术的,有突出新媒体传播样

---

① 蒋宏、徐剑:《新媒体导论》,上海交通大学出版社,2006年版,第14页。
② 景东、苏宝华:《新媒体定义新论》,《新闻界》2008年第3期。
③ 匡文波:《"新媒体"概念辨析》,《国际新闻界》2008年第6期。
④ 熊澄宇:《新媒体——伊拉克战争中的达摩克利斯之剑》,《中国记者》2003年第5期。
⑤ 熊澄宇、廖毅文:《对新媒体未来的思考》,《现代传播》2011年第12期。

式的,也有看重新媒体传播功能与效果的,不一而足。

影响大家对"新媒体"一词界定的因素主要有以下几个方面。

1. 新媒体作为传播中介的物理特性方面

人们往往将媒介和媒体两者通用,具体使用时,就媒介而言,无疑更加侧重它作为中介的物理特性,强调它的介质与媒质在传播中存储、传输的作用。从最早被提出直到今日,新媒体都被特别强调突出的是它的新的物理介质这一面,尤其是数字化的传播介质,这也是以往的传统媒体所无法比拟的。

当然,从目前人们的使用频率来看,对"新媒体"一词的使用频率要远远高于对"新媒介"一词的使用频率。

2. 新媒体传播形式、渠道的形态融合方面

与新媒体相对的是传统媒体相对单一的媒介形态,如报纸、广播、电视等,而当我们说到新媒体时,则会联想到文字、图画、声音、静态图像、视频动态图像等多种媒体形态的转换和融合,以及大众传播、人际传播、群体传播、组织传播等多种传播渠道的融合,如现在流行的移动客户端等就充分显现出打破技术鸿沟、汇集多个信道的新媒体形态。

3. 新媒体信息接收的终端

PC端、平板电脑、智能手机等网络信息的接收设备也容易被当作新媒体来对待。

4. 新媒体传播机构层面

除了"介质"这一含义,当人们使用"媒体"这一术语时,会更多地赋予它媒介机构、媒介组织的意蕴,或者说更看重的是它的社会性或大众传播机构的专业属性,如各类网络电视台等。在中国,从管理层面来说,新媒体机构是具有相应资质的、与新闻信息服务相关的机构,特别是指基于新媒体渠道、平台提供信息和服务的传播机构。

5. 新媒体传播平台层面

新媒体的传播功能不是单一的,而是多元复合的。随着网络技术的发展,新媒体已经成为一个综合体,它拥有着信息平台、交流平台、商务平台、娱乐平台等多重身份。

新媒体主要指基于数字技术、网络技术及其他现代信息技术或通信技术的,具有互动性、融合性的媒介形态和平台。在现阶段,新媒体主要包括网络媒体、手机媒体及其两者融合形成的移动互联网,以及其他具有互动性的数字媒体形式。同时,新媒体也常常指主要基于上述媒介从事新闻与其他信息服务的机构。[1]

二、人类传播的几个阶段

人类传播的历史是人们生产生活面貌不断进步、发展的历史,这一发展历程在人类传播工具的更新换代上得到了有力的印证。为了更好地生存,也为了有效地传播,人们不断地发现、发明、创造各种传播工具。一种传播工具就代表了一个时代的特征,梳理这些不同传播工具代表的传播阶段,有助于我们认识今天的新媒体时代。

（一）口头媒介传播

恩格斯认为:"劳动的发展必然促使社会成员更紧密地互相结合起来,因为它使互相帮助和共同协作的场合增多了,并且使每个人都清楚地意识到这种共同协作的好处。一句话,

---

[1] 彭兰:《"新媒体"概念界定的三条线索》,《新闻与传播研究》2016年第3期。

这些正在生成的人,已经到了彼此间有些什么非说不可的地步了。"语言传播是人类传播有别于动物传播的重要标志,这归功于语言的特点和进步。语言具有超越历史时间和空间的能力,既能够表述过去、现在、未来的事与物,也能表现近在咫尺的或遥不可及的事与物;语言具有无限的灵活性,在内容上不受限制。语言还是开放的、包容的,具有不断创新的可能性,能将人类自身发展、改造世界的新成果吸收进语言自身的体系中去。

语言传播是人类文明发展的成果,它使得我们的先民们能够更好地沟通、交流、协调,能够更好地生存和发展。传播的畅通、复杂、精准也确保先民们以群体的智慧、集体的力量来认识世界、改造世界。当然,生产力水平的提高又推动语言自身不断地发展和进步。

有声语言的传播既是一种古老的传播,又是一种生生不息、永远具有生命力的传播。人人都会,人人都用,即便在新媒体如此发达的今天,它也是最常用、最灵动、最广泛的传播。

(二) 文字媒介传播

语言传播并非没有缺陷,比如它传得不广,传得不远,转瞬即逝,不易保存,且容易误传。有没有一种新的媒介可以辅助口头语言,帮助人们保存传播的信息呢?就这样,文字的出现成为历史的必然。

文字的诞生有一个漫长的孕育期,其中比较突出的表现就是人们用记号、图形、图画等符号来记事。随着这些原始的符号逐渐地抽象起来,固定下来,形成标准的、规范的、统一的符号体系,文字便产生了。距今四五千年的时候,文字陆续在世界文明的若干地域产生,两河流域、古埃及、中国等地方的人们是较早使用文字进行信息传播的。

"文字的出现使传者在时空上与信息分离,传受双方从此不必在同一时间和空间出现。"[①]文字的出现,让信息在异地、异时能够实现传播,信息保留得更加长久,且能传播较为丰富、复杂的信息。语言传播要借助人类的发音器官,文字传播则摆脱了这个束缚,但是它的传播需要借助一定的物质载体。文字传播的历史其实也是人们不断寻找、发现、创造新的文字载体的历史。文字的载体有很多,如岩石、泥土、沙子、龟甲、兽骨、木头、竹子、青铜器、丝帛等,但是这些载体并不理想,要么笨拙,要么昂贵,书写费力,且携带不便。纸张的发明真正解决了文字书写面临的现实难题,大幅提升了文字传播的效果和效率。

(三) 印刷媒介传播

文字媒介有力地推动了人类信息传播和人类文明的发展。不过,文字、知识、受教育权在相当长的时间内被社会中的少数人占有和垄断,知识阶层、宗教人士、官僚阶层是文字传播的主要受益者。而印刷术的发明则将信息传播带入一个新的天地,它和造纸术一起,极大地拓展了信息传播的范围,也极大地提高了信息传播的时效。

中国古代的印刷术包括雕版印刷和活字印刷。雕版印刷是将文字反刻在整块的木板或其他材料的板上,再加墨印刷,现存最早的雕版印刷的印本是中国唐朝的《金刚经》。宋代庆历年间(1041—1048年),毕昇发明了活字印刷,他用胶泥做成活字字模,可根据印刷需要,自由排列组合字模,反复使用。1456年,德国人古登堡将从中国传过去的活字印刷进一步改造成了金属活字印刷。

印刷术的发明让文字得以不断复制,使人类的传播规模空前巨大,传播速度极大提高,

---

① 李凌凌:《网络传播理论与实务》,郑州大学出版社,2004年版,第5页。

受众群体急剧扩张。如果说在文字媒介时代,人们主要依赖人际传播渠道进行信息传播,到了印刷媒介时代,便逐渐形成专业的传播机构,社会上也出现了职业传播者,大众传播的兴盛成为历史的必然。印刷媒介传播使知识的垄断、阅读的垄断被打破,推动了社会生产力的发展,伴随着传播领域变革的是人类政治、经济、文化等各个领域的变革。

(四)电子媒介传播

以广播、电视为代表的电子媒介的出现,使跨越时空的实时远程传播成为现实。1920年,世界上第一座广播电台 KDKA 电台在美国匹兹堡开始播音,1936 年,英国广播公司(BBC)开始传送电视节目。

电子媒介具备印刷媒介所不具有的优点:时效快,受众面广,信息传播效果好,给人以生动亲切的感受。电子媒介使人类器官接收信息的能力大大提高,具有其他媒介传播无法比拟的长处,把信息传播带进了一个包含声、光、电的更加精彩的信息环境中,所以很快就成为广受大众欢迎的一种强势传播媒介。

从人类社会信息系统发展的角度来看,电子媒介还在另外两个方面具有里程碑式的意义:它形成了人类体外化的声音信息系统和体外化的影像信息系统。过去,无论是声音还是影像,其本身都不具备复制性和记录性,以至于考古学家无法找到它们的"化石"。电子媒介出现以后,情况就不同了,随着摄影、录音和录像技术的进步,人类不但实现了声音和影像信息的大量复制和大量传播,而且实现了它们的历史保存。[①]

三、新媒体传播技术概览

人们频繁使用"信息社会""信息爆炸""信息革命"等词语来描述当今社会的特征,这也表明信息已经在人们日常的工作、学习、生活中扮演着重要的角色。

我们生活的世界是由物质、能量和信息构成的,人们对物质和能量的研究起步较早,成果也较多,相比起来,人们对信息的认识则要晚得多。

客观存在的一切事物,都是在不断运动和相互影响、相互作用的,其影响和作用的内容与结果,除了物质、能量之外,还包含了信息。信息是物质的普遍属性,是系统中事物的存在方式或运动状态,是客观存在的一切事物的反映。

当人类社会由高度工业化的社会向信息化社会转型的时候,意味着一种新的技术革命的到来。在信息化社会,人们在更深广的社会领域运用信息化的理论、规则、方法和技术来处理社会事务。

(一)计算机的诞生

计算机的诞生要追溯到 20 世纪 40 年代的美国,一台名为"电子数字积分计算机"(简称 ENIAC)的机器研制成功,它正式揭幕于 1946 年 2 月。这台巨型计算机重约 30 吨,使用了约 18000 个电子管、70000 个电阻器。它的出现标志着计算机时代的到来。从那以后,人们不断地改进计算机研制技术,计算机的体积越来越小,运算速度越来越快,存储容量越来越大。之后计算机的发展经历了电子管计算机、晶体管计算机、集成电路计算机、大规模集成电路计算机和人工智能计算机这几个大的阶段。

[①] 郭庆光:《传播学教程》,中国人民大学出版社,1999 年版,第 33 页。

(二) 计算机网络的形成

早期的计算机需要人工输入数据资料,不能充分发挥它快速计算的优势,人们希望可以通过通信线路将等待处理的数据输送给计算机,由计算机运算处理后,再由通信线路传回来,这样计算机通信便出现了。

计算机通信是计算机网络构成的基础,它可以把计算机、终端彼此之间连接起来进行信息处理和资源共享,是计算机和通信结合而产生的通信方式。一个典型的计算机网络应该由计算机、数据信息、通信设施以及人组成,其中计算机从微型到巨型不等。数据信息可以是一个文件,也可以是一个数据库。通信设施常见的则有电话线、光缆等。在今天,网络接入技术大致分为有线网络和无线网络两类,区别在于是否通过传输介质来实现连接。有线网络中,计算机之间必须用一定的介质连接,这些介质包括电缆、光纤等。无线网络采用视线介质,包括电磁波、微波、卫星等。

早先的计算机网络采用的是以一台或几台计算机为中心,连接大量远程终端的集中式处理系统,如果处于网络中央的计算机出了故障或遭到破坏,那么整个计算机网络都将瘫痪。1963年,在美国国防部工作的拉里·罗伯茨提出了"分组交换"的技术设想。进行分组交换的计算机网络线路使得不同速率终端、不同协议的设备之间可以实现互相通信。20世纪60年代末,美国国防部开始资助建设一个叫阿帕网(ARPANET)的项目。该项目出于军事目的,须保证计算机网络的某一部分在遭到攻击破坏后,其他部分仍然能够有效运行。阿帕网将位于4个城市的4所大学的计算机连接起来,利用网络分布处理技术,即便网络的部分节点不能工作,系统也会自动绕开这些节点,通过其他路径将通信网络继续连接起来,这样就能使军事系统保持畅通。

计算机网络是用通信线路和通信设施,依据共同的通信协议将分布在不同地点的计算机连接起来,以实现互相联通、资源共享的系统。网络上的每一台计算机就是一个节点。

人们把计算机网络分成广域网和局域网两大类。它们的主要区别在于网络节点分布的地理范围、传输速率、通信性能等。

局域网(local area network,简称 LAN),通信范围较小,在几平方千米之内,比如在几幢楼房或一个单位之间,常见的有校园网、企业网等。它的特点是组建方便、成本低、传输效率比较高。

广域网(wide area network,简称 WAN),通信范围可以达到几十平方千米以上,甚至可以达到上万平方千米。大多数公用数据通信网属于广域网,多委托电信部门建设、管理,与局域网相比,广域网的传输速率要低一些。

互联网是把大大小小的计算机的局域网和广域网连在一起的网络,它是"网上网",在这个网络里的计算机相互之间都可以连通。世界上各个地方的网络被互联网连接在一起,形成了一个集大成的信息资源网络。互联网使用的正是分布式网络结构,阿帕网是它的雏形。互联网分布式网络结构去掉了网络中心的交换点,每个节点都有许多的途径通向其他节点,实现了网络新媒体传播的多样化,提高了网络新媒体的可靠性。

(三) 通信协议

通信协议指计算机之间彼此传输数据的规则的集合,即任何计算机与其他计算机对话时都必须使用的语言。要将那么多计算机联系起来,就必须为计算机网络中的节点与节点间的信息交换制定相应的规则,包括说什么话、什么时候说、怎么说话,否则就是各说各话,无法连通。

　　计算机网络的结构化模型是计算机互联的基础,即采用层次结构来解决网络间的兼容和连接。国际标准化组织(International Standard Organization,简称ISO)提出了开放互联系统(open system interconnection)参考模型OSI,此模型分为7层,即应用层、表示层、会话层、传输层、网络层、数据链路层和物理层。每一层有不同的功能,各层之间互相配合,共同完成通信任务。

　　现在的TCP/IP(传输控制协议/网络间协议)是对OSI的简化。传输控制协议(transmission control protocol)负责传输层面,用来确保数据抵达目标。网络间协议(internet protocol)主要用在对每一台计算机的地址进行标识上,它帮助、允许任何数量的计算机连接起来,统一运行。20世纪80年代,TCP/IP成为互联网的标准协议,所有网络都采用这一网络世界的"共同语",这标志着互联网的正式诞生。随着通信技术的不断进步与发展,互联网的应用日趋广泛,如今它早已跨出专业领域,全面渗透到人们生活的各个方面。

　　1989年,欧洲粒子物理实验室的科学家蒂姆·伯纳斯-李提出了万维网(world wide web,简称WWW)的技术构想,1990年,他建立了首个万维网网页。万维网的成功在于制定了一套信息存储、检索、处理的标准,采用超文本开发语言(html)和超文本传送协议(http)的应用形式。不同于建立在文本基础上的信息检索,万维网是由无数个含有超文本链接的网页组成。

　　(四) 超链接

　　超链接是网络与新媒体中两个元素、对象之间借助网络技术实现连接的一种最基础的技术。超链接可以用于网站与网站之间,一般采用绝对URL的超链接方式;也可以用于在同一个网站内由一个目标指向另一个目标,目标可以是一页文本、一张图片、一个视频文件、一个电子邮件地址,甚至是一个应用程序,此时一般采用相对URL的超链接方式。①

　　(五) 超文本

　　超文本是一种按照信息之间的关系,非线性地存储、组织、管理和浏览信息的计算机技术,它的本质是在文本内部和文本之间建立关系,然后采用超链接的方式,实现不同空间的信息间的快速访问、实时交互,从而将原先单一的文本变成可以无限延伸、扩展的超级文本、立体文本。②

　　(六) 万维网

　　事实上,万维网连接的就是海量的文档系统,Web网页以多媒体(包括文字、图像、声音、视频等)的形式出现。用户在页面上只需轻移鼠标,点击页面上预先内嵌的链接,这些链接表现为凸显的字、词、图画,就可以切换到另一个页面,另一个相关的文件或文档的信息就会呈现出来。而这样的跳转将会无穷无尽,与以往预先编制的静态的、线性的、封闭的次序不一样,Web网页提供的是更加方便灵活、丰富多彩的信息组织模式,信息界面的越发友好为互联网的推广、网民的活跃奠定了扎实的基础。

---

① 詹新惠:《网络与新媒体编辑运营实务》,中国传媒大学出版社,2019年版,第9页。
② 詹新惠:《网络与新媒体编辑运营实务》,中国传媒大学出版社,2019年版,第9页。

(七) 数字化

数字化是新媒体传播技术中的一个重要技术，它关联着信息的采集、存储、传送、分析、管理、查询和控制。美国麻省理工学院的教授尼葛洛庞帝于1995年率先提出数字化信息空间的概念。他认为数字技术将是未来社会的主导，人类将生存在一个数字化的虚拟空间中，在这个空间中进行各种活动，比如交流、学习、工作、娱乐等。比特是数字化信息的"DNA"，是数字化信息的最小单位，如果说物质的基本粒子是原子的话，那么由"1"和"0"组成的一串串"比特"就是数字信息的基本粒子。比特能以极快的速度进行传播，没有尺寸和重量，易于复制。传播时，时空障碍完全消失，在被无数次的复制和大比例的压缩之后，比特仍然不会有任何损失。

传统的信息传播是"模拟化"的，文字、图像、声音之间壁垒重重，不能互相转化。运用数字化技术后，所有复杂的信息都转变为以数字为基础的二进制代码，建立起数字化模型，由此，文字、图像、声音都能转化为比特信息，以"1"和"0"来简化处理，原先不同的信息形式可以便捷地进行互换。数字化的压缩技术和纠错性能使信息存储、传送变得更加方便有效。数字化新媒体拓展了信息传播、接受的手段以及展现的样式。

(八) 数网合并

社会信息化的进程中有三个标志性系统：计算机系统、电子通信系统、广播电视系统，这三个网络系统都与信息处理技术相关。今天几乎所有的通信都已经或正在数字化，把计算机通信、邮电通信、广播电视通信三种不同的信息传输方式融合为一体，在功能上形成综合业务数字网 (information services digital network) 也是大势所趋，尽管三种网络在经营、管理、服务方面仍在各自为政，彼此独立。

(九) 从 Web1.0 时代到 Web2.0 时代

Web2.0 的概念被认可和使用始于 2004 年 3 月，蒂姆·奥莱利创办的 O'Reilly Media 公司和其他几家媒体公司举行了一次头脑风暴会议。后来，蒂姆·奥莱利发表了文章《What Is Web 2.0》，对 Web2.0 的概念进行了分析，并给出了一个框架，奥莱利也被视作 Web2.0 想法的代表性人物。

Web 2.0 概念被提出后，人们自然而然地将概念出现前的时期当作 Web1.0 时期。Web1.0 时期，网络公司、门户网站的主要任务是将以前没有在网上出现过的东西"搬运"到网上去，通过吸睛的内容来聚拢人气，为用户服务，秉承的是"内容为王"的法则。从传播模式来看，还没有完全打破"以传播者为中心"的单向模式，仍然沿袭了传统媒体的思路：传播的核心仍是传者提供了什么，受众或用户就能看到什么；什么样的信息能够让受众停留，网络公司、门户网站就提供这样的内容供大家"围观"。

Web 2.0 概念虽然已被提出，但到底是怎么回事，人们也说不清，关于它的定义也难以完全统一，但是大家在某些方面还是能达成共识的。比如，就用户而言，他既是读者，也是作者，他还可以积极主动地参与到网络内容信息的建设和创造中去，成为网站多元制造者中的一员，网络交互性、开放性的特性被彰显出来，网民无限的创造力被彻底释放出来。

正如奥莱利所说的，互联网已经成为一个平台，且这个平台是利用集体智慧的平台。平台的主要目标就是要为用户提供较好的服务和应用，以满足他们的需求，这样也就能让他们更好地发挥聪明才智，贡献内容，相互交流，共同建设网络。

与Web 2.0关联的一个概念UGC(user generated content,用户生产内容)应运而生,用户主导、用户生产、用户贡献的DIY互联网建设模式吸引了更多人的参与热情,互联网真正成为我们大家共同创造、共同享有的网络。

(十) 5G——通信技术从1G到5G

2G让人们进入了数字时代。但这一时期,手机速度慢、容量低,就媒体而言,它们在手机上较少有自己的用武之地,能发挥自己能量的当属手机报,即在手机上发送新闻、图片、广告等。

3G让人们进入了移动互联网时代。这一时期,智能手机开始出现,随之而来的是令人眼花缭乱的各种应用。传统媒体在先前手机报的基础上,相继开发出各类新闻客户端。一些新兴的互联网媒体也不甘示弱,利用自身的网络优势,推出了影响力大、受众面广的新闻客户端。同时诸如微信、微博等自媒体平台也借着社交媒体平台快速搭建的东风强势爆发。但是受限于宽带速度慢、收费高昂,此时新媒体的传播仍然以文字和图片等信息为主。

4G技术驱使移动互联网迅猛发展。4G时期,在网络速度快速提升、资费调整总体合理的背景下,移动互联网的服务更加深入人心。大量借助互联网起家的媒体平台空前扩张,发展壮大,赚得盆满钵满。除了3G时期出现的那些手机应用继续聚拢人气且向更广的人群普及之外,一些新的媒体业务尤其是短视频传播迎来了井喷式的发展,许多网民都沉浸在短视频这一信手拈来的新型传播样式中而无法自拔。尽管4G技术已经有了前所未有的进步,但是人们对网络应用的需求却一直在更新,对网络服务的设计和开发也从未停止过步伐。

国际电信联盟(ITU)发布的5G白皮书定义了5G的三大场景:移动宽带增强(eMBB)、海量机器类通信(mMTC)和高可靠低时延(URLLC)。

与4G网络相比,5G网络的第一个特点是全面提高了移动通信数据的传送水平和传送速度,具有更高的速率、更宽的带宽。在数据的传输速度上,5G网络明显要比4G网络快得多,广大网络用户的体验得到了明显提升,如表1-1所示。

表1-1 4G网络与5G网络对比[①]

指标名称	流量密度	连接数密度 (万·km^{-2})	时延 /ms	移动性/ (km·h^{-1})	能效	用户体验速率	频谱效率	峰值速率/ (Gbit·s^{-1})
4G参考值	0.1 Mbit/ (s·m^2)	10	空口10	350	1倍	10 Mbit/s (urban/suburban)	1倍	1
5G取值	10 Tbit/ (s·km^2)	100	空口1	500	100倍提升 (网络侧)	0.1~1 Gbit/s	3~5倍提升	20

4G时期,3D技术的运用因遇到带宽不够等通信条件的阻碍,而导致VR、AR难以实现,超高清视频等大流量移动宽带业务难以普及的这些难题,都会在5G网络中得到解决。

5G网络第二个特点是它可以在不同的移动通信设备之间进行通信,即人、机器、系统相互间的通信,也就是万物互联。万物互联时代,使用终端数量将会急剧增加,一个人会有多个终端设备——手机、电脑、iPad、智能手表、智能家居等。电子设备需要有电源,在耗电量

---

① 董江波、刘玮、任冶冰等:《5G网络技术特点分析及无线网络规划思考》,《电信工程技术与标准化》2017年第1期。

低的情况下,想要获得较好的使用体验,延长智能产品的使用寿命,接入与管理的低能耗、低成本也是5G时期物联网技术发展的一个重要要求。

5G网络的第三个特点是高可靠性、低时延。这一场景多表现在那些对延迟需求比较敏感的行业中。在自动化领域、无人驾驶领域、远程操控领域等,对时延的要求特别高,因为这涉及高安全标准要求和高精密度要求,所以要保证生产和生活的绝对安全和高效率、高质量。

5G时代已经到来,它的发展前景不可估量。打个比方,如果说4G的目标是让所有人连接起来成为可能,那么5G似乎要奔向连接一切的这个宏伟目标。

四、新媒体传播的特征

(一) 新媒体传播超越时空

快是人们对新媒体传播特性较为明显的感受之一。在第一时间,以最快的速度获得最新的消息,这是受众的期待。计算机技术、通信技术等网络媒介技术的急速发展,为新媒体信息的迅速传播提供了物理介质和性能的保障。

1. 传出的迅速、及时

印刷媒体和电子媒体占主导的时期,人们获取信息要经过很多道关口,从采集、写作、编辑、录制到最后的刊发与播出,从一审、二审到终审,出版周期的限制,播出时段的束缚,一条信息到达受众那里需要费很多周折,尽管广电媒体也在努力追求时效性,但是终究需要新媒体技术来帮助它们突破传播的瓶颈和难题。

在新媒体时代,传播者常用的现场报道、图文直播、视频直播等手段一改以往媒体传播在时效性方面的尴尬,省略了许多复杂烦琐的程序和步骤。无论新闻人物在哪里,无论事件焦点在何处,这些突发的、偶发的,以及正在发生的事件,传播者只要连接上网络,便能运用新媒体抢得先机,第一时间甚至是瞬间让全世界的人们获知事件信息。信息的发出与信息的到达几乎同步,新媒体与新媒体之间的竞争以读秒来计算。零时差的传播速度让受众更加贴近时代的脉搏,随时掌控社会的变动。

2. 接收的即时、自由

新媒体与传统媒体传播的区别还表现在受众接收的即刻性上。日常生活中,人们错过第一时间的信息传播是很正常的事,因为一个人不可能全天候地守着媒体,他的时间和精力限制着他对所有信息的接收,在以往,即便是那些人们急切想要了解的信息,也有可能与播出时间失之交臂。比如说广电节目的播出都是一次性的,人们错过了播出时间也无法使节目重现,所以想要获得自己需求的信息,必定得在固定的时间做好准备,以防错过。但是到了新媒体时代,人们可以自由地掌控自己的时间,即刻搜寻自己想要的信息或者是错过的种种信息。这种方便、灵动的信息接收方式把人们从过去固定、死板的传受模式中解放出来,人们再也不用在规定时间做出规定动作,人们可以在空闲的时候、方便的时候、需要的时候,在自己愿意的任何时候去接收信息。只要你有需求,网络新媒体即刻会将信息呈现在你面前。

3. 传播的全天候和全方位

新媒体可以做到24小时不间断地滚动播出新闻等诸多信息,全天候时时更新推送,无缝对接各种消息,对信息的传播更加完整、全面、丰富。任何时候,只要受众去接触新媒体,就可以获得最新的讯息,了解最新的事实动态。

互联网新媒体除了不受时间限制,还极大地摆脱了空间上的限制。地球已然成为一个连接你我他的大村庄,远在天边的,近在咫尺的,世界上任何地方重要的、新鲜的、有趣的信息,都可以汇聚到新媒体上,让用户零距离地接收和使用。随着无线网络覆盖范围的扩大,4G、5G技术等广泛应用于人们的日常生活,一种新的发展趋势开始出现:生活的媒体化或媒体的泛在化。人们生活的各个领域几乎都被新媒体逐渐占领,新媒体也几乎扎根于现实世界的各个角落。无时不在、无处不在的新媒体对当代人的生活产生了全方位的深远影响,可以说大家就生活在一个全景全息的新媒体环境中。

(二)新媒体传播的交互性

交互性是新媒体的一个显著特性,它意味着信息传播者和受众之间的信息流动是双向的,两者对信息的掌控角色和驾驭地位几近平等。

在新媒体涌现之前,传统媒体是信息传播的重要阵地,不过报纸、广播、电视等传统媒体的代表基本上属于典型的大众传播。传播者传递信息时,对自己的受众的认知是模糊的,可谓不见其人,未曾谋面。虽然说传统媒体的传播者也在研究自己的受众,比如在宽窄适度、范围适中的原则下确定核心受众群,明确自己的传播对象。又比如根据人口统计学原理,传统媒体将自己的受众在性别、年龄、职业、地域、教育水平等方面进行划分和研究,努力扩大稳定受众群,进而将潜在受众转变为现实受众。

然而大众传播本质上仍是不定向传播,它们的受众广泛地、混杂地、隐蔽地存在于社会之中。这样,作为传播链条上的两端——传播者和受众的角色与分工就被严格地区分开来。前者的传播主动积极,但不乏盲目自我;后者的信息接收被动消极,无助无奈常常相伴。两者的不对等,让传播者成为传播的中心,传播者拥有主导权,控制着信息源,由这个中心向广泛的社会大众不断进行单向的、线性的信息传播,难免给人一种自说自话、居高临下的感觉。虽然传统媒体也在试图建立并拓宽受众反馈的各种渠道,虽然能得到一些受众的反馈,但是这种反馈的效果实在不尽如人意。

建立在网络信息传播技术基础上的新媒体,打破了先前传播者与受众双方泾渭分明的格局,传播迅速、交流便捷、互动常态化等优势消解了"以传播者为中心"的传播模式。受众的意见、想法不仅能及时准确地反馈到传播者那里,而且就传播者而言,受众想看什么、想听什么、想用什么、想要获得什么变得尤为重要。受众不再无足轻重,他们成为判断新媒体传播是否成功的最有力的评判者和发言人。传播者竭尽所能地去满足或取悦受众。

除了传统媒体的传受双方关系的演变,互联网新媒体也让众多普通人之间的沟通与联系变得更加方便、畅达,众多新媒体为用户提供了信息交互的平台和场所,诸如社区、论坛、贴吧、留言板、即时通信等,一旦接入了新媒体网络,人们便能享受网络带来的便利,自己的意见、心声、诉求、愿望都能借助新媒体进行聚合、碰撞、发酵,相同的、接近的、迥异的、对立的诸多思想与观念也得到平等与自由地传递,充分和广泛地交流,新媒体带来的变革是以往任何时期都无法比拟的。

(三)新媒体传播的海量性

为了提高传播的容量,传统媒体的报纸从几个版面增加到上百个甚至更多版面,广播电视也从数个频率、频道调整到几十、上百个频率、频道。传统媒体无论怎样扩版、扩容,它们的承载能力终究有限,传播容量会受到限制,但是新媒体却完全不受此限制。

人们进入网络就好比进入了浩瀚无垠的信息的海洋,里面的信息取之不尽、用之不竭。互联网将处于世界各地的计算机连缀起来,形成一张无所不包、应有尽有的信息和服务网络。

如今,人们获取知识、信息的最常见的方式便是利用网络新媒体去进行搜索,因为这是最便捷的一种方式。当我们对某个事物不清楚、不了解时,不再会像以前那般,只能跑到图书馆,抱起百科全书、大辞典一页页地翻阅。我们可以直接上网检索和查阅这些事物的概念,而且利用新媒体我们可以找到众多的百科全书、大辞典的电子版本,就能非常容易地找到我们需要的答案。当我们在搜索引擎中输入某个关键词,便能跳出成千上万条相关信息,人们可以利用"高级搜索""在结果中搜索"等方法,进一步缩小信息范围。事实上,人们现在的困惑并不是找不到信息,而是在面对铺天盖地的海量信息的时候会显得有些手足无措,信息泛滥、信息爆炸给人们又带来了新的挑战。

新媒体的联想功能、链接技术同样为海量信息的涌现提供了坚实的后盾。利用事物之间的关联性,把用户从一个目标指引向另一个目标,从一个节点指引向另一个节点,这种指引可以无限延伸、无穷扩展。新媒体大容量信息的保障以及新型阅读模式的使用有助于拓展人们认知的深度与广度,这是传统媒体难以做到的。

(四)新媒体传播的开放性

网络的开放性表现在系统开放、传播开放、用户开放三个层面。系统开放包括不同硬件共存、不同软件系统共存、不同网络共存;传播开放包括时空开放、信源开放、信道开放、内容开放和反馈开放;用户开放包括进入无限制、退出无限制、表达无限制、互动无限制。[①]

回顾人类传播史,大家会发现人们对媒体的占有和使用并不平等。权贵阶层、统治者为了自身利益一直企图剥夺普通民众拥有的信息传播自由的权利,普通民众不论是知情权还是表达权都受到严格限制,媒体是少数人垄断的媒体。加上传播工具不先进,传播条件落后,普通民众接收信息、获得信息始终障碍重重。从这个意义上讲,一部人类传播史也是民众争取传播自由的历史。即便到了大众传播阶段,媒体的传播已经成为一种不定向地面对广大受众的传播,但是由于媒体介质本身的局限性,以及传播技术的束缚,民众面对的仍是一个不够开放的传播系统。比如报纸的出版发行明显受到时间、空间的限制,传得不快,也传得不远。广播电视虽然传播速度跟上了,但是受传播条件和技术的影响,其传播时间、传播范围、传播容量、传播质量都还不是最理想的状况。

互联网是一个开放的网络,在这一网络上进行信息传播,其传播过程的各个环节、各个阶段都处于开放的状态。互联网的节点与节点之间有无数条途径可以连通,每一个节点背后的用户从根本上说是平等的,他们既是信息的接收者,也是信息的传播者。

首先是信息的共享。新媒体网络技术的革命性进步,让信息传播进入了一个无比广阔的天地,信息可以自由流通,资源可以共同分享。先前传播过程中的藩篱与屏障几乎都被打破与消除,只要信息发布者将信息传播出去,就意味着这条信息已经到达了地球的各个角落,世界各地的人们都有机会关注、了解这一信息,所以这样的传播跨越了时空,跨越了民族,跨越了国界,跨越了洲际。不管受众是什么样的种族特征、政治背景、经济地位、文化基

---

① 詹新惠:《网络与新媒体编辑运营实务》,中国传媒大学出版社,2019年版,第9页。

因，都能平等自由地去接触并使用新媒体网络资源。尽管有媒体把关人的存在，也有付费项目的设限，但是网络的信息通道毕竟已经建设好，其开放程度着实让人们兴奋不已，乐在其中。

其次是信息的共传与共创。尽管新闻记者以新闻报道为职业，但是他们的精力与能量毕竟有限，他们不可能网罗天下所有新闻，错过重要新闻不可避免，手头没有精彩新闻也是常态。随着新媒体时代的到来，记者也会借用新媒体来丰富自己的新闻报道素材，拓宽自己的传播范围，提升自己的报道水平。众多网友们的论坛、空间，热心市民的反馈、爆料，朋友圈的任何动静都可能成为记者关注的重要领域，新媒体仿佛成了记者围猎捕杀的新战场。更多的真材实料和新闻线索来自网络这一"虚拟"空间，更多的深度报道、焦点新闻得益于记者在互联网上的深耕，许多被报道的新闻人物和新闻事件受到全国甚至全世界的人们的关注。

当然，新闻信息的提供与传播不再是记者的专属权利，新媒体时代人人都有"麦克风"，人人都是"记者"，受众也成了传播者。许多新闻的首次传播并不是由记者完成的，而是来自第一现场的目击者、证人或者当事人。移动手机普及的今天，传播意识、分享愿望强烈的当下，普通民众生活在一个被媒体包围的世界中，"机不离手""机不离身"，他们任何时候都可以将自己看到、听到的、想到的，以及自己经历过的新鲜的事、好玩的事、痛苦的事、幸福的事、麻烦的事，经由网络新媒体让更多的人知道。

新媒体网络也让一个言论自由的市场诞生，在这里大家畅所欲言，各种声音、各种观点、各种思想汇合交流，碰撞砥砺，早先被所谓少数"社会精英"垄断的话语权逐渐被消解，一个意见多元的网络舆论场已经形成。

（五）新媒体传播的融合性

"媒介融合"这一概念最早由美国麻省理工学院媒体实验室的浦尔教授在其1983年出版的著作《自由的技术》中提出，它是指各种媒介呈现出多功能一体化的发展趋势。

传统媒体受限于传播介质、传播手段、传播技术，它们的传播形态往往较为单一，比如平面媒体中的报纸、期刊，以印刷在纸张上的文字、图片等符号来传递信息，读者调动自己的视觉器官，接受相对静态的信息。

广义的广播（broadcast）包括声音传播和电视传播，泛指通过无线电波或导线向广大地区或一定区域播送声音、图像信息的大众传播手段。声音广播媒介只能传送声波信号，以语言广播为主，同时也能传送音乐、新闻现场的各种声音等。在收听广播时，人们调用的是自己的听觉器官。

电视媒介则是一种综合性的媒介，它既传送声音信息，也传送图像信息，还传送印刷媒体传播的符号信息。

印刷媒体的长处是记录性好，便于反复阅读和研究，保存时间比较长，但是它的不足也显而易见：出版周期长，时效性差，也不及声音、图像那样来得真切、逼真、有感染力。广播的长处是：传播速度快，时效性强，感染力强，但是节目播出后稍纵即逝，不易保存，选择性也较差。电视的长处是：时效性强，并且有强烈的现场感，简洁明了，给人以生动和亲切的感觉。当然其不足的地方同样表现为不易保存，选择性差。

网络新媒体填补了先前媒体技术上的鸿沟，融合了多种媒体技术手段，弥补了单一媒介的不足，将各种媒介信息传播的长处予以集中体现。媒体融合表现为把文字、图片、音频、视频、动画等多种媒体形态进行整合，以多种媒介形式立体展示信息的全貌，使其图文并茂、声像并举，甚至在某些媒介形态之间可以进行互相转换，如声音与文字的互换。对于特定的报道对象，其信息的传播也更加灵活多变，可以选择最合适的形式、手段、角度予以处理加工，力求达到最佳的传播效果。

融媒体技术意味着过去那种单打独斗的信息传播、信息呈现已经过时，各种各样的信息现在已经能够融合在一条信道上进行综合传播，这一切都得益于数字化技术，它令各种信息的采集、处理、存储、传送与展示变得更为顺畅易行。媒体的数字化、网络化、移动化带来的最终结果就是各种媒体之间界限的模糊、功能的交叉、市场的汇聚。媒介融合包括技术融合、业务融合、平台与市场融合、机构融合以及产业融合等。[①]

第二节　新媒体的主要类型

一、网站

网站是什么？

网站（website）是指在互联网上根据一定的规则，使用 html 等工具制作的用于展示特定内容的相关网页的集合。网站在互联网上拥有自己的域名或地址，以服务器为载体。出于不同的信息传播需求，人们利用网站来传播自己想要发布的信息，提供相关的网络服务，也可以通过网页浏览器来访问网站，查找、下载文件，获取自己需要的信息或者享受网络服务。

网站工作原理是要解决网站服务器与电脑客户端浏览器交互的问题，让网站服务器上的文件和数据转换成为网民能看到的网站上的丰富多彩的页面。首先要将网站的数据变成页面数据；其次是根据网络用户请求，将指定的数据送达电脑客户端；最后，要让电脑客户端将页面数据显示为页面，即图形界面上的文本、图像、图形的集合。目前，网站制作技术日趋成熟，文字、图像、声音、动画、视频等媒体形式得以综合使用，网站信息内容丰富，传播形式生动有趣，功能板块多元高效，吸引了数量庞大的用户通过网站来实现信息的获取和交换。

WWW 的出现和发展，使得原本深奥的互联网技术快速普及，互联网的应用和服务变得更加亲民，网站成为人们获取互联网信息的主要通道。网站的扩张速度十分惊人，越来越多的政府部门、企事业单位、新闻媒体和个人把信息"搬"上网站，以方便受众或用户查阅和使用，为了规划设计网站、建设网站、运营网站、维护网站，不惜投入大量资金和财力。网络信息呈几何级数增加，各个网站之间形成了千丝万缕的联系。网站急剧膨胀的态势给政治、经济、文化、生活带来了深远的影响。

政府部门通过网站开展电子政务，企业单位利用网站开展电子商务，事业单位则利用网站发布信息、开展各类活动，新闻媒体单位利用网站为受众提供最新的新闻报道。一个个网

[①] 彭兰：《网络传播概论》，中国人民大学出版社，2017 年版，第 23 页。

站就像是政府部门、企事业单位的服务站,网民们进入网站的主页就可以快速、便捷、全方位地获知自己所需的信息,找到相应的服务。

(一) 根据网站的传播主体或实际拥有者来划分,网站大体可以分为以下几种类型

1. 政府网站

各级政府在各部门的信息化建设基础之上建立起的跨部门的、综合的业务应用系统,是各级政府在国际互联网上发布政府信息和提供在线服务的综合平台。它使公众、企业与政府工作人员能快速便捷地接入所有相关政府部门的政务信息与业务应用。

就具体功能来说,中华人民共和国中央人民政府网站(www.gov.cn)(见图1-1)主要是向全社会甚至是全世界宣传和展示中国政府形象,让人们能够对中央政府的基本情况有切实的理解和认识;向公众提供全面、系统、权威、翔实的法律、法规、部门规章以及规范性政府文件及其准确的解读和分析等,让社会有法可依;向人们提供接入所有中央政府机构和省级地方政府的平台和通道;根据特定内容,向公众提供专门的服务。

图1-1 中华人民共和国中央人民政府网站部分截图(2021-12-8)

地方政府网站(见图1-2、图1-3)的主要功能包括:将政府网站作为政府信息公开的渠道、塑造政府形象的窗口;直接面向本地处理与民众密切相关的事务,为提高政府行政效率,改善地方经济、社会发展环境搭建虚拟平台。

2. 企业网站

企业网站(见图1-4、图1-5)是指一个企业在互联网上建立的站点。在全球信息化技术快速发展的今天,企业开发信息化系统,利用信息化管理设备建设企业网站,进而宣传企业形象,发布产品信息,提供商业服务。企业网站能够有效地联系企业中的各个组织,有效地分配、集结企业公共资源,充分利用互联网整合营销传播,把先进的管理理念和信息传播措施引入企业管理和经营的流程中,提高企业管理自动化、信息化、现代化水平,提升企业运作

图1-2　北京市人民政府网站部分截图(2021-12-8)

图1-3　上海市人民政府网站部分截图(2021-12-8)

效率。尤其是某些企业积极拓展电子商务应用,以简化商务程序、降低商务成本,为企业创造了更为有利的市场竞争条件。

根据企业网站信息和服务功能的具体情况,又可以将之细化。

(1)电子商务。

企业网站的电子商务主要面向客户、供应商以及企业产品(服务)的消费群体,以提供某种只属于企业业务范围的服务或交易,例如网上银行、网上商城等。

(2)广告和产品展示。

企业网站以多媒体形式发布的广告,多面向客户或者企业产品(服务)的消费群体,向他们展示自己产品的详细情况,包括对产品的价格、性能、材料等做介绍。企业网站的目的是要用形象逼真且诱人的方式宣传展示自己的产品,注重企业品牌建设和产品、服务的形象与包装。

企业上网、企业网站的出现是信息化浪潮席卷世界的结果,大大小小的企业都企图在信息化进程中为自己的生存和发展开辟一片新的天地。现如今,各种企业网站多如牛毛,但从网站的运营和维护来看,其现状却大相径庭。当初,有些企业建设网站,确实想借助网络平台来发挥实际效应,但从后续情况来看,企业对网站管理的重视程度、维护力度、推广水准却没有相应跟上来。有些企业一旦上了网,网页就进入了冬眠期,靠着几张旧照片、几条旧信

图 1-4　华为官网部分截图(2021-12-8)

息支撑门面。有的网站更新速度慢,内容匮乏,吸睛的信息、实用的信息缺失,用户体验差,逐渐沦落到"无人光顾"的地步,几乎形同虚设。所以,对企业网站的留存做出科学评估和决策,对网站后续运营和建设进行精心维护,不断增加网站的人气和用户的黏度,是企业网站努力的方向。

相反,有些企业网站从上线开始便因为专业的设计、科学的管理、周到的服务深受用户的欢迎,特别是那些新兴的互联网企业,借助互联网发展和普及的东风,依靠先进的计算机网络技术,利用网络平台进行各种商务活动,进而获得了巨大的收益和成功。电子商务网站便是其中的一个典型,其功能是确保电子商务系统的正常运转,以实现商务活动的电子化。从发布商务信息到洽谈业务、实现商务管理,再到完成网上交易,电子商务网站极大地改变了人们商业活动的面貌。

3. 事业单位等机构网站

在我国,事业单位的范围涉及教育、科学、技术、文化、卫生、体育等行业和领域,主体多元,规模宏大。事业单位的网站(见图 1-6)与事业单位的宗旨和性质一脉相承,参与社会事务管理,履行管理和服务职能,保障国家政治、经济、文化生活正常进行,具有服务性和公益性特征。

事业单位所追求的目标首先是社会效益,也有些事业单位在保证社会效益的前提下,为实现本单位的健康发展、正常运作、良性循环,根据国家相关规定也会向接受其服务的单位或个人收取一定的费用。

图1-5 京东官网部分截图(2021-12-8)

事业单位网站的目标包括：作为事业单位信息发布的渠道；作为塑造本单位形象的窗口；作为单位内部和外部进行办公的平台。

在事业单位网站中，教育网站（见图1-7）就是一类与人们学习、生活息息相关的网站。这类网站是由教育部门或单位创建及运营的，提供教学、招生、学校宣传等相关信息。大大小小的、各个层次和门类的校园网站是人们了解、获取这些学校教学、招生信息的重要阵地，同时也为远程教育、师资培养提供了很好的平台。其他像图书馆、出版社、培训中心、服务中心等多家、多种事业单位网站，也日益渗透到人们的日常生活中，它们所提供的信息检索和网上服务极大地方便了人们的生活，提高了人们的工作效率。

4. 个人网站

个人网站（见图1-8）是指个人因为热衷于关注和研究互联网，对互联网信息传播具有兴趣爱好，自身拥有一定的互联网专业技术，希望提供某种或某类服务或想要把自己的作品予以展示、分享而建设的网站。

个人网站同样具有域名、必要的程序和网站空间，通常包括主页和其他具有超链接文件

图 1-6 中国银行保险监督管理委员会官网部分截图(2021-12-8)

图 1-7 北京大学网站部分截图(2021-12-8)

的页面。

个人网站具有一定的技术门槛,需要懂得 html 语言、图形处理、网页制作、网页发布等相关技术,通常建设一个个人网站需要经历这些步骤:注册域名、购买空间、服务器环境安装、提交备案、域名解析等。

建立了一个个人网站,相当于拥有了一个自己的网络空间。个人网站可以实现个人向其他个人或群体的传播,个人可以传播一定的资讯,分享自己的作品,宣传自己的观点,展示自己的魅力,甚至可以投放广告。当然与那些公共的网站相比,个人网站的人手有限,时间精力有限,资金有限,其传播的内容不可能像"巨无霸"式网站那般包罗万象,但是个人网站只要做出特色,做出风格,也能吸引网民驻足停留,欣赏点赞。个人网站的拥有者们常常以鲜明的个性风格和专业的知识信息来与其他网站"争奇斗艳"。无论是从心理满足还是经济收益来看,在自己的网络天地中"精耕细作",从而确保自己网站的生机与活力,并产生持久的网络传播影响力,这些都是个人网站建设者们可以继续努力的一个方向。

5. 新闻媒体单位建立的新闻网站

我国的新闻媒体具有特殊性质,即平常所说的双重属性,其外在表现为事业性质、企业管理。2000年11月7日发布的《互联网站从事登载新闻业务管理暂行规定》第五条明确指

图 1-8 某些个人网站的部分截图(2021-12-8)

出:"中央新闻单位、中央国家机关各部门新闻单位以及省、自治区、直辖市和省、自治区人民政府所在地的市直属新闻单位依法建立的互联网站(以下简称新闻网站),经批准可以从事登载新闻业务。其他新闻单位不单独建立新闻网站,经批准可以在中央新闻单位或者省、自治区、直辖市直属新闻单位建立的新闻网站建立新闻网页从事登载新闻业务。"

互联网全面铺开的局势,以及传统新闻媒体部分业务的萎缩和调整,促使许多新闻单位纷纷建立起了自己的新闻网站。

新闻网站发展可以划分为以下几个阶段。

(1) 1995—2000 年是第一阶段。在这一阶段,新闻媒体主要推出的是新闻报道的电子版和网络版。多数新闻网站上的信息仅仅是照搬传统媒体,内容复制报纸、广播、电视,新闻信息仅仅换了一个地方、换了一种形式传播出来。随着时间的推移,少数新闻类网站开始尝试往综合性新闻网站转型,突破先前单一的传播形式,将多媒体技术运用到新闻报道中去,有的网站设置了多个频道,以不同专题的方式进行创新报道。

(2) 2001—2005 年是第二阶段。2001 年 8 月,中宣部、国家广电总局、国家新闻出版总署共同发出《关于深化新闻出版广播影视业改革的若干意见》,其中包括"加强新闻网站建设"的意见,明确了新闻网站的发展方向和发展体制,如"把新闻网站办成思想政治工作新阵地和对外宣传新渠道""新闻网站可在新闻出版系统内融资,必要时可吸收国有大企业参股,不吸收私人资金和外资,暂不上市"等。这一阶段,各新闻网站开始清醒地认识到网络传播的意义和价值,从内容和形式方面都全面摆脱母媒体,进而形成有自身特色的相对独立的新媒体。许多网站有了自己的 logo,采编更加独立,信息传播丰富多样,信息服务全面周到,充分发挥网络传播的优势,如实时更新报道、连续滚动报道、全方位和多角度报道等。北京、上海等城市的地方性媒体还尝试联合建网。本阶段,新闻网站受众队伍逐渐庞大,网络影响力也开始形成,作为新闻传播界的后起之秀,新闻网站彰显了自己的实力,进而成为新闻传播界的生力军。

(3) 2006—2011 年是第三阶段。2006 年 9 月,《国家"十一五"时期文化发展规划纲要》明确提出,"要加快建设一批综合实力强、在国内外有广泛影响的新闻网站,形成若干个与我国地位相称的、具有较强国际竞争力和影响力的综合型网络媒体集团,争取其中一到两家重点新闻网站进入世界前列"。

伴随着互联网通信技术的发展,以 Web2.0 为代表的新媒体技术在新闻网站得到广泛的运用。网络传播的交互性在这一时期得到充分印证,网民与新闻网络媒体传播者的互动,以及网民对新闻网络媒体传播和建设的参与度空前高涨。新闻网站的影响力、感召度再次提升,尤其是重点建设的新闻网站脱颖而出,彰显了网络新媒体的综合实力,其他新闻网站也在往合理布局、良性健康的发展方向努力。

(4) 2012—2017 年是第四阶段。2012 年 2 月《国家"十二五"时期文化改革发展规划纲要》发布,该纲要指出"认真贯彻积极利用、科学发展、依法管理、确保安全的方针,加强互联网等新兴媒体建设,鼓励支持国有资本进入新兴媒体,做强重点新闻网站,形成一批在国内外有较强影响力的综合性网站和特色网站"。

这一阶段,国家实施重点网站二期建设工程,重点对当时现有的技术装备及设施进行改造和升级,依托人民网、新华网,建设具有我国自主知识产权和功能强大、技术先进、服务完善的搜索引擎,依托央视网,建设国家级网络视频内容传播和共享平台。

但是互联网技术的发展也给新闻网站带来了巨大挑战,尤其是"两微一端"的出现,对本来习惯于新闻网站阅读、传播的受众和用户产生了很大的吸引力,智能化、移动化等趋势分流了许多新闻网站忠实的用户。内容、渠道、平台、运营等成为每一个与新媒体领域相关的人士需要再三思考的问题。

(5) 2018 年至今为第五阶段。随着媒体的不断发展、演变,以及互联网技术运用的不断深入,一些新闻网站(见图 1-9、图 1-10)在采编模式、管理手段、资源整合、业务拓展、运营推广等方面开始探索出一条条全新的道路,逐渐将互联网新媒体的融合创新水平提高到一个新的水平。

从国家层面而言,《国家"十三五"时期文化发展改革规划纲要》仍然从战略层面提出坚持新兴网络媒体培育,扶持一批主流媒体所属网站和新媒体,加大对国有资本和社会力量投资互联网文化领域的引导和规范。

就具体的战术方面而言,也明确"推动媒体融合发展。扶持重点主流媒体创新思路,推动融合发展尽快从相'加'迈向相'融',形成新型传播模式。支持党报党刊、通讯社、电台电视台建设统一指挥调度的融媒体中心、全媒体采编平台等'中央厨房',重构新闻采编生产流程,生产全媒体产品"。由此新闻网站建设已经不是新闻单位重视、投入的唯一阵地了,它成为主流媒体和媒体集团矩阵中的一个重要单元,新闻单位更加注重统筹、推进媒体结构的调整和融合发展。

新闻网站的运营模式和发展历程并非完美无缺,事实上它们面临着很多局限和困难。这其中包括:融资政策方面的限制,责、权、利关系的模糊,人才任用的机制问题等。新闻媒体上网是媒体发展的必然趋势,新闻网站的"冲浪"模式优势明显,但困境也随之而来,因而新闻网站争取社会效益和经济效益双丰收的道路将会曲折而漫长。

(二) 按照服务方式来划分,可以将网站划分为门户网站和垂直网站

1. 门户网站

从广义来说,门户网站是一个 Web 应用框架,它将各种应用系统、数据资源和互联网资

图 1-9　新华网部分截图(2021-12-8)

图 1-10　中国新闻网部分截图(2021-12-8)

源集成到一个信息管理平台之上,并以统一的用户界面提供给用户。狭义来说,门户网站是指通向某类综合性互联网信息资源并提供有关信息服务的应用系统。

本书中的门户网站主要指综合性商业门户网站。

门户网站的发展和互联网发展历史相当,最早出现于20世纪80年代初期,美国在线(AOL)提供的在线服务是互联网门户的早期代表。但门户网站较有影响力的代表是20世纪90年中期出现的以雅虎为代表的信息内容服务网站。雅虎公司不光是美国著名的互联网门户网站,也是20世纪末互联网奇迹的创造者之一。其服务包括搜索引擎、电邮、新闻等,业务遍及24个国家和地区,为全球超过5亿的独立用户提供多元化的网络服务,取得了规模化收入,并实现赢利。

中国从1994年正式接入互联网以来,门户网站就一直伴随着中国媒体人的互联网活动历程,门户网站在中国互联网发展史上拥有着重大的意义,占据着非常特殊的地位。中国较早的一批门户网站包括网易、搜狐、新浪等,三家门户网站于1997年至1998年之间相继成立。这些门户网站是中国在Web1.0阶段极具标志性、启蒙性、影响力的互联网产物。无论是新闻聚合,还是电子邮件,无论是论坛社区,还是网络游戏,众多的频道、海量的信息、超文本的链接、多媒体的呈现,都给网民们带来信息接收的全新体验。它们是中国互联网的试水者、先驱者。2000年,网易、搜狐、新浪同年在纳斯达克上市,成为中国互联网业界最闪耀的一批元老级门户网站。从它们创立至今,已有 20 多年历史,它们获得的业绩和成就,经历的挑战和困难在中国互联网史上都相当引人注目(见图 1-11)。

图 1-11　新浪网部分截图(2021-12-9)

中国门户网站的发展历程可分为以下几个阶段。

(1) 崛起阶段(1994—1998 年)。1994 年 4 月 20 日,中国互联网正式接入国际联网。1995 年,中国互联网商业化开始起步,瀛海威等成为第一批互联网商业企业。中国电信在全国各省、市、自治区建设了一批区域性信息服务网站。新浪、搜狐和网易在 1998 年开始受到国际风险投资热捧之后,开始进入了大爆发的阶段。

(2) 巅峰阶段(1999—2000 年)。1998 年,资本对中国互联网的投资剧增。门户网站成为互联网发展的绝对主力。2000 年,新浪、网易、搜狐三家门户网站各自成功融资 6000 万~8000 万美元,成为第一批在纳斯达克成功上市的中国互联网企业。

(3) 寒冬阶段(2001—2002 年)随着纳斯达克大跌,三大门户网站的股价很快跌破发行价。三家门户网站在股市中的表现可谓风雨飘摇。

(4) 复苏阶段(2003—2005 年)。门户网站依然是互联网流量的主要平台。三大门户通过开发新业务,拓展旧业务,开始规模化盈利。但是这一时期新的门户网站开始涌现。百度、阿里、腾讯的崛起改变了中国互联网的格局,它们成为引领中国互联网的新的力量。

(5) Web 2.0 冲击阶段(2006—2010 年),这一时期,互联网内容生产和消费模式发生了根本性转变。门户网站开始寻找新的出路,如新浪在博客和微博上发力,搜狐在游戏上突围,但门户网站在 Web 2.0 的冲击下,还是由盛转衰。

(6) 移动和智能时代的边缘化阶段(2011 年至今)。建立在 PC 端优势上的门户网站遭遇冲击,网民主要上网时间从 PC 端转向手机。BAT(即百度、阿里、腾讯)超越三大门户,门户网站虽然收入、流量还在增长,但是,它们的市值基本固化在最初上市时差不多的水平,无力突破 100 亿美元的天花板。门户网站最核心的内容服务也因为移动互联网和智能化浪潮而开始变局。门户网站在资本市场边缘化的地位已经难以逆转。

门户网站的发展历程,可以说是伴随着网络技术的不断发展,以及新兴媒体演变和网络应用的更新而起起伏伏。互联网传播格局动荡变化,传播形态推陈出新,门户网站面临种种困境和挑战,但它们依旧在不断转型升级、创新优化。事实上,国内门户网站的总体发展趋势还是在进步的,从历年来三大门户的营收状况来看,总体上逐年增长,业绩面貌仍然呈向上向好态势。不过,在移动互联网汹涌澎湃的传播生态下,作为互联网新媒体一员的门户网站,其发展势头和受资本青睐的优势已经不如从前,相较而言,其他新兴媒体格外耀眼的发展速度和盈利能力几乎遮住了门户网站发展的光芒。

从1998年门户网站在中国强劲出现以来,它们便迅猛占领了信息传播的主战场,依托传统媒体的内容支撑,它们对新闻等诸种信息进行清晰明了的分类和聚合,方便网民迅捷浏览,高质高效地接收信息。率先以新闻信息传播来快速积聚人气、吸引用户的门户网站,也不得不面临发展过程中接踵而来的诸多现实问题。

首先门户网站没有采访权、发布权,它们只有登载新闻的资质。

2000年11月9日,国务院新闻办公室、信息产业部发布《互联网站从事登载新闻业务管理暂行规定》,其中第七条规定:非新闻单位依法建立的综合性互联网站(以下简称综合性非新闻单位网站),具备本规定第九条所列条件的,经批准可以从事登载中央新闻单位、中央国家机关各部门新闻单位以及省、自治区、直辖市直属新闻单位发布的新闻的业务,但不得登载自行采写的新闻和其他来源的新闻。非新闻单位依法建立的其他互联网站,不得从事登载新闻业务。第九条规定:综合性非新闻单位网站从事登载新闻业务,应当具备下列条件:①有符合法律、法规规定的从事登载新闻业务的宗旨及规章制度;②有必要的新闻编辑机构、资金、设备及场所;③有具有相关新闻工作经验和中级以上新闻专业技术职务资格的专职新闻编辑负责人,并有相应数量的具有中级以上新闻专业技术职务资格的专职新闻编辑人员;④有符合本规定第十一条规定的新闻信息来源。

所以门户网站对新闻等重要信息的发布几乎都依赖于新闻媒体。正如《互联网站从事登载新闻业务管理暂行规定》第十一条规定的那样,门户网站和相关新闻单位须事先签订合作协议。它们一般通过购买、授权、互换等方式来获取新闻资源。因为网络的特性,门户网站在新闻传播的时效性方面能屡战奇功、捷足先登,但是却无法实现新闻传播的原创性。而且与传统媒体及其新闻网站相比,多数门户网站新闻内容的同质化趋势越来越明显,同时段的两家门户网站,其新闻内容雷同的比例极其高。

由于没有采访权,一些门户网站往往会采取一些边缘性的突破策略,在时政新闻以外的领域进行挖掘和拓展,如在体育竞技、生活保健、娱乐八卦、旅游休闲等题材方面做原创性的努力。目前多数门户网站几乎都具备一定的政治敏锐性,但是虽然其在舆论影响力方面实力超群,但是在舆论导向上,其社会责任感还不够强烈,有的甚至比较淡薄和麻木。这一方面与门户网站编辑人员的素质、意识有关系,另外也与门户倚重的盈利目标和任务有关系。由于网络编辑把关不严、责任心缺失,"标题党"层出不穷,谣言、误报频频出现,违背新闻报道真实、全面、公正等原则的情况时不时发生,夸大其词、小题大做、无中生有等状况也时常出现。有时,商业网站还会出现突破社会伦理道德底线的情况,低俗的信息污染了互联网的信息环境,这既伤害了网民的感情,又影响了新媒体的公信力。

另外,网站某些工作人员的业务水平不高,法律意识淡薄,加上急功近利的心态,导致网站屡屡触碰法律底线,侵犯名誉权、著作权等现象始终伴随着网站的发展进程。而对门户网站褒贬不一的评价也同样伴随着中国互联网的发展进程。

如今门户网站与生俱来的优势和劣势都已经彰显无疑,门户网站在风云变幻的网络世界中并没有止步不前,而是在积极转型,不断寻找新的出路与机会。如网易在业务布局上实行多元配置,在游戏、电商、邮箱上取得了傲人的成绩。新浪近年来收入整体上稳定增长,始终坚持内容供给,紧跟互联网的技术步伐,充分施展 Web2.0 的优势,独具慧眼地在国内最早推出博客,随后又以新浪微博抢占先机,取得绝对优势,连续在内容生产上打出好牌,保持了自身在互联网空间的强大实力。搜狐也以门户网站为依托,在广告、游戏上取得不菲的收益,近年来又在视频领域大显身手,成绩斐然。

作为互联网传播和商业运行的第一个成功的尝试,门户网站模式具有开拓、引领、示范的重要地位和功劳,但事物总有它的两面性,门户网站的危机和困难也源于其与生俱来的特性。如今,门户网站都在积极开拓发展渠道,提升用户体验,创新发展模式,以保持自身的优势和实力。

2. 垂直网站

垂直网站是将注意力集中在某些特定的领域、行业或满足某种特定需求的网站,它们提供与这个领域或需求相关的丰富而有深度的信息和相关服务。作为与门户网站相对的又一种网站,垂直网站较好地弥补了门户网站的不足,抓住了门户网站的信息空隙,满足了网民特定的信息需求,同样在互联网界有自己独到的地位与空间。

不像门户网站那样追求又大又全、包罗万象的信息服务,垂直网站在自己涉足的专门领域、专业园地深耕细作,用专业、权威、独特的信息服务来吸引有着特定需求的用户,这些用户因为共同的爱好和兴趣而被垂直网站聚拢到一起。从大众到小众,从合众到分众,垂直网站实现着自己的价值,同样做得风生水起。

各家垂直网站关注的领域、主题、对象可谓五花八门,应有尽有。这也许正印证了那句话:只有你想不到的,没有你找不到的。财经、科技、军事、体育、餐饮、旅游、房产、娱乐、求职、育儿、音乐、美术、游戏、视频、汽车等,不胜枚举。喜欢篮球的网友,马上会想到虎扑网;关注房子的网友则会去搜房网;对数码家电感兴趣的网友则会看看太平洋电脑网;东方财富网对股民朋友有足够的吸引力;喜爱观看最新电视剧的朋友则非常熟悉爱奇艺;从事学术研究的人也一定离不开中国知网。

对于很多网友来说,与其每一次都要去门户网站的信息海洋中苦苦搜寻,却收获不大,不如早点发现自己钟爱、信任的垂直网站,直奔主题,直达目标。一个值得信赖的垂直网站,一定是专业水平高、服务效果好的网站。当然它也凭借自己的实力、魅力吸引网友们去关注、停留,从网友产生好感到习惯使用、黏度形成,再到成为忠实粉丝,垂直网站在建设、管理、运营、维护等各个方面同样需要投入足够的人力、物力和财力,而价值高、口碑好的垂直网站在吸引投资、吸收广告方面同样具有自己的实力。

案例 1-1

虎扑成立于 2004 年,由程杭博士在美国求学期间建立。彼时正值姚明进入 NBA,篮球以及 NBA 的话题在国内群众中引起了极大的关注度。但在那个阶段,国内整体的篮球内容报道仍以传统线性媒体的方式为主(CCTV、各地方台、报纸、杂志等)。在美国留学的程杭发现国外的球迷已不满足于单纯的比赛报道和新闻更新,他们产生了通过互联网与其他球迷沟通的需求。在美国,球迷这一需求基本由一个叫作 Reddit 的网站来满足。基于此,程杭萌生了创办一个"专业篮球网站

+论坛"的想法,这就是虎扑的开端。

2004—2007年,虎扑专注于"专业篮球网站+论坛"的模式,建立了hoopchina.com(见图1-12),在传统的比赛报道之外,向球迷提供开放的球迷论坛,提供专业的美国第一手篮球资讯、背景知识、球星资料。虎扑在这个阶段收获了第一批核心种子用户。

图1-12　虎扑网部分截图(2021-12-9)

2008—2012年,虎扑致力于以篮球为核心的体育垂直类综合网站的建设。在篮球领域获得成功后,虎扑将目标放大到整个体育领域,在这期间,继续孕育出了专注于足球(goalhi.com)和F1(hellof1.com)的两个子网站。2012年,虎扑正式将旗下3个网站合并,成为虎扑体育网(hupu.com)。整合后,虎扑成为一个综合性体育垂直类资讯平台,同时也是中国最大的体育用户社区。近年来,虎扑开始征战移动互联网,相继推出了"虎扑体育"APP和"虎扑看球"APP,并尝试进入比赛直播领域。经过几年尝试后,将"虎扑体育"和"虎扑看球"两个APP进行合并,成为目前为大众所熟知的"虎扑"APP。

虎扑资讯信息由编辑团队统一负责,与传统垂直类资讯平台区别不大。但虎扑还有其独特的体育信息传播:用户主导的外文内容汉化、内容二次创作以及用户自主产出内容。在用户社区板块,虎扑采取的是"去中心化"的传播方式,鼓励每个用户产出内容、发表观点,但不鼓励低质量的网络口水战,对用户发言质量有较高要求,一般用户需使用论坛一段时间并通过论坛内部"考试"后,方可参与发言讨论。

虎扑资讯看重速度、准确、一手,不对国内二手信息进行加工,只做针对英文新闻源的翻译和传递。在体育用户,特别是篮球用户中拥有较好的口碑。

知识拓展

截至2021年6月,我国网站数量(见图1-13)为422万个,较2020年12月下降约4.7%。

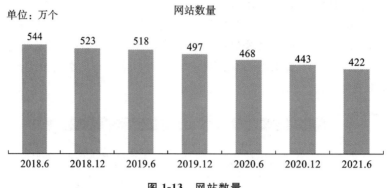

图 1-13 网站数量

截至 2021 年 6 月,".CN"下网站数量(见图 1-14)为 261 万个,较 2020 年 12 月下降约 11.5%。

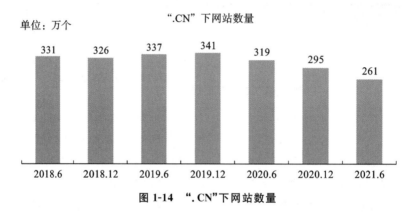

图 1-14 ".CN"下网站数量

图 1-13 和图 1-14 中的统计数据均不包含".EDU.CN"下网站。①

二、手机客户端

(一) 理解手机客户端

客户端,也叫用户端,是指直接安装在用户使用终端上的第三方应用程序。它与服务端相对应,并与服务端相配合,为客户提供本地服务。

今天我们讲的客户端,更多的是指手机客户端,也被称为手机 APP(APP 是 application 的简称,意为应用、运用),也有人称之为移动客户端、移动智能终端,它是基于现在广泛流行的智能手机、平板电脑等移动产品所开发出来的应用程序或软件。

客户端依托大数据、云计算、人工智能等技术的发展,以其方便、直观、简单的优势,在人们生活、学习、工作的各个领域急速发展,迅速蔓延,在极短的时间广泛占领了互联网应用的市场。"与在浏览器中需要输入网址才能打开一个网站的方式相比,客户端简化了获取信息的路径,降低了获取信息的成本,更方便人们在移动状态下操作,同时,它也有助于固化用户

---

① 《第 48 次中国互联网络发展状况统计报告》,http://www.cnnic.net.cn/hlwfzyj/hlwxzbg/hlwtjbg/202109/P020210915523670981527.pdf。

的习惯。"①互联网入口出现从 PC 端向移动端分流的趋势。移动端网民队伍的扩大,反映了媒体格局和传播生态的变化,以及社会、经济、文化等各种领域模式的变迁。

就日常生活而言,人们要吃饭,会找美团 APP;要购物,会上天猫 APP;要旅游,会去携程 APP,等等。衣食住行,方方面面,客户端的覆盖范围越来越广,服务越来越多,可谓无微不至、无孔不入。移动阅读、移动社交、移动视频、移动购物、移动支付,一切尽在移动中。对于许多网民来说,移动化就是当代生活的一种典型特征,手机也仿佛成为人们的第三只手,一旦拥有便再也离不开它了。

(二)手机客户端的分类

根据客户端的安装来源,可分为手机生产商预装的软件和用户自己在手机中安装的第三方应用软件。客户端的开发者身份多样,一般多为内容提供商和运营设计商开发,用户通常要将客户端下载到手机上,使用时,只要点击图标就可打开。为了解决优质应用和服务与用户需求对接的问题,现在还出现了一种叫"轻应用"的客户端,即 LAPP(Light APP),它是一种无须下载、即搜即用的全功能客户端。随着客户端各个环节的技术支撑变得成熟、完善,越来越多的人将目光投向移动应用市场。2019 年 7 月 23 日,中国商业智能服务商 QuestMobile 发布了《中国移动互联网 2019 半年大报告》。在这份报告中,QuestMobile 对 2019 年上半年中国移动互联网发展进行了盘点。QuestMobile 数据显示,中国移动互联网月度活跃设备规模触顶 11.4 亿。这足以说明移动互联网应用在中国空前繁荣的局面。

(三)令人瞩目的手机新闻资讯客户端

手机新闻资讯客户端是手机客户端中的一个类型,它的主要目标就是满足网络用户利用手机在移动环境下了解新闻资讯,进行互动交流的需求。

目前,国内新闻类客户端数量庞大,但是根据不同标准,仍可以对之进行大体划分。基于运营主体,可以分为传统媒体机构类和互联网公司类。传统媒体认识到原有的传播理念和传播形式已经不能够长期稳定地吸引受众,便顺应网络时代传播规律,积极探索转型,拓展新的传播渠道,搭建新的传播平台。以"用户"理念来对先前的受众进行重新定义,积极打造新闻客户端这一网络新媒体,以抢占新闻报道、信息传播和舆论引导的新领地。《人民日报》、新华社、中央电视台、地方的各家新闻机构等都纷纷推出自己的新闻客户端,并将互联网融媒体的功能特性深入移植到新闻客户端的后续建设与发展中去,取得了不凡的成绩。而互联网公司本来就是新媒体的弄潮儿,它们在信息传播的每一次革新中都彰显了自己雄厚的实力,进而成为引人注目的骨干。当初,它们抢占互联网时代 PC 端的勇气和信心再次得到了延续,而且早于众多传统媒体机构推出了自己的新闻客户端,如搜狐、腾讯的新闻客户端。互联网公司的新闻客户端,资本运作灵活,创新手法多样,用户思维牢固,所以它们的新闻客户端沿袭 PC 端网站的优势,在移动阅读用户的心目中具有独特的地位。

基于内容生产源头和方式,可以划分为原创性新闻客户端、门户类新闻客户端、聚合类新闻客户端。原创性新闻客户端多由传统媒体机构专业的新闻资质、过硬的业务水准、良好的业界信誉做支撑,是典型的 PGC(professional generated content)型客户端,所谓专业人士干专业的活儿,这些客户端有新闻信息的把关人,能提供高品质的内容服务,深度、权威、理

---

① 彭兰:《网络传播概论》,中国人民大学出版社,2017 年版,第 129 页。

性。门户类新闻客户端注重新闻的综合、编辑,也着力于信息的细分,强调媒体态度,将大量版面保留给了 PGC 内容和主流价值的新闻,内容同质的特征比较明显。门户类新闻客户端热衷关注焦点新闻,对社会热点有敏锐的察觉能力和较强的捕捉能力,但是因为没有新闻采写的资质,某些新闻内容的持续性输出不够。不过它们同时为 UGC 留出了一块天地,用以配合用户上传内容,为客户端用户提供了丰富的资讯服务。聚合类新闻客户端诞生于移动端,它们同时聚集汇拢了专业媒体和自媒体的内容,但是其突出的特征就是通过算法提供用户最感兴趣的新闻资讯。信息流大数据推荐模式建立在客户端对用户网络使用数据挖掘和分析的基础上,以满足用户个性化定制,确保其能不断刷出符合其期待的新鲜内容。所以这类客户端比较贴近生活和用户的实际,同时考虑到了人工推荐和用户订阅两个方面,走的是亲民的风格,也显得格外生动活泼。聚合类新闻客户端的代表有今日头条等。

《艾媒报告|2019Q1 中国手机新闻客户端市场监测报告》显示:随着移动互联网渗透率不断提升,手机新闻客户端逐渐成为中国居民获取资讯的主要途径,预计 2019 年中国手机新闻客户端用户规模达 6.93 亿;2019Q1 中国手机新闻客户端市场格局保持稳定,其中腾讯新闻、今日头条月活用户数量均超 2 亿,以绝对领先优势位居行业前列;网络监管趋严,互联网类新闻客户端内容审核面临挑战,而部分传统主流媒体迎来发展新机遇,人民网第三方审核业务收入同比增长 166.0%;下沉市场潜力大引发激烈竞争——趣头条 2018 年全年营收达 30.2 亿元,同比增长 484.5%,进一步凸显下沉市场价值。行业其他玩家也纷纷推出极速版新闻客户端抢占下沉市场用户,与此同时,地方媒体也逐渐向移动端发展,下沉市场竞争趋于激烈。

手机新闻客户端的特性表现在以下几点。

1. 灵活阅读、方便阅读

对于新时期的网民来说,生活节奏加快,工作压力和学习压力较重,这使得他们的阅读空间、阅读习惯、阅读方式都在发生着明显的变化,尤其是在阅读新闻资讯时,阅读时间零碎分散,阅读内容随意性较强。用手机阅读新闻成为多数人的习惯和选择,但他们不会特意留出大量的、固定的时间来阅读新闻,新闻客户端成为一种快速消费品。学习之余、工作间歇,地铁上、饭桌上,甚至走路时,人们随时都可以掏出手机进行阅读。移动阅读是现代人阅读的特征,新闻客户端恰恰契合了人们新时期阅读习惯的需求,进而迅速被网民普遍接受。这是以往任何一种媒体都不能实现的灵活阅读、方便阅读的形式。

2. 推送及时、时时更新

新闻姓"新",快速、及时地报道新闻本就是新闻传播的原则之一。无论是与传统纸媒、广播、电视相比,还是与 PC 端网站的新闻服务相比,新闻客户端极大地提高了信息传播的速度,其时时更新、不断推送的特征,最大限度上满足了用户对"新"的需求。无论什么时候,打开手机,用户面对的都是翻新过的内容。"刚刚看到这里 点击刷新""在你离开的时候,已有新内容,点击查看",满屏都是"刚刚""1 分钟前""2 分钟前"。用户对"新"的需求在最大限度上得到了满足。客户端带领新媒体昂首进入新闻更新时长的读秒时代,这是其他媒体难以比拟和做到的。

3. 精准推荐,个性化定制

大数据时代,数据可以说话,数据帮助创造收益,数据成为行动指南。每一个用户浏览新闻的情况,包括停留时长、内容偏好、点赞评论、收藏分享等具体信息都能被抓取。技术驱动帮助客户端捕捉到用户的阅读兴趣和喜好,形成"用户画像",为用户自动匹配所需新闻,以便进行精确到位的新闻推荐,提供相关服务。许多客户端都设置了诸如"订阅""我的""我的频道"这样的栏目,自定义标签的个性化服务能让用户获得良好的使用体验。新华社客户端就应用了"身份识别"技术,发掘用户共同兴趣,又兼顾用户个性偏好,以智能推荐、个性阅读、快捷搜索为特点,将主流信息与用户兴趣有效叠加,实现精准传播。和其他多个客户端一样,新华社客户端基于地理位置服务,可一键到达新华社千余家地方客户端,容纳本地政务、便民应用、文化娱乐、生活休闲等服务。

4. 界面清晰,操作简便

手机屏幕不如电脑屏幕大,小屏幕决定了客户端的界面设计必须符合人们在手掌大小区域内阅读的特点。既然客户端不能像电脑屏幕那样阅读,也就不能像电脑界面那样设计。用过电脑的网民往往会惊讶于PC端网站繁多的栏目和频道,随着一个个链接被打开以及滚动条不断被下拉,阅读显得不那么轻松方便。客户端的界面恰恰基于手机的物理特性,将"掌控"的特点发挥了出来。它的界面绝对不会放置过多的频道,而是以能够清楚明了地阅读、观赏界面为设计的出发点,以适应人们手指点击、滑动的操作手法。操作简便,布局合理,对信息展示的层级做严格限制,尽可能用最少的层级来展示相关信息。在移动阅读的场景中,用户对手机的注意时长比其他媒体要短一些,客户端的设计者通常会引导用户在最短的时间找到他所需求的核心信息,避免因为层级过多而导致阅读难度的增加。简便灵动的操作,清晰明了的界面设计,有助于用户轻松、愉悦地阅读,"我的阅读我掌控",这是新媒体带来的良好阅读体验。

5. 有效互动,体验良好

互动是网络新媒体的重要特征之一。用户互动意愿的强弱和频率的高低在一定程度上反映了新媒体新闻传播质量的良莠不齐,也反映了新媒体对用户影响渗透的深浅。新闻话题的内容、客户端板块的设计等都影响着用户互动的兴趣以及对客户端本身的黏性。从主动获取信息到主动参与互动,用户在活动身份转变的过程中找到了传播的归属感。现有新闻客户端设置的互动模式包括点赞、跟帖、收藏、转发分享、在线投票、参与调查、打赏等。简单、真实、有趣、收益,是用户参与互动的主要判断依据。

比如新华社客户端就推出了随时"问记者"这一项特色功能,用户可以与新华社遍布全球的3000多名记者实时互动,直接提问,即时沟通。记者永远在路上,新闻一直在延伸。

澎湃客户端的"问吧"作为以人为核心的问答社区,邀请各界名人、专家接受网友各种各样的提问,与网友进行不限时的交流。"问吧"请到了商界、文体界、学术界的人士,以及澎湃新闻记者、新闻当事人等作为问题的题主,与各位网友展开生动活泼的互动,这种形式得到了网友的广泛好评。

网易新闻客户端很大的特色与优势在于它的互动,客户端的跟帖和评论在中国互联网中堪称一绝。网易新闻客户端构建的策略是:用户通过顶帖、跟帖、分享等获得相应的积分,相应的积分又对应相应的等级、等级头衔、等级图标。网易新闻客户端通过巧妙的设计唤醒了用户的互动意识,提高了用户的黏度,在改善用户阅读体验的基础上提升了自身的品牌形象。

知识拓展

2021年上半年，移动互联网接入流量达1033亿GB（见图1-15），同比增长约38.7%。①

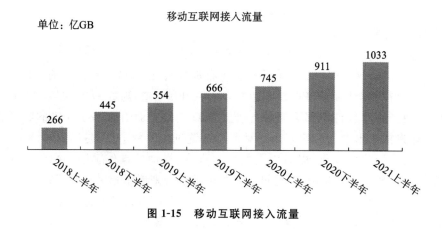

图1-15　移动互联网接入流量

截至2021年6月，我国国内市场上监测到的APP数量为302万款（见图1-16），较2020年12月减少43万款，下降约12.5%。

图1-16　APP在架数量

截至2021年6月，移动应用规模居前4位的APP分类占比达58.2%（见图1-17）。其中，游戏类APP数量继续领先，达72.9万款，占全部APP的比重为24.1%。日常工具类、电子商务类和社交通信类APP数量分别达46.5万、29.5万和27.1万款，分列移动应用规模第2至4位，占全部APP的比重分别为15.4%、9.8%和9.0%。

---

① 《第48次中国互联网络发展状况统计报告》，http://www.cnnic.net.cn/hlwfzyj/hlwxzbg/hlwtjbg/202109/P020210915523670981527.pdf。

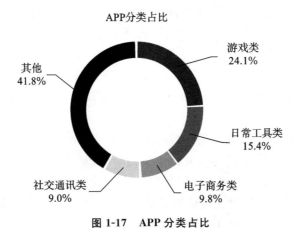

图 1-17　APP 分类占比

三、微博

（一）理解微博

微博，即微型博客，是用户利用手机、电脑等终端，通过关注机制分享简短信息的网络社交媒体。

2006 年，Twitter 在美国诞生，它通过控制信息文本字数、即刻到达、用户自主收发等形式，开启了矩阵式信息裂变的微博传播时代。

2007 年后，国内陆续出现微博网站，它们在界面和操作方式上与 Twitter 类似。2009 年，新浪网进军微博领域，推出"新浪微博"（见图 1-18），随着

图 1-18　新浪微博图标

名人、明星等用户迅速加入，新浪微博影响力陡增，吸引了众多人士的参与。今天新浪微博已然成为中文微博的代言人。

（二）微博的传播特性

1. 无门槛

微博用户参与具有平民化和自主化特征。

微博的使用几乎没有门槛，它帮助人们突破身份、职业、教育、地位等方面的界限，让每个用户都有机会发声，公平对待所有用户。在微博这个平台上，"草根"、明星、媒体、机关等都是用户，而且大多数用户都是社会中的普通人。在微博世界里，人人都能关注他人，人人都能被他人关注。微博的出现改变了受众被传播、被告知的信息接收模式，进而转向用户主动关注、追随信息的自主模式，每个人都能利用微博这样一种"平民化"的新型自媒体发布信息、传播信息、加工信息，"想写就写""想说就说""想论就论"的传播愿望得到了真正的实现。微博信息传播的平民化和自主化是以往传统媒体根本无法实现的，它帮助"草根"一族冲破了重重传播障碍，扫清了传播的道路，将众人引入一个崭新的传播空间。

微博的注册手续简单，操作使用方便易行，它不要求用户拥有专业的知识背景，也不需要经过专门培训，只要接触、使用过互联网，具备基础、初级的写作技能，就可以"随时随地分享身边的新鲜事儿"。文本字数限制在 140 个字内（如今可以发布超过 140 个字的长微博），

不需要在辞藻上做特意修饰,也不必呈现深奥的理论,传播信息可以即兴发挥,轻松驾驭,使人感觉到微博这一新媒体的亲民、随意、坦诚、便捷的特质。微博界面设计处处体现出它的便利性和人性化,而且它把多种传播终端和发布方式予以创新整合,尤其是在智能手机普及和互联网发展的背景下,微博被注入了强大的动力,它成为平民传播的巨大舞台,无论是从用户规模还是从用户的活跃度来看,微博都体现出了它作为一种新型媒体的无穷魅力。

2. 传播的及时性

微博传播几乎实现了"5A"式地发布,即任何人(anyone)在任何时间(anytime)、任何地点(anywhere),以任何方式(anyway),对任何事(anything)进行的传播,这不但使它的信息源头丰富多样,而且使其快速及时的特性得到了充分发挥,尤其是在突发事件的传播过程中,微博的表现十分抢眼,体现出新媒体的优势。如今,微博已成为许多人了解信息的第一选项,一旦有什么事情发生,大家首先想到的是去微博上搜索,而一些重磅的、突发的新闻事件也往往是先从微博传播开来,才进入大众的视野。

在微博中,突发事件的信息发布者可以随时用文字记录、手机拍照或录制视频的方式,帮助网友第一时间了解相关信息,甚至可以发挥微博直播的优势,将实时信息流源源不断地传送到关注者眼前,让他们同步掌握现场动态,尽其所能发挥微博的及时性。最初一条文字微博的字数上限是 140 个字,这恰恰契合了新闻报道"短平快"的要求,无论是写作还是阅读,操作起来都比较快捷和方便。有些微博用户不仅在第一时间发布了很多新闻价值较高的信息,而且他们还为专业媒体、专业记者提供了许多可以挖掘的信息"金矿",有些重量级的深度报道、调查报告的来源就得益于微博的爆料。许多媒体也充分重视微博新闻报道及时的优势,重要信息都选择在自己的微博上率先发布。

3. 传播范围广

微博信息传播不仅速度快,而且范围广。微博的传播模式是多级裂变性的,甚至可以称为空间无限,其传播的速度和广度是传统媒体难以比拟的。微博用户像是一个个被关系连接起来的点,通常被称为节点。但微博传播和点对点、点对面的传统传播不同,它在点、面、网的不同传播层级中,包含了更多的传播路径和传播样态,其内容因为众多用户的多级转发,而不断裂变蔓延,迅速放大。

微博设有转发功能,用户发布信息后,他的某一个关注者对收到的信息进行转发,而转发者自身的那些关注者也都可以看到这条消息。如:用户 A 发布一条具有足够吸引力的信息后,他的关注者之一 B 就可以在自己的微博上即时收到此条信息,如果 B 觉得 A 发布的信息重要或有趣,可以对此条信息进行评论,也可以转发此条信息,那么 B 的关注者之一 C 也就可以收到此条信息,C 也可以同样重复 B 之前的操作模式……如此下去,微博的每一个用户都变成了一个传播中心,转发使信息在关注者群体形成的社交关系网络上以惊人的速度迅速扩张。一条微博被发布者的粉丝、粉丝的粉丝等多层级转发,这一系列的传播行为和传播环节杂糅了人际传播、群体传播、分众传播、大众传播的特点和模式,极大地拓宽了信息传播的广度。

4. 互动性

微博不仅提供了发布、关注、转发的功能,而且提供了评论、回复等互动性较强的功能。在微博上,任何用户都可以对任何微博内容进行关注、转发或评论。即便是微博的转发,也不完全等同于复制加粘贴,而是可以在转发中增加自己的评论。无论是微博的发布者还是关注者,又或是评论者,他们的角色身份经常互换,更多的时候,则表现为同一个用户既是发布者,又是接收者,还是评论者。作为开放性很强的媒体,发布者与其他用户间的互动内容很容易被看到。当然,微博不像其他社交软件那般强调好友关系,所以这种互动方式总体上显现出一定程度的灵活性和自主性,粉丝可以选择关注某一用户的微博,但被关注者也可以不去理会或回复自己的粉丝,他们间的互动交流完全出于平等和自愿。微博的多级传播模式并非完全单向的直线式传播,而是兼具了线性和非线性的传播,此模式明显呈现出互动性与交叉性特征。微博用户互动交流的过程事实上具有信息增值、信息再造的特征。

5. 议题设置多样,内容多元化、碎片化

微博这一新媒体的出现和发展迅速改变了以往传统媒体在新闻领域独揽天下的局面,微博用户的暴增让信息市场发生了巨大变化。用户进入微博几乎不受任何条件限制,在互联网快速发展和自媒体高度发达的背景下,网民们徜徉在信息海洋中,充分享用着"技术赋权"的自由和便利,新型媒体进一步协助社会民众行使其知情权、言论权、参与权、监督权等公民的基本权利。

随着改革的不断推进和深入,与社会发展、演变同步出现的便是社会各个阶层、群体、集团乃至个体在社会分工、成果分配方面的不断变化,由于人们的目标追求、利益主张、欲望诉求具有多样性,他们的言论表达和信息内容也体现出多元化的色彩。微博作为一种选择自由、使用便捷的新媒体,完全符合当代民众的需求,进而深深扎根于民间土壤,成为各种利益主体信息传播、诉求表达的重要平台。在现实世界中缺乏传播渠道和通道的人们,在微博的世界中找到了自己的领地。微博是个特殊的场域,在这里,虚拟的和现实的元素在交错,私人的和公共的议题在聚散,微博信息的传播与流动主要依赖于用户的自我调节和把关。话题多样、意见多元、主张各异、内容繁杂,这里是信息流动的集散地,也是舆论流变的舞台,"众声喧哗"是它的基调。

与其他书写相比,微博在字数、文句、结构、叙述等方面都表现得与众不同。早期每篇微博字数不超过140个字,这使单篇微博内容不可能成为鸿篇巨制,也不可能具备宏大的叙事。用户写作往往随机且随意,不太讲究文章的遣词造句,一些文句甚至不符合基本的语法规范,不过,关注者同样不会去苛求微博文本的句法和章法,更多的是追求话题的有趣,阅读起来轻松、浅显。这些都使微博信息呈现碎片化的特征。事实上,许多用户在微博上发布的信息,其内容多和生活琐事、片刻感悟有关,此情此景,此物此人,只言片语,点点滴滴,零零星星,絮絮叨叨。碎片化、快餐化的、情绪化的信息传播正是微博传播的主要特质。

四、微信

微信(见图1-19)是腾讯公司于2011年开发出的一个为智能终端提供即时通信服务的免费应用程序,用户可以通过网络向对方发送文字、语音、图片、视频、表情包、拟像符号等信息,目前微信已经从移动端延伸到了PC端。

(一)微信传播的路径

微信传播的路径主要包括:个体用户相互之间的私人传播;微信群里个体用户直接"@"另一个用户的传播或面向群里所有成员的群体传播;微信公众号定期向其关注者推出各类资讯与服务信息;个体用户在其朋友圈中进行的信息传播。

个体用户相互之间的信息传播属于点对点的传播,也是基于熟人关系的人际传播。自

图1-19 微信图标和启动界面

从便捷有效的微信客户端深得人心后,远距离人际交往的方式和途径不再是电话一统天下的局面,短信业务也几乎全线萎缩。近几年来,移动通信资费不断优惠,通信服务力度不断增加,无线网络布局范围一再扩大,在有免费 Wi-Fi 信号覆盖的地方,人们可以省掉大量的通信费用。所以相当多的个体在日常交往与联络时,选择使用微信客户端,在这里,他们既可以文字沟通,又可以语音留言,还可以直接进行语音、视频对话。

基于工作、学习、生活、兴趣爱好等多方面的需求,所有微信用户基本都有许多微信群。有的群一旦建起,就非常活跃,群成员参与度高,群里几乎每天都会有人发布新的动态消息,推荐相关资讯,成员们你来我往,交流特别热闹;有的群活跃度则比较低,几天、十几天,甚至更长时间也鲜有人"冒泡",能够应和的成员也寥寥无几,许多群成员几乎从来不参与群里的交流,但是这样的群也并没有因为活跃度不够高而解散,当然中途也会有退群的成员和新入群的成员。有些群本来就是因为临时需求而建立起来的,任务完成,工作结束,微信群就解散了。在微信群里,任一成员发送信息,所有成员都能看到,但是当群内成员交流频繁、信息量过大时,有些信息就可能被部分成员忽略,所谓的"爬楼梯"就形象地比喻了在群里浏览某条信息时的难度。当某个成员或所有群成员被"@"的时候,微信页面上就会显示出来,按照此种方式传播的信息,途径明确,目标具体,一般能够被所"@"成员接收到,所以微信群内的传播是点对点和点对面传播的叠加。

微信的个体用户还可以随时随地在自己的朋友圈里发送信息。这种信息可以是用户自身的工作、生活、学习的日常情况分享,可以是一篇自认为具有传播价值的文章或照片,也可以是一段音视频,总之是用户自己认为在朋友圈里适宜传播的内容。用户在朋友圈里传播的信息可以选择让哪些朋友看到,不让哪些朋友看到,或者自主设置希望看到哪些朋友的动态。在经过自己筛选的朋友圈里浏览和传播信息,且能得到朋友们的回应和点赞,是许多微信用户社交往来的一种方式,也是他们维系情感、获取认同、展示个人魅力与社会影响力的重要手段。不过,面对微信用户好友队伍的日益扩大,以及朋友圈动态时时更新的现实,如今的朋友圈也发生了一些微妙的变化,那些以往对点赞、留言乐此不疲的用户,不再花费大量时间和精力去浏览每个朋友更新的动态,用户自身也不再热衷于发布自己的动态了,甚至有些微信用户开始选择关闭朋友圈。

微信公众号分为订阅号、服务号、小程序、企业微信,应用较多的是订阅号和服务号。其中订阅号的申请对象是组织和个人,服务号的申请对象只面向企业或组织机构,微信用户可以在微信的通讯录当中找到自己关注的所有微信公众号。微信公众号向关注其的用户推送相关资讯,伴随着每篇推送,用户可以使用的功能包括:发送给朋友、分享到朋友圈、在看、收藏、写留言、在聊天中置顶、查看微信公众号、投诉、复制链接等。这些功能有的是方便用户保留资讯并进一步研究相关信息；有的是帮助用户分享、转发信息，让传播得以延续；有的是帮助用户更加便捷地使用该公众号；还有的是为同一个公众号的不同用户提供交流、互动的平台。总之，微信公众号的功能大多是围绕提高用户的黏性和提升传播效果而专门设置的。不过，在海量的微信公众号中，用户到底关注哪些，关注以后是不是会经常去浏览，这是摆在微信公众号及其用户之间的一个现实问题。

（二）微信传播的主要功能

1. 社交

从缘起来看，微信的使用者是基于社会交往的需要而选择了这样一种新的传播媒介。手机通讯录、QQ好友、共同朋友的推荐、面对面互相加为好友、面对面建群、被好友拉进某群等多种方式与渠道为微信用户之间搭起了沟通的桥梁。不过那种一对一的微信朋友的交流与传播，一定是要经过"请求添加你为朋友"和"通过验证"，才得以实现。微信中点对点的个体传播与经由其他媒介、平台的个体传播相比，具有更多的优势。比如微信用户间的传播方式更加丰富多样，各种媒介手段几乎都能被使用，文字的、图片的、声音的、视频的信息……互相了解、熟悉的朋友通过微信的即时传播，既保证了传播的生动直接、精准到位、便捷有效，又为传播的私密可靠、深度呼应、及时反馈提供了保障。包括微信群、朋友圈在内的各种功能的开发设计与完善升级，无不体现出微信功能开发人员的着力点是增进好友之间的社会交流。

2. 工作

虽然最初微信的设计者主要把目光聚焦于它的社交功能，但是作为一种工具，微信在后续的发展过程中不可避免地衍生出新的附加功能，那就是它作为维系单位、行业成员关系的重要纽带天生具有的信息传播平台的功能。移动互联网时代催生了新的工作方式与办公习惯，这与微信的推波助澜不无关系。微信的好友模式与当下众多新的办公模式相匹配，能精准对接，关系网络与工作新需求相契合，群内通知、在线办公、网络流程、视频会议等功能相继出现，人们几乎可以将工作场景直接移植到微信空间。随着微信在职场的广泛使用，人们的工作效率得以大幅提升，工作成本也不断下降，微信办公以其快速、便捷、高效等优势吸引着越来越多的人群。

3. 生活

便利、舒适的生活一直是人们追求的目标，互联网时代的到来让这个目标一步步接近普通民众，而微信众多功能的开发和运用让人们真切地感受到了技术进步的好处。微信中"发现"一栏的界面就包括朋友圈、扫一扫、看一看、搜一搜、购物、游戏、小程序等应用，在"我"这一栏的界面中，光是"支付"这一应用就包括了多种服务：信用卡还款、手机充值、理财通、生活缴费、Q币充值、城市服务、腾讯公益等。各种服务一应俱全，衣食住行、吃喝玩乐，生活中五花八门、林林总总的需求在微信中几乎都能找到相应的接入口，如今，人们足不出户就能瞬间完成过去耗时较长的各种难题与任务。在微信技术的支撑下，人们建立起新的生活方式、消费习惯、娱乐兴趣，微信俨然成为一个立体多维、用户黏度极高的社交生活类服务工具。

4. 资讯

微信作为传播咨询的重要媒介，其具有多条传播通道，加上全员的、即时的、全天候的传播,它积聚了大量人气。许多传媒单位、企业、政府机关、意见领袖、普通民众都纷纷进驻微信公众号,用户们只要根据自己的兴趣、爱好,搜索、关注特定的微信公众号,每天都能收到各种各样的资讯,这些微信公众号基本上能满足人们对相关信息的需求。微信的使用和推广,充分彰显了"人人都是记者""人人都有麦克风"的时代特征,许多用户兼具受众和传播者的双重身份。用户通过一段文字、一张照片、一段音视频,随时可以把自己听到的、看到的、想到的内容发给自己的朋友,新鲜的、有趣的、重要的、奇异的消息在微信上得以迅速传播。

(三)微信传播的特点

1. 多种传播渠道的交错和互融

"与其他社会媒体平台不同的是,微信将人际传播、群体传播、大众传播这三个层级的传播对等地聚合在一起,三者之间实现了无缝连接,全面贯通。"[①]

微信公众号的传播因其阅读者数量有差异,进而可以被归到不同传播渠道中去。有的文章的阅读人次可以达到"10万+",甚至有百万、千万阅读次数,有的微信公众号文章也许只有寥寥无几的阅读者。无论是哪种范围和数量的传播,只要信息对用户产生足够的吸引力,都可能被他们转发、分享,进而使最初的传播被后面产生的n次传播延续下去。这一系列的传播操作可能是以点对点、点对面的传播同时进行,在好友之间、在微信群中、在朋友圈里,交叉、复叠、链式的传播规模庞大,路径复杂,组合多样,这些充分体现出微信信息传播互融贯通的特点。

2. 相对自主对等的交流

微信的人际传播主要建立在互为好友关系的基础上,传播者与受众之间具有较为明确的关联和一定程度的信赖。即便是微信群里的成员,也都是基于或共同或相似的任务目标、身份属性而聚合起来的。尽管维系每个群的纽带多种多样,但是在每个微信群里,所属成员之间拥有共同的话题和语境。面对好友的传播,用户往往选择留言、点赞、转发等方式予以反馈,进行互动,双向交流的良好体验效果得以发挥。相较传统媒体先前单一固化的不定向传播和微博通常的单向关注模式,微信用户彼此间熟悉互信和均衡关系的社交状态让双方的交流在形式上呈现出相对平等且自主的特质。

3. 圈层化的传播

相较于开放性较强的微博传播,微信好友之间的信息传播设有准入门槛,它一定是通过验证之后才能实现双方的互动交流。维系这一传播的是熟人关系、私密关系,社会交往的场域经由了从线下到线上的迁移,具有"强关系"的属性,此种传播不像微博那样在众多素不相识的陌生人群中自由展开。虽然微信传播中各种渠道交互共通,如微信群的成立、微信公众号的创建、朋友圈的存在,让种种信息穿越不同公共空间,自由流通成为可能,但与微博、QQ空间等相比,微信朋友圈转发公共账号信息以及个人信息的步骤要更多、更复杂,这也在一定程度上延缓了若干大小公共空间之间信息互通的步伐。随着微信使用的普及和其在日常生活中的渗透,微信用户现实生活中的交际圈与微信朋友圈基本吻合,有的甚至是在网络空间中复制了同样的生活关系圈。在微信这个半闭合的交流传播系统中,圈层化传播的特征体现得较为突出。

---

① 彭兰:《网络传播概论》,中国人民大学出版社,2017年版,第116页。

4. 精准而有深度的传播

作为当下人们社会交往的重要工具,微信资讯传播的功能与其人际联络的功能叠加、重合在一起。与传统的大众传播相比,微信传播融合了多种传播渠道,其中基于熟人关系的人际传播和群体传播为微信传播信息的精准到达奠定了基础。即便接收者暂时不在线上或没有及时关注自己的微信页面,这些都不会影响所传信息的到达。用户既可以即时阅读,也可以延时浏览,微信传播针对性强,其实际效能也更好。微信多元的传播方式有利于发送丰富的内容和复杂的信息,与微博相比,它没有140字的限制,因而可以发送更详细、更大容量的文章。在碎片化的时间里,在浅阅读盛行的潮流中,微信的传播为用户的精细阅读保留了一片广阔的空间,让深度传播成为可能。

用户的兴趣和使用偏好直接影响到微信传播功能的具体实施和作用的有效发挥,在传媒发展日新月异的今天,几乎每个人都能在微信传播中找到与自己实际需求相契合的那一部分。

五、短视频

(一)短视频的定义

短视频是在移动互联网环境下拍摄、制作、上传、观看、分享互动的短片,在通信技术快速发展、传播媒介不断迭代、应用场景不断更新的背景下,短视频以其生产流程简单、制作门槛低、参与性强的优势吸引了大量用户的参与。短视频时长较短(一般在5分钟以内),同时包括了背景音乐、滤镜等小工具,依靠移动智能终端快速编辑制作,并上传社交平台进行实时分享。可以说只需一部智能手机,任何人都可以完成拍摄、制作、上传的过程,这充分满足了用户的个性化需求,具有强大的传播优势,因而短视频这一新媒体成为互联网的宠儿。

(二)短视频的发展与现状

短视频缘起于2011年4月,Viddy正式发布短视频社交应用平台,以"把每天的精彩瞬间转变为精彩的小电影"为宣传语,成为首个短视频社交平台。2013年1月,Twitter正式推出视频分享应用Vine iOS版本,为用户提供了一个运用视频影像进行即时对话的平台。不久之后,Instagram也提供了视频分享的功能。由于其庞大的用户数量,这项功能得到了迅速推广,短视频作为一种传播媒介也得到了井喷式的发展,获得了大多数用户的青睐。

我国的短视频最早出现在2013年9月,腾讯推出"微视"。"微视"以年轻用户为目标群体,以打造一个全新的开放式社交平台为目标,注重其社交属性。2013年12月新浪"秒拍"正式上线,起初是作为新浪微博的视频拍摄附属工具。2014年4月,美图公司推出"美拍",目标定位以女性群体为主,附带MV特效等附属小工具,大大简化了视频编辑过程,降低了视频制作的门槛,迅速抢占了市场。2016年短视频软件"抖音"的出现和"快手"的兴起,让短视频作为一种新型的传播媒介为大众所熟知,短视频行业引领了一个全新的时代。根据《第48次中国互联网络发展状况统计报告》,截至2021年6月,我国网络视频(含短视频)用户规模达9.44亿,较2020年12月增长1707万,占网民整体的93.4%。其中短视频用户规模约为8.88亿(见图1-20),较2020年12月增长1440万,占网民整体的87.8%。[1]

---

[1] 《第48次中国互联网络发展状况统计报告》,http://www.cnnic.net.cn/hlwfzyj/hlwxzbg/hlwtjbg/202109/P020210915523670981527.pdf.

图1-20　2018.6—2021.6短视频用户规模及使用率

短视频平台成为越来越多的用户表达看法、获取信息的主要平台。行业本身也在不断地进行产业调整升级，优化用户体验，越来越注重用户的个性化需求，一边利用大数据为基础，优化算法推送，一边开发或引入各类编辑工具，丰富娱乐化功能。行业内部的竞争也十分激烈，除了"抖音""快手"两大巨头外，"火山小视频""秒拍""梨视频"等一系列短视频平台也在寻找自身的独特定位，在短视频行业蓬勃发展的当下开拓出一片新天地。"抖音"和"快手"还通过拓展海外市场，连通海外用户，其使用率迅速攀升。在较短的几年时间中，短视频以其高渗透率、高黏度的传播形态重构视频行业的生态。

（三）短视频兴起的原因

传播场景无处不在，用户规模急剧增长，短视频的流行并非偶然，主要原因有以下三点。

1. 技术的成熟是短视频发展的基础

Web2.0概念的提出使得用户的地位得到了重视，这充分调动了网络用户的创作热情，并且衍生出了UGC的概念。互联网已经成为一个大家共享、共建的平台。在Web2.0到Web3.0的过渡中，网民的价值需要得到更多的体现，这促进了价值均衡分配的实现。

通信技术的成熟尤其是5G网络的出现更是宣告视频时代的来临。4G时代短视频已经开始取代图文的传播形式，"视频优先"越来越成为新闻报道中的主流。而5G以更快的传送速度和更高的传送水平，使得万物皆可连通。

终端设备的不断升级也是短视频蓬勃发展的保障。近年来，智能手机硬件配置不断升级，保证了用户拍摄制作视频的基本需求，短视频APP中的各类工具的开发，如滤镜、转场特效等，也使得用户编辑视频变得更加简单、方便，大大降低了短视频的制作门槛。

此外还有AI人工智能技术和AR增强现实技术的不断突破，都为短视频的发展奠定了坚实的基础。

2. 使用与满足催生短视频热

短视频的内容百花齐放，无论是个人才艺或是生活趣事甚至国家大事都能在各类短视频中体现出来。在社会压力越来越大的现代社会，用户需要一个轻松、娱乐的解压渠道，短视频无疑为用户提供了这样一个宣泄压力的平台。打开短视频APP，用户可以找到任何感兴趣的内容，短视频同时满足了用户围观他者和自我展示的双重需求。

短视频的互动性也是一大特色。通过留言、聊天、打赏等互动方式，短视频承担了一个社交平台的作用，弱化了当今年轻人的孤独感，满足了人们基本的社交需求。短视频因其较强的视觉感染力,很容易传播扩散。

3. 资本的追捧

大量资金的流入也使得短视频行业的发展越来越商业化、市场化,短视频成为互联网的一个新的风口。为了满足商业客户的需求、满足消费市场的需要,互联网公司纷纷进入短视频行业,为短视频的发展添砖加瓦。比如微博上的带货小视频,以短情景剧的模式植入广告,令人更容易接受。

(四)短视频的传播特点

1. 视频表征更具传播优势

据研究,人们更容易被逼真、显著的视觉性信息所吸引,短视频将图像与声音相结合,比起单图像或单声音更具有画面感,更加生动地还原显示并且带给用户沉浸式的体验感。这种信息的传播方式显然更加直观、有趣、形象,因此更易得到受众的喜爱,比如在朋友圈发小视频比起发图片更容易获得他人关注。

2. 内容呈碎片化传播

短视频的"短"是它不同于电影、电视这些媒介制品的最大特点,正是由于这种特点,短视频所能承载的内容也是十分有限的。短视频的出现可以说打破了视频内容的叙事结构,加强了冲突、刺激的部分,但也造成了视频内容深度的缺失。短小便捷的传播形态,更为适应信息消费场景的碎片化,利用碎片化时间获得的信息必然也是碎片化的内容。像短视频APP"抖音"中较热门的视频制作者,大多数是制作时长5分钟以内的情景剧,强调矛盾和冲突,配以各种转场特效,呈现出一个碎片化的故事。

3. 互动打破时空的限制

在短视频的传播过程中,生产者与消费者的身份界限变得模糊,所有的用户都可以参与到生产消费的过程中。在这种情况下,传受双方都获得了更大的自由度。短视频平台所提供的交流功能使得用户可以更快地获得反馈,更加轻松地达成沟通,打破了时间和空间的界限。像"小咖秀"这一类APP所制作的视频长度一般仅为数十秒,以对嘴型、鬼畜、合演等形式为主,可以截取各大热门电视剧、电影片段进行模仿,制作完成后可上传至社区甚至支持视频同步分享,给了用户即时性的反馈。

4. 内容生产模式向 PUGC 转变

短视频最初以 PGC 为主,到 Web2.0 时代则以 UGC 为主,用户的参与度得到了极大的提升。但用户生产的内容质量参差不齐,在内容筛选机制还不够完善的情况下,短视频内容同质化现象越来越严重。因此需要将二者相结合,形成专业用户生产的模式,即 PUGC。像"梨视频"这一类的新闻移动短视频终端,借鉴了"喜马拉雅""蜻蜓FM"的生产模式,由用户提供素材,平台进行专业剪辑,因此大大提升了视频质量。

(五)短视频发展存在的问题

短视频行业在一片红火的前景下,自身也暴露出了许多不足。各类负面消息不断出现,众多短视频平台屡屡被要求进行整改。像短视频巨头"抖音"在 2018 年 7 月仅一个月就累计清理了 36323 条视频、8463 个音频,永久封禁 39361 个账号,同时被处以警告和罚款的行政处罚。目前来看,短视频行业发展中存在的问题有以下几点。

1. 版权意识不够清晰

目前我国使用短视频的用户数量庞大,分布十分繁杂,生产出的视频质量良莠不齐。在某类视频拥有一定热度后便会出现大量的模仿视频,如有段时间大火的"化妆换脸"视频,一打开抖音首页便随处可见,内容也大同小异,创作者换了背景音乐或换个妆面,又是一条新视频。这种同质化严重的现象使得版权归属难以得到确认,为原创者维权造成一定困难。平台对用户所使用的没有版权的素材监管和干涉力度十分有限,为原创者造成了极大的困扰。

2. 监管困难,把关人缺失

短视频是近几年才兴起和流行的新媒体,各类平台将主要精力集中在优化界面和开发编辑工具上,而在内容监管方面,平台的运营监管还有所欠缺。2018年央视曾点名批评短视频平台"快手",该平台上低龄孕妈炒作炫耀的视频层出不穷,暴露出平台自身监管力度不足的问题,相关部门勒令平台清查此类内容并封停涉事账号。短视频在传播过程中由于信息源的多元化导致传受角色定位模糊,传统把关人"去中心化"倾向明显,以往的层层把关现在简化为用户自身的信息筛选和进入平台的二次筛选。用户参差不齐,上传的素材质量必然也良莠不齐、泥沙俱下,而海量素材也使得平台难以招架,大大增加了审核把关的难度。尽管在互联网技术逐步成熟的条件下,通过算法可以简化许多操作,但必要的人工筛查还是必不可少的,因此需要平台加强重视程度,重塑把关人的职能。

3. 用户沉迷,娱乐至死

短视频带给了用户一种全新的娱乐方式,无论是内容还是互动方式,都充斥着娱乐化倾向。尼尔波茨曼提到,"一切公众话语日渐以娱乐的形式出现,并成为一种文化精神",在这种情况下,理性的思考变得不再重要。短视频的用户不需要调动更多的感官和思维活动就能获得清晰的信息,使得用户越来越沉迷于这种便捷但模糊的思维中,弱化了抽象思维的能力。各类经过算法推荐的短视频所营造出的一个拟态环境使得一些用户沉迷其中,有的用户一天之中在短视频网站上花费数小时而无法自拔,注意力资源被大量侵占。垂直深耕为精准对接用户需求提供了土壤,而用户获取到的信息也形成了一个个信息茧房,把他们牢牢围困在方寸之中。尽管部分网站开启了防沉迷系统,但收效甚微,不少用户对短视频的依赖程度已大大超乎我们的想象。

(六)传统媒体布局短视频

在短视频风靡全球且长时间保持旺盛生命力的背景下,传统媒体也被深深吸引,纷纷涉足短视频领域。这一方面拓展了传统媒体在移动互联网中的实践,展示了传统媒体令人耳目一新的一面;另一方面也为提升短视频的内容品质提供了典范和样本。

主流媒体短视频布局势在必行,常见的形式有以下几种。

1. 在先前的视频网络中补充短视频这支生力军

视频本就是广电媒体的制胜法宝,当初视频网站兴起时,这些媒体便大显身手。而当短视频彰显出其旺盛的生命力时,广电媒体纷纷行动,快速跟进。其中的代表包括上海广播电视台"看看新闻Knews"、湖南广播电视台"芒果新闻"等。

2. 与互联网公司开展密切合作,生产短视频

先前以文字、图片传播为主的报刊等传统媒体也开始涉足短视频行业,它们虽没有视频制作的天然优势,但是却有新闻传播的实力,因此也能不断尝试,获得突破,尤其是可以和互联网公司展开合作,共同打造短视频传播业务。"我们视频"是《新京报》和腾讯新闻合作推出的视频新闻项目,倡导用视频形式覆盖新闻热点和重要现场,重点突出新闻、视频、手机、专业和人性五大关键词。"我们视频"专注于新闻,在全国微视频排行榜上位居前列,为纸媒的互联网和智能化转型探索了一条全新的道路。

3. 打造新的短视频平台

聚合各方资源,推出短视频平台。以人民日报社、中央广播电视总台为代表的传统媒体正在这个领域不断发力,且获得了很好的效果。

2019年9月19日,由人民日报社新媒体中心打造的短视频聚合平台"人民日报+"正式上线,成为中央媒体首个上线的短视频聚合平台。"人民日报+"通过人工精选的推送方式,坚持短视频传播的主流价值导向,积极引领短视频行业生态发展;以焦点图、信息流、话题等展现形式,为用户提供海量、优质的视频和直播内容,让用户能够及时获取重要、权威的视频资讯。"人民日报+"短视频客户端是主流短视频PUGC聚合平台,内容来源主要包括聚集、PUGC上传、自制三方面,即从各内容平台挑选的优质内容、向机构和个人约稿的内容以及《人民日报》的自有内容。"人民日报+"也同人工智能媒体实验室、主流算法项目等其他重点项目一起,推动建设全媒体传播体系,加快媒体深度融合,全面提高舆论引导能力。

"央视频"作为中央广播电视总台的新媒体旗舰客户端,在发挥总台视音频优势的基础上,进一步聚合社会机构和专业及准专业创作者的优质内容,聚焦泛文体、泛资讯、泛知识类内容,主打短视频,兼顾长视频,是致力于建设守正创新、真实权威、生动鲜活、轻松快乐、用户喜爱的新媒体新平台。

推荐资料:

[1] 方玲玲,韦文杰.新媒体与社会变迁[M].上海:复旦大学出版社,2014.

[2] 栾轶玫.新媒体新论[M].北京:人民出版社,2012.

[3] 涂涛.新媒体通论[M].北京:高等教育出版社,2017.

[4] 张海鹰.网络传播概论新编[M].上海:复旦大学出版社,2013.

[5] 郭栋.网络与新媒体概论[M].陕西:陕西师范大学出版总社,2018.

[6] 詹新惠.网络与新媒体编辑运营实务[M].北京:中国传媒大学出版社,2019.

[7] 彭兰.网络传播概论[M].北京:中国人民大学出版社,2017.

[8] 匡文波.新媒体概论[M].3版.北京:中国人民大学出版社,2019.

[9] 中国记协新媒体专业委员会.中国新媒体研究报告[M].北京:人民日报出版社,2019.

[10] 本书编写组.新媒体传播:中国主流媒体的实践与探索[M].北京:人民日报出版社,2020.

[11] 刘友芝.新媒体运营[M].北京:中国人民大学出版社,2018.

[12] 王松,王洁.移动互联网时代的媒体概论[M].上海:上海交通大学出版社,2018.

[13] 王建军."互联网+"时代的媒体融合[M].上海:上海交通大学出版社,2018.

[14] 黄楚新.新媒体:微传播与融媒发展[M].北京:人民日报出版社,2018.

[15] 张学波.社交媒体中信息传播与用户行为研究[M].广州:中山大学出版社,2019.

[16] [美]玛丽·吉科.超连接:互联网、数字媒体和技术——社会生活[M].2版.黄雅

兰译,北京:清华大学出版社,2019.

(1) 你如何理解新媒体的定义?
(2) 支撑新媒体的技术应用有哪些?
(3) 简述新媒体共同具备的传播特征。
(4) 列举各种新媒体,并尝试介绍它们各自的传播特性。

第二章 网站设计与制作

本章提要

在当下,新媒体主要指网络媒体,它的概念有狭义和广义之分。从狭义上来看,是指以互联网为介质而构筑的传播平台来报道新近发生的、足以引起大多数人共同兴趣的新闻和信息的传播机构。但从广义上来看,整个网络都可以作为传播信息的载体,不论其形式如何,都可以展现出媒体存储和传递信息的基本特点,网络媒体所具有的数字性、交互性、多媒体融合、及时性等特点,使其承担起发布、传播、引导、宣传的重任。[①]

在互联网传播环境下,各类型的网站层出不穷,要设计一家网站,首先要了解网站包含的基本要素,这也是设计与制作一家网站的基础。

同时设计与制作一家网站应该包括从页面设计到内容管理的方方面面,网站设计与制作的一般流程是:确定网站主题、网站整体规划、收集资料与素材、设计网页图像、制作网页、开发动态网站模块、发布与上传、后期更新与维护、网站的推广。本章将以此为线索展开讲述。

第一节 网站设计与制作基础

一家网站的基本要素应当包括:网站定位、网站频道与栏目、网站专题、网站产品、网站广告等。下面将具体展开介绍。

一、网站定位

网站的定位决定了网站的发展方向和主要功能,对一家网站的设计与制作起指导作用。

---

① 王婉妮:《网络新媒体特点及其现状分析》,《今传媒》2014年第12期。

网站的定位主要包括对网站主题名称、网站目标、网站用户（规模）、网站功能、网站市场的定位。

（一）相关案例之一——爱追星网

以上海工商外国语职业学院2017级网编专业同学实训中设计的爱追星网站为例（见图2-1）。①

图2-1　学生作品爱追星网首页截图

1. 案例分析

爱追星网的主题是追星网站，日常提供娱乐信息。网站英文名称"For Fans"体现出受众中心原则，作为追星网站，其目标定位明确：通过粉丝的关注获得流量取得广告收益，及推出周边产品营利。

网站的用户群体集中在13～22岁的追星群体，网站功能主要包括向粉丝及时推送明星信息、推送明星周边产品等，网站的市场主要集中在青少年娱乐文创市场。

目前网站的类型分为展示型、内容型、电子商务型、门户型等。爱追星网作为时下追星文化的产物，具有展示与内容生产的双重性质，同时在网站上附带明星周边产品的推销，也具备了电子商务的萌芽特征。

2. 知识点总结

通过上面的案例可以看出，网站定位的意义主要包括以下几点。

（1）为网站的发展确立明确目标。

爱追星网定位于发展粉丝经济，提供娱乐明星信息咨询。它的发展目标也十分明确：从内容上来说，要做到迅速及时，娱乐性强；从用户角度来说，要满足粉丝的娱乐需求；从技术层面来说，要不断给予粉丝受众更好的互动体验。

---

① 爱追星网址为 http://zm19860764.icoc.vc/。

（2）确立网站的整体风格。

爱追星网关于用户、功能、市场等的定位,明确了网站整体青春活泼、时尚艳丽的风格,这也是吸引年轻粉丝的法宝。

（3）提高网站的生存能力和竞争能力。

爱追星网对于自身追星网站的定位是其差异化的体现,也有利于提高网站的生存能力和竞争能力。

(二)相关案例之二——"ofo"共享经济

以互联网时代辉煌一时的共享经济产物"ofo"为例。

1. 案例分析

"ofo"从融资上市到败落不过一年多的光景,这正是它违背初始愿景,不断扩张带来巨额运营成本,企业定位与自身资源无法匹配所导致的后果。

2014年,戴威与4名合伙人创立了"ofo"共享单车,提出"以共享经济＋智能硬件,解决最后一公里出行问题"的理念,创立了国内首家以平台共享方式运营校园自行车业务的新型互联网科技公司。[①] 可以说戴威的初心,是以共享的智能硬件来解决最后一公里的出行问题。

可现实就是,"ofo"为了融资上市,被资本牵着鼻子走,过早从校园闯入社会,一味扩大用户规模和定位,最终成为一场消耗社会资源的闹剧。

同样作为共享经济产物的"哈啰单车",到今天仍旧在正常运营,就是赢在定位准确上。"哈啰单车"定位准确,有的放矢,其定位是让城市出行更便捷,即方便、快捷,方便就是产品要好骑,APP要好用,快捷就是能迅速在场景下触达用户。

"哈啰单车"致力于先方便,后快捷。其发展的第一步不是大量抢占市场,而是先把产品做好,和阿里搭线生产出蓝车后,喊出了"蓝车更好骑"的口号,随后再升级出电单车。在运作上,"哈啰单车"产品迭代更新,根据大数据定向投放,根据芝麻信用免押金收单次费用。产品保持方便好骑,就要不断迭代更新。"哈啰单车"不收押金但是收费,实际就是设定了门槛,有门槛才能收获目标市场的消费人群。此外"哈啰单车"选择在部分城市的部分地区进行投放,而不是像"ofo"一样致力于抢占全部骑车的人的市场,避免了过高的运维成本,也避免吸引过多完全没有忠诚度的垃圾用户,发生类似"ofo"小黄车被无良用户开锁、打砸、偷窃等毁坏行为,最终利益受损的是那些交了押金的优质用户。

这些由此给网站的定位带来经验与反思:成功需要时间,需要持续性的运作;市场潜力的激活与发掘需要时间;赢得时间,需要以人力、物力、财力等内部资源的不断消耗作为必要支持。

2. 知识点总结

由上述案例可看出,网站定位的意义固然深远,但在定位时也应当遵循一定的原则。

（1）建立独特印象。

一定要给用户留下独属于网站自己的印象,要建立自己的品牌形象。

（2）打造独特价值。

打造独特价值就是能提供更高水平的产品、新发明或者更好的服务,如果都没有,至少

[①] 网易科技报道:《共享经济＋智能硬件 ofo共享单车开启出行新模式》,https://www.163.com/tech/article/BNE2B0BG00094PDU.html。

也要有区别于其他网站的特征,比如更低的价格等。

(3) 对外保留足够的发展空间。

企业的外部环境是进行定位的重要因素,网站定位必须考虑到在目标市场是否拥有必要的存活和发展空间。

(4) 对内匹配自身资源。

企业的内部环境也是进行定位的重要因素,任何一家企业,在创办和发展过程中都要依据现实条件,遵循客观规律,做力所能及的事情。

(三) 相关案例之三——综合门户网站

以四大综合门户网站之一的新浪为例。

1. 案例分析

新浪是中国最大的门户网站,服务于中国及全球华人群体,影响着亿万人的生活,其独特的新闻理念和价值观念以及人才机制、盈利模式等都对中国互联网的发展产生了深远影响。

新浪的盈利模式非常丰富,新浪旗下五大业务主线包括了新浪网、新浪无线、新浪互动社区、新浪企业服务及新浪电子商务。新浪在无线增值服务领域居于领导地位,通过接入高速无线互联网、开通无线数据业务,可实现网上冲浪、移动办公、网页浏览、文件传输等功能。

作为综合门户网站,新浪的发展定位不仅受到自身理念及价值观念的影响,还受到整个市场环境的影响。比如,2013年,在智能手机迅速普及、移动支付迅速崛起的大背景下,新浪微博平台推出移动支付服务,加速布局第三方支付和移动支付,从而推广微博购物服务。

2. 知识点总结

除了网站定位的意义、原则,我们还需要了解目前影响网站定位的要素,主要包括以下几点。

(1) 公司愿景。公司未来发展的整体构想很大程度上会决定网站定位,比如商业网站和公益网站的定位大不相同。

(2) 市场环境。市场环境较宽松时,进入某一行业的网站相对更多,网站种类定位也更丰富。

(3) 进入时机。早期进入行业市场的网站会抢占市场,受众定位很广,到了后期市场细分阶段,受众定位也越来越精细化。

(4) 政策与专利风险、资金、技术、人力资源都是影响网站定位的重要因素。

(5) 盈利模式。

(6) 地域因素。不同的地理位置和受众生活习惯会导致网站定位不同。

(7) 其他隐形资源。

(四) 相关案例之四——电商网站之争

以京东、天猫、唯品会等电商网站为例。

1. 案例分析

(1) 京东紧跟天猫。

根据"二元法则",在每个品类中,最后一般会剩下两个品牌主导整个品类。如微信支付和支付宝、抖音和快手、天猫和京东等。

作为行业第二,一方面,要与第三名拉开差距,否则就有被替代的风险;另一方面,要努力向第一名靠拢,争取更大的市场份额。行业第二怎样在品牌战中出奇制胜呢,可以从京东的差异化竞争定位来看。

2004 年,京东的域名还是 www.360buy.com,而此时淘宝已经上线运营一年了。那时两者似乎还没有什么交集。京东做 3C,淘宝卖服饰;京东玩自营,淘宝做平台。随后京东开放了第三方卖家入驻,开始了全品类扩张,也打败了当时的竞争对手,如当当网、亚马逊等。天猫与京东就此演绎了一场"猫狗大战",直至今日。

那么京东是如何在确定竞争对手后,通过差异化定位,一步一步紧追天猫的?首先是将目标客户差异化。天猫以服饰起家,客户以女性为主。京东以 3C 起家,客户以男士为主。这就以性别和产品品类划分并锁定了不同的消费群体,实现了差异化客户定位。所以,直到今天,每到双十一,大家在热搜上看到的也大多是女性们在淘宝上消费的段子,而不是在京东。

当然,品牌定位在瞄准主要目标受众的同时,还要考虑次要目标受众。正如网友们所说,在天猫以"猫"为主体、高贵偏冷气质的同时,前面加个"天"字,用霸气风格吸引男性用户。而京东则在英文名前加了"JOY",用喜庆风格取悦女性用户。两家都殊途同归,向中靠拢。

其次是确定品牌优势。相比较天猫,京东有什么样的品牌优势?这个问题的答案要从产品和服务里寻找,更重要的是要从客户的心态里寻找。除了"快"这个众所周知、无须多说的优势,京东另一个想要打的牌,是"好"。淘宝最开始做平台时,面对竞争对手 eBay,采取了商家免费入驻的方式。后来虽然"饿"着淘宝"养大"了天猫,但用户对其最开始形成的鱼龙混杂的印象很难改观。

京东从最开始则是自营,虽然后期开放了第三方入驻,但对第三方的入驻资质设置了较为严格的审核机制。因此,虽然京东的产品也不一定就保"真",但从客户心态的角度,更容易对京东产品产生高品质的印象。特别是面对外界对淘宝及天猫"假货"的质疑时,京东一再打出"质量牌"。无论是"京东好物节",还是其主题语"挑好物、上京东",都体现了越聚焦、越简单,就越容易赢得客户好感的道理。

(2) 唯品会"品牌服装特卖"。

在淘宝、京东等电商品牌占据头部市场时,唯品会进驻电商市场并不具备太多优势。但正由于它的创新定位,致力于品牌服装特卖,同样为自己抢占了市场。

唯品会的主要策略是:不与淘宝、京东正面竞争。淘宝、京东主要面向综合品类,产品种类齐全,数量多,如果做成全品类电商平台,无论在资源还是市场方面,唯品会都不占据优势,因此唯品会并不与它们进行正面竞争,而是选择以高质量的服饰特卖为主打。

唯品会聚焦于垂直品类,将重心聚焦到品牌服饰,同时对资源进行集中整合,满足中产阶级对品牌服饰的需求。[①] 同时通过品牌服饰的营销策略,吸引消费者的兴趣,降低沟通成本,当普通客户想要在网上购买质量高、上档次的服饰时,首先便会想到唯品会。

2. 知识点总结

从上述案例可看出,网站定位的方式也有很多,主要包括以下几点。

---

① 周天财经:《还在说垂直电商?是对唯品会最大的误解》,https://news.iresearch.cn/yx/2020/09/339184.shtml。

(1) 跟进式定位。

若进入的是比较成熟的市场环境,后进入者可以以先进入者作为参照对象,向行业领袖看齐,模仿先进入者的内容、名称。同时后进入者因阵地狭小,大网站对其无暇顾及,后进入者只要守住极为细分的市场,便拥有了一定的生存空间。

(2) 竞争式定位。

在市场开发初期便进入,起跑线相同,努力利用自身资源进行竞争、对抗,发展成为行业领袖。

(3) 创新式定位。

企业具有自己独特的优势,便不会被其他企业所取代,这是一种最具差异化的个性化定位方式,也为网站找寻出一条不同的发展道路。

二、网站频道与栏目

(一) 网站频道与栏目概述

网站频道指的是拥有独立的二级域名,并把网站中相同属性与相同题材的内容单独划分出来的网络平台。一般只有大型网站才有频道,比如综合型门户网站新浪,下设新浪健康、新浪河北等,这就是频道。

频道也分为很多层级,比如一级频道叫"电脑网络","电脑网络"下面再分为"硬件""软件""互联网",这就是电脑网络的子级,也可叫二级频道,"互联网"下面再分"上网帮助""QQ使用""网站推荐",这三个就是"互联网"这个栏目的子级,同时是"电脑网络"的子子级,也就是三级频道。

网站栏目指的是网站建设的主要板块内容,也是对网络平台内容的细分归类,一般指网站导航栏目、二级栏目、三级栏目等,主要是为了方便用户快速找到自己想了解的内容,增强用户体验。

(二) 网站频道与栏目定位

1. 定位前提

对网站频道与栏目进行定位,首先要分析所处的互联网市场环境。

2. 定位主体

对网站频道和栏目进行定位的内容主要包括以下几点。

(1) 确立频道和栏目的发展方向;发展方向是一个频道或栏目立足的根本因素,决定其提供的主要内容和功能。

(2) 研究竞争对手的运营特点。对一家网站频道和栏目进行定位分析,不仅要将目光放在自己身上,同时要对竞争对手的运营特点进行分析,通过了解同类市场中竞争对手的状况,对自身进行精准的定位,比如对新浪博客和博客中国的比较分析。

(3) 探索新频道和栏目发展的商业模式。网络频道和栏目发展通常区别于传统媒体的频道和栏目,更具有实时性、交互性和超文本性质,因此可以探索新频道和栏目发展的商业模式,如C2C、B2B等。

(4) 满足受众需求。对受众需求进行分析,使自身满足受众需求,也是对网站频道和栏目进行定位的重要内容,比如网易推出有道翻译,美团推出跑腿业务等。

(5) 分析网站自身需求。对网站创新发展、打造品牌等需求进行分析,有助于网站频道和栏目的整体定位,比如网站打造的品牌风格要从各个频道和栏目的形式、内容上体现出来。

(三) 网站频道与栏目策划

1. 策划内容

在对网站频道与栏目进行定位的基础上,要进行网站频道与栏目的具体策划,主要包括划分内容板块、构架频道内容两大部分。

在划分内容板块时,应当遵循属性相近、内容相近原则,比如直播频道就是所有的直播入口汇总,视频频道就是所有的视频汇总。

在构架频道内容时,主要分三个阶段:首先进行前期内容资源和拓展合作的准备;其次根据内容框架搭建原则,满足受众阅读习惯,设计恰当的表现形式;最后再根据页面设计原则来布置具体内容,比如页面布局设计简洁大方,版面划分比例合适,版面上下按照规定范式来排列内容等。

2. 策划方案

对网站频道与栏目进行策划,撰写的策划方案需要包括项目背景、市场分析、频道与栏目的目标与定位、频道与栏目的内容概述、网页设计、技术解决方案、频道与栏目的合作推广。

(1) 频道与栏目策划方案的意义。

①有利于频道建设顺利实施。

②有利于频道的合作与推广。

③有利于提高人员素质。

(2) 频道策划方案。

一般可包含以下几点。

①项目背景。

②市场分析:对受众人群进行分析;对竞争对手进行分析;网站频道分析。

③频道目标与定位。

④频道内容概述。

⑤技术解决方案。

⑥频道合作推广。[①]

学生案例 2-1:粉丝网站频道建设方案

爱追星网站频道建设方案

一、项目背景

2005 年,湖南卫视的一场选秀捧红了一群默默无名的女生,"粉丝"这个词语第一次成为一类人群的标志,与此同时,一个名为"粉丝网"的新兴网站开始了自己的创业征途,这也是国内第一家以粉丝为核心用户群的网站。

---

① 郭春燕:《网络媒体策划》,中央广播电视大学出版社,2009 年版。

粉丝网看准市场发展空间,针对自身定位和用户群特点,依托成熟的运营平台和市场,推出网上购物服务——粉丝商城。粉丝商城是一个区别于传统购物网站的、时尚的、年轻的、个性的,为满足粉丝需求而存在的新型购物网站。商城汇集了明星代言以及各种限量版产品,不仅出售粉丝团团服、明星签名物品,还有各种演唱会、明星见面会的入场券,以及其他周边产品等。

随着娱乐行业的迅猛发展,出现了追星族,我们为给追星族提供更方便、更精确的明星资讯而成立了爱追星网,也希望借此引导正确的追星方式。

二、爱追星网站的市场分析

(一)受众市场分析

什么样的用户才会看追星网站的信息,追星网站的用户或潜在用户可能通过哪些渠道了解这类网站,我们可以针对哪些渠道对网站进行推广,这是我们运营网站时需要考虑的问题,这些受众数据不是我们想象出来的,而是需要扎实的市场调查。

我们必须明确网站要为什么样的受众创造内容,以及什么样的内容最合受众的口味,可以从设想心目中理想的客户开始。他们的年龄特征怎样,他们在哪里生活,他们从事什么职业,他们上网都在看什么,最重要的是了解受众渴望了解什么。

一般情况下,访问爱追星网的人有两类:一类是追星群体;另一类是访问网站了解娱乐信息的人。我们要考虑为这些人提供他们想看的信息。追星群体遍布各个年龄层,但19岁以上28周岁以下这个年龄层的人最多。这个年龄层的人具有完全行为能力,收入来源相对稳定,有一定的经济能力。大多数追星族仅仅喜欢关注偶像的作品,讨论偶像的逸事,参加有偶像出席的活动等。比较痴迷的追星族会对偶像产生一种依赖心理,在幻想中与偶像沟通,并为偶像花费精力与金钱。

有1.45%的粉丝在受访时表示,自己每个月的追星消费甚至超过自己每个月的收入。其中,月入3000元以内的人群中,有4.35%的粉丝每个月都会透支为偶像买单。

调查显示,追星群体的年龄正在趋于年轻化。年龄越小,追星人群占比越高。90后群体中追星族占比不到三成(26.78%),95后群体中这一比例上升至50.82%,而近7成的00后都认为自己属于追星一族。其中,学生当之无愧成为追星群体中的主力军,占比超过五成。

整体而言,追星族最爱的还是娱乐明星,52.9%的受访者表示自己追星的对象是歌手、乐队,49.03%的受访者喜欢的是影视演员。

不过,不同年龄段的追星族喜欢的对象不尽相同。年纪越小,追偶像团体的人越多,超过六成00后的追星对象为偶像团体,而70后中占比不足两成。反之,年纪越大,追网红、主播的比例越高,数据显示,超过两成(25.09%)的60后在追网红、主播,而90后中这一人群仅占6.12%(见图2-2)。①

此外,不同性别人群的追星对象也有明显的差别。总体而言,女性在追星对象

---

① 相关统计数据来自智研咨询发布的《2019—2025年中国泛娱乐产业市场竞争态势及投资战略咨询研究报告》。

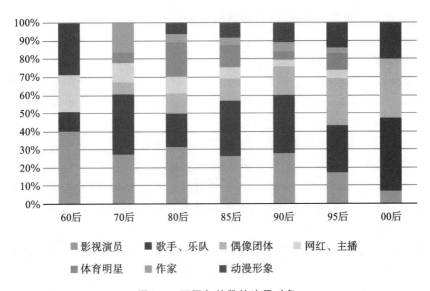

图 2-2　不同年龄段的追星对象

（数据来源：公开资料整理。）

的选择上更加偏爱娱乐明星,而男性的追星对象更加广泛,其对于网红、主播、体育明星、动漫形象等的关注度都远高于女性。例如,28.57%的男性的追星对象是体育明星,而女性中仅7.04%的人表示自己喜欢体育明星(见图2-3)。

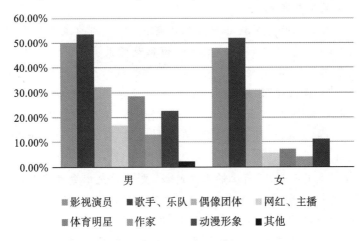

图 2-3　不同性别人群的追星对象

（数据来源：公开资料整理。）

（二）爱追星网的竞争对手粉丝网的分析

1. 粉丝网的基本情况分析

我们所选择的竞争对手是知名网站——粉丝网。粉丝网成立于2005年11月,是中国专业的粉丝运营与服务平台。粉丝网分设北京总部和上海事业部,旗下内容产品和终端产品全方位地引领互联网娱乐产业新风向。秉承多年的门户网站成功经验,整合十数年娱乐业优质资源,汇聚上千明星艺人,粉丝网深耕内容,垂直布局,为千万用户提供最贴心的产品与服务,打造以明星直播为核心的粉丝生态圈。同时,粉丝网还布局屏幕、游戏等多个板块,多着力点共同推进,致力于成为粉丝经济与体验经济时代的领军企业,全力打造"第一明星互动直播平台"。

2. 粉丝网的问题分析

对粉丝网页面进行浏览观察,发现其与部分网站一样,都存在一定的共性问题。比如网站图片不清晰,包括头条栏在内大量图片模糊不清;排版设计影响观感,头条栏下方"星闻聚焦"遮挡了部分头条栏,造成头条栏区域观感不佳;资讯不具备时效性,资讯推荐中的内容均为一两年前的过期资讯,甚至更久。

粉丝网也存在一些个性问题。比如相关信息不齐全,在网站中有明星库、各类排行榜以及大量影视推荐等板块,但板块内容信息十分欠缺;图片来源及使用意图不明,网站排版中出现较多无任何相关介绍及链接信息的明星图片,以及不属于任何板块的内容。

整体而言,爱追星网与粉丝网在受众定位上较为相似,二者皆面向明星的粉丝群体,为粉丝了解喜爱的明星提供便利。基于相关问题分析,爱追星网站做出一系列针对性设计,比如对手网站主要定位为娱乐圈热点资讯、排行榜信息以及各类相关推荐,爱追星网则定位为推送明星相关资源,如活动资讯及影像等。

3. 粉丝网的发展方向

粉丝网未来的发展仍然依托粉丝经济。当前粉丝经济涵盖的范围十分广泛,除了比赛门票收入、媒体转播权利金、广告收入,与运动明星代言的商品之外,还有许多直接或间接的衍生商机。

调查显示,69.04%的追星族都曾为偶像花钱,4.67%的追星族平均每个月为偶像花费超过5000元。其中,网红、主播的粉丝花费最高,近4成(36.36%)粉丝为追星单笔消费都曾超2000元。不仅如此,各年龄段的追星花费呈现出一定的特点。数据显示,80后为追星支出最少,每月为追星花费200元及以上的仅占14.83%。以80后为中心,随着年龄增加或年龄降低,追星花费都呈上升趋势:有3成以上(34.05%)的60后,每月为追星消费超过5000元。而00后中,则有14.89%的追星族每月为追星花费5000元以上(见图2-4)。

80后大都处于上有老、下有小的人生阶段,更多的支出会放在家庭上面,既没有60后相对宽裕的经济基础,更没有00后冲动消费的勇气,所以在为偶像花钱时会考虑得更多,也就减少了很多追星的开支(见图2-5)。

24.63%的受访者表示只会在恰好需要时,优先选择偶像代言的产品。当然,对于大多数粉丝而言,为偶像花钱的原因只是因为喜爱。65.70%的粉丝选择"因为喜爱"而为偶像花钱(图2-6)。

年纪越小,曾经为偶像花钱的比例越高,00后中有近六成的人曾为偶像消费(图2-7)。而且,在经常为偶像花钱的粉丝中,超过3成的人(30.56%)认为那些从不为偶像花钱的粉丝对偶像根本不是真爱,不配称作粉丝。

从调查结果来看,大多数追星群体,对于是否要为偶像消费、如何为偶像消费已经开始表现得越来越理智。依托于日渐发达的网络,粉丝经济发展到现在,已变得更为规模化和规范化。粉丝网立足社群运营,从2016年7月开始,每月定期开展粉丝大事件,如"为你霸版一座城""全世界你俩最好看"等。未来粉丝网将继续

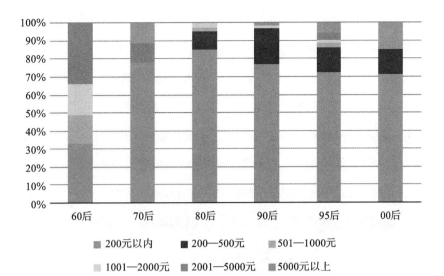

图 2-4　不同年龄段追星族平均每月的追星消费
（数据来源：公开资料整理。）

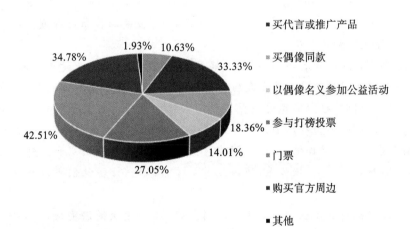

图 2-5　追星消费支出的主要项目
（数据来源：公开资料整理。）

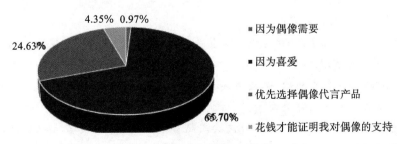

图 2-6　追星族为偶像消费的原因
（数据来源：公开资料整理。）

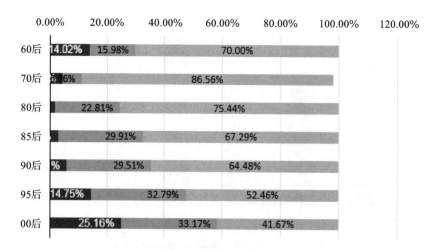

图 2-7　不同年龄段追星族为偶像花钱的频率

（数据来源：公开资料整理。）

作为连接品牌、粉丝、明星的社群媒体，为粉丝创造价值，满足粉丝需求；为明星创造价值，帮助明星收获一群活力满满的正能量粉丝；为品牌创造价值，基于大数据体系，帮助品牌选择更适合自己品牌的明星代言人，提高品牌商业价值。

三、爱追星网频道目标与定位

随着娱乐行业的发展，追星族涌入娱乐市场，这一批人就是爱追星网的受众。未来爱追星网在网站频道打造上向粉丝网看齐，分为业务板块和媒体板块，在满足追星族需求的同时，也能实现爱追星网的可持续发展。爱追星网将建立三个粉丝体系：①社群体系，为粉丝们创造一个能够获得更多快乐的聚集地，让粉丝们的快乐自循环起来；②大数据体系，进一步完善大数据体系，帮助明星和品牌更好地洞察市场和舆情变化；③贡献体系，使粉丝贡献体系落地，让粉丝们可以相互看到彼此的贡献。

同时爱追星网整合各大权威网站的明星排名，为受众提供更快捷、更方便、更全面的明星资讯，提供最新的娱乐新闻，汇聚大量明星的高清图片，为千万粉丝用户提供最贴心的产品与服务，将以粉丝的利益为主，与各大娱乐平台合作，发布最全面的明星娱乐信息。

四、爱追星网频道内容概述

当下明星效应凸显，粉丝也成为备受关注的大型群体，随之出现各种粉丝网站及应用软件，例如爱豆、OWHAI 粉丝网等，为粉丝提供及时资讯服务。但市面上大多数网站均存在各类问题，如图片不清晰、资讯过于陈旧、排行数据布局权威性不足且各项数据不能及时更新等。

爱追星网意在为用户提供全面快捷的服务，因此网站会对各大权威网站数据进行整合，让用户可以在爱追星网上了解更权威且全面的数据信息。同时，随着明星热点事件越来越多，信息更替速度越来越快，针对数据更新的时效问题，网站致力于推荐和发布最新资讯。

立足于网站宗旨——"以粉丝的利益为主",爱追星网不仅保证消息的真实性和准确性,在第一时间以消息通知的方式将明星的信息告知粉丝,还考虑到了现在年轻用户的使用习惯,将同步开设移动端APP,让粉丝在移动端便能了解最新的资讯及图片资源。

媒体板块要美观大方,本着简洁但不简单的原则,应线条流畅,导航清晰。在视觉和格式分布上要吸引浏览者,要能留住网站的潜在客户。在业务板块,可结合外部链接广度实现商贸网站、行业网站、门户网站上的广告链接,从而真正实现网上营销。网站后台管理简单、方便且功能强大。网站的所有内容及图片可自行修改,方便网站今后的管理。

视觉元素之间要保持一致性。视觉元素包括图片的运用、有指示功能的图标以及操作性质的按钮,这些元素在风格上要保持一致。特别是图片的运用,不仅要与网站的主题相关,类型也要一致。

网站的排版也要保持一致。网站在排版的时候,整体上要保证统一,包括每一个板块中的文字大小、排列的规律,文字的间距、行距等。这些也是网站内容排版时要注意的事项。排版格式统一可以加强网站视觉的平衡感。

五、技术解决方案

(一)网站后台代码维护

可在后台进行首页以及各个子页面内容的增加或者删除,页面提交、修改、更新等操作。结合不同时期的需求,可进行网站改版,例如增加或者删除板块。

(二)网站安全维护(网站技术人员)

(1)数据导入、导出。

(2)数据备份。

(3)数据库后台维护。

(4)网站紧急恢复。

六、频道合作与推广

(1)论坛。一般的论坛外链分为论坛签名和论坛回帖。其中,在论坛回帖时一定要注重回帖质量,不要随便敷衍回答别人的问题后就附上网站链接,这样管理者很容易删除回帖。我们要真心回复别人的问题,适当加入自己的网站链接进行推广(重点考虑大型论坛)。

(2)贴吧。软文关键词中可包含明星名。

(3)博客。博客是较好的外链方法之一,因为不需要通过管理者的审核,我们可以在博客中附上自己网站的链接,一般不会被删除(如新浪博客、网易博客等)。

(4)问答。针对追星行业,百度的审核比较严,百度一般做品牌收录,偶尔可以通过帮助他人回答问题,从而增加网站外链,效果还是不错的(如百度知道、360知道、搜搜问问、微博问答、知乎问答等)。

(四)网站频道与栏目实施

在实际建设网站频道与栏目时,有一些需要遵循的原则和使用的方法,比如要合理分配开发任务,熟知工程师所负责的工作;掌握频道开发进度,合理安排时间;熟知并把握项目预算;认真实施频道上线与内测工作。

同时需要编辑相关的制度规范,比如定期更新频道栏目,改进责任落实到人;频道内容编辑做好分工,日常更新落实到人。

三、网站专题

(一)网站专题概述

网站专题是互联网传播的特有方式,是网络媒体报道某个新闻事件时,调动各种资源获取新闻资讯,通过对文字、图片、图表、视频等内容的编排组织,展现特定主题或事件的一组相关新闻信息。

(二)网站专题的作用

1. 发挥网络媒体的导向作用

网站专题有利于发挥网络媒体的导向作用。著名的传媒人普利策曾经说过,如果把社会比作一艘船,新闻媒体就像是船头的瞭望者,随时盯着前方,一旦有情况就要汇报给船上的人。由此看来,媒体不仅对社会有监督作用,也有一定的导向作用。网络媒体中每天发布的信息纷繁复杂,而网站专题则发挥了很好的整合作用,将较重要、较有价值的新闻事件提炼加工,并传递给受众。

2. 引导受众对事件形成有序而系统的认识

网站专题有利于引导受众对事件形成有序而系统的认识,在一些重大的公共事件的报道中,网站专题必不可少。网站专题可以对一个事件及时跟踪报道,给受众提供信息,引导其思考,使受众可以对完整的新闻事件形成全面的认知。

勒庞在《乌合之众》里提及,众声喧哗,但群体的个体容易蒙昧无知。在网络世界中,信息冗杂,人们往往容易迷失方向,长此以往就会只知接收信息而不加思考,自暴自弃。网站专题不仅为受众提供信息,还能做出解释,引导其认识理解。

3. 树立网站的品牌,形成网站的竞争力

网站专题对于网站的品牌建设有促进作用,有利于提升网站的竞争力。一些网站正是由于出色的专题报道而获得了更多关注。

以评论性专题报道为例,我国评论性网站专题栏目起步较早,在 2004 年,网易就已经推出"今语丝"栏目,通过编辑、整合新闻及评论材料来表达自身观点。2005 年,腾讯推出评论性栏目"今日话题",搜狐推出评论性栏目"点击今日"。但多数评论性栏目的知名度并不高,主要原因集中在缺乏受众细分、同质化严重、自身题材受限、宣传力度小等方面。因此各大门户网站在评论性专题报道领域,竞争持续存在,它们努力推出更好的评论性专题报道,打造自身的品牌优势与竞争力。

(三)网站专题策划过程——以车展专题策划为例

1. 对车展专题内容提出建议

车展专题内容主要分为内容报道和活动合作两大类:在内容报道板块,建议设计页面采用大号字体,将图、文、视频、热点相结合;在活动合作板块,建议采用微博热议、视频等形式,并增加图文报道中的网友评论互动。

2. 车展专题的受众特点与需求分析

专题受众的特点与需求分析要考虑网站本身受众和所属主题受众两层因素。在车展专题的报道中,既要对汽车网站的受众特点与需求进行分析,也要对车展专题的受众特点与需求进行分析。

3. 确定车展专题的主题

如新浪汽车 2019 上海车展专题的主题:"共创美好车生活"(见图 2-8)。

图 2-8　新浪汽车 2019 上海车展专题首页截图

确定专题主题的原则:报道主题的确立要与行业发展相结合,也要与网站诉求相结合。

4. 车展专题栏目设置

新浪汽车 2019 上海车展专题的栏目设置上,在内容报道中,设置了"车展要闻""车展必看""新车解析""驾驭者""高端访谈"等栏目,在互动活动中设置了"视频看展""网上展厅""高清实拍""微博热议"等栏目。

5. 车展专题页面的设计与制作

(1) 确定专题的主色调为深色(见图 2-9)。

(2) 确定专题的框架为左右为辅、中间为主(见图 2-10)。

(3) 车展专题制作。

①安排车展专题报道,主要包括"车展要闻""车展必看""新车解析""驾驭者""高端访谈"等。

②确定人员分工,具体包括策划、拍摄图片及视频、撰写文字、编辑、审核、互动运营、技术维护等人员分工。

③实时更新车展专题内容,可依据车展专题特点合理安排各类活动,主要包括视频看展、网上展厅、高清实拍、微博热议等。

④确定车展专题各类报道的方法操作细则,比如新闻发布与文章原创、车展直播、车展访谈、车展图片与视频的注意事项等,以及根据展车类别进行分类报道。

图 2-9　新浪汽车 2019 上海车展"高端访谈"栏目截图

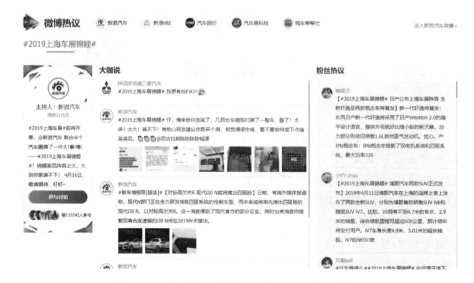

图 2-10　新浪汽车 2019 上海车展"微博热议"栏目截图

四、网站产品

(一)网站产品的定义

网站产品是一种理念,即将网站视作一种产品。与软件产品、服务产品、工业产品等不同,网站产品是一类信息产品,它的主要表现形式是以网站形式提供的信息、服务或两者的结合。

(二)网站产品的发展

进入 Web2.0 时代,产品设计理念第一次被融入网站开发,网站也发生了历史性变革,此前尚未获得成功的网站产品,如雨后春笋般纷纷出现,突出代表的就是谷歌等搜索引擎以及新浪等门户网站。

一般进行网站产品开发主要有如下步骤。

①对用户需求进行调查,通过市场分析、走访等形式确定所做的产品要为哪些人服务,适用于什么场景,能解决什么问题。

②要对用户画像进行定义,可以通过问卷调查、线下走访、竞品分析等确定用户画像,确定产品适用场景、功能和目标。

③设计产品功能结构以及信息结构,要确定业务流程、用户用例、功能结构、原型图、规则、前后台信息结构、元数据、字段等。

④再根据规划的页面风格、交互效果,进行产品的界面、视觉和交互设计。

⑤尽可能地把后台框架搭建好,然后进行产品开发。

⑥进行产品测试并上线,具体包括测试用例、修改、灰色发布、正式上线等。

⑦最后要不断完成版本迭代,具体包括网站产品运营、分析、迭代、再迭代……

比如新浪(见图2-11)是一个典型的网站产品,并且已经发展成为具有同一品牌的系列产品。其

图2-11　新浪网站 logo

他成功的网站产品还有搜狐、腾讯、百度等。其中大型网站较容易发展成为网站产品群。

五、网站广告

(一)网站广告的定义

网站广告就是在网站上做的广告,即利用网站上的广告横幅、文本链接、多媒体等方法向互联网用户发送广告。

(二)网站广告的发展

全球第一个标准的网站广告出现于1994年10月27日,而中国的第一个商业性的网站广告出现在1997年3月。Intel 和 IBM 是国内较早在互联网上投放广告的广告主,传播网站是 ChinaByte,广告表现形式为468像素×60像素的动画旗帜广告。IBM 为其网站广告宣传支付了3000美元。

中国的网站广告一直到1999年初才稍具规模,历经多年发展,网站广告行业经过数次洗礼已经慢慢走向成熟。与传统媒体广告以及近年来发展迅速的户外广告相比,网站广告具有得天独厚的优势,它具有丰富的表现形式,比如各种规格的 banner 广告、电子邮件广告、搜索引擎关键词广告等都可以理解为网站广告。

1. banner 广告

又称横幅广告,是网站广告的主要形式之一。banner 广告一般使用 GIF 格式的图像文件,既可以使用静态图形,也可用多帧图像拼接为动画图像。横幅广告尺寸在一定范围内可以变化,如全横幅广告(见图2-12)、半横幅广告(见图2-13)和垂直旗帜广告(见图2-14)。

在表现形式上,横幅广告可以分成三种类型:静态横幅、动画横幅、互动式横幅。

图 2-12　全横幅广告(468 像素×60 像素)

图 2-13　半横幅广告(234 像素×60 像素)

图 2-14　垂直旗帜广告(120 像素×240 像素)

2. 电子邮件广告

电子邮件广告指的是直接发送,或者通过用户订阅的电子刊物、新闻邮件和免费软件以及软件升级等资料一起附带发送的网站广告形式。

这种广告形式接受度较高,具有直接的宣传效应。譬如当你向某网站申请一个免费信箱时,在你的收件箱里,除了确认邮件,还会有网站自己的电子邮件广告。

3. 搜索引擎关键词广告

搜索引擎关键词广告是付费搜索引擎营销的一种形式,基本程序为:当用户利用搜索引擎对某一关键词进行检索后,该页面会出现与该关键词相关的广告内容。由于搜索引擎关键词广告具有较精准的定位,其效果比一般网站广告形式要好,因而获得快速发展,自2002年之后成为市场增长最快的网站广告模式。

百度的关键词广告是极具影响力的付费搜索引擎营销方法之一,如图2-15所示。

图2-15 百度搜索框输入关键词"女装"后的截图

第二节 网站界面设计

一、界面设计概述

用户界面设计是屏幕产品的重要组成部分。而网站界面设计则是指网站从其布局的整体性、界面的交互性、页面的视觉性三方面进行设计的过程。

(一)网站内容的组织

1. 网站 logo

logo,是 logotype 的缩写,即徽标、商标之意。logo 能够用于识别并推广徽标所属公司,同时形象的徽标可以有效地宣传公司主体和品牌文化。网站 logo 主要是各个网站用来与其他网站链接的图形标志,代表一个网站或网站的一个板块。

关于网站的 logo,目前有三种规格,如图2-16、图2-17、图2-18 所示。

设计 logo 时需遵循以下规则。

(1)最好不要使用超过3种颜色。
(2)摒弃无用的元素。
(3)样式简洁明了。
(4)这个 logo 必须可以被注册。

图2-16 88像素×31像素:较普遍的 logo 规格

图 2-17　120 像素×60 像素：一般大小的 logo 规格

图 2-18　120 像素×90 像素：大型 logo 规格

（5）不要使用知名 logo 中的元素进行设计并声称是自己的原创。

（6）在任何情况下都不要使用素材拼凑。

（7）无论是在黑色还是白色背景下，logo 看起来都要比较美观。

（8）要确定 logo 即使翻转过来也能被很清楚地识别。

（9）要确定 logo 无论放大或缩小，都能被很清楚地识别。

（10）如果 logo 中包含有图示、符号和文字，要确保整体比例协调。

（11）要让 logo 看起来具有永久的生命力。

（12）不要使用特殊效果（比如阴影、反光、水纹、金属效果等）。

（13）如果有必要的话，最好让 logo 适应于方形的布局，避免晦涩难懂的布局。

（14）避免复杂的细节。

（15）要考虑到在不同的地方，logo 都可以很好地应用。

（16）照片不能做成 logo。

（17）不要使用多种复杂的字体。

（18）logo 应看起来沉稳大气，避免使用轻佻庸俗的设计元素。

（19）logo 应适应不同场合的使用。

2．网站 banner

网站 banner 即网站页面的横幅广告（见图 2-19），一般使用 GIF 格式的图像文件，既可以使用静态图形，也可用多帧图像拼接为动画图像。

为了便于网站信息传播，关于网站的 banner 也有一套国际标准规范。全尺寸 banner 为 468 像素×60 像素，半尺寸 banner 为 234 像素×60 像素，小尺寸 banner 为 88 像素×31 像素，另外还有 120 像素×90 像素和 120 像素×60 像素，也是小图标的标准尺寸。

网站 banner 的设计尺寸一般是全尺寸，宣传效果比较好的横幅广告尺寸一般为 336 像素×280 像素、300 像素×250 像素和 160 像素×600 像素。

网站横幅广告在高度一定的情况下，宽度越大，越能给用户带来更好的阅读体验，宣传

图 2-19　某网站页面横幅广告

效果也会越好。

3. 网站导航条

导航条是网站设计中不可缺少的部分,它是指通过一定的技术手段,为网站的访问者提供一定的途径,使人们浏览网站时可以快速地从一个页面转到另一个页面,更加方便地访问到所需的页面的通道。

为了让网站信息可以有效地传递给用户,导航条一定要简洁、直观、明确,如图 2-20 所示。

图 2-20　某网站导航条

(二) 网站内容版式

网站的内容可根据受众偏好来设置,比如根据"搜索引擎喜欢什么样的内容"来设置,在内容来源上可以有多种渠道,比如网站作者撰写原创文章、转载他人原创的内容、鼓励用户贡献内容、翻译国外的原创文章、收集行业信息、进行适当"伪原创"等。

当网站内容匮乏时,也可进行网站结构的优化,比如设计目录结构、统一资源定位系统(URL)、导航结构、框架结构,进行图片优化、FLASH 优化、设置 404 错误页面等。

此外,网站的排版方式也比较灵活,网站的主页设计和平面设计有许多相近之处。网站内容版式设计也要通过文字和图形的空间组合,传达和谐与美。编排设计要求反映页面间的有机联系,特别是页面间和页面内的秩序与内容的协调。要追求页面整体布局的合理性,达到最佳的视觉表现效果,给用户以流畅的视觉体验。

比如常用的网站 banner 排版版式就有居中型(见图 2-21)、两端对称型(见图 2-22)、叠加型(见图 2-23)等。

1. 居中型 banner

不管是文字还是图标、图形,居中型 banner 都显示在页面内容的中心部分。这种设计

图 2-21 居中型 banner

图 2-22 两端对称型 banner

图 2-23 叠加型 banner

往往比较适合宽度不宽，但是有点长的海报。网站 banner 还要考虑背景图片和元素的融合，而不是让元素占满整个页面空间。

2. 两端对称型 banner

两端对称型 banner 往往呈现出文字和元素相对称的形态。

3. 叠加型 banner

叠加型 banner 主要体现为元素背景和文字信息之间有层叠的效果，通过阴影、底纹等页面效果，营造出视觉上的立体感。

网站内容版式应当遵循如下界面设计原则。
(1) 对比原则,避免页面元素相似。
(2) 重复原则,突出结构感,增强整体性。
(3) 对齐原则,产生清爽、精致、灵活的效果。
(4) 紧凑原则,有助于组织信息,减少混乱,让读者感到页面结构清晰。

二、界面设计的分类

在界面设计的三大元素中,结构是基础,互动是核心,再加上合适的颜色和尺寸,才能设计出对用户友好的界面。因此网站界面设计主要包括结构设计、交互设计、视觉设计三大类,其中结构设计便于网站信息清晰传达,交互设计便于网站产品与使用者进行互动,视觉设计便于呈现网站风格色彩。

(一) 结构设计

结构设计是指对界面内容进行分组,对界面中的信息、数据进行设计使之结构化呈现的过程。好的结构设计能使界面信息传达得更加清晰快捷。

1. 结构设计——内容分组

使用线、框、背景色来分组,这是较常见的分组方式,如图 2-24、图 2-25 所示。

目前,在结构设计中,使用空间远近来对界面内容进行分组的情况越来越多。如图 2-26 所示。利用空间远近来分组,但线、框、背景色都是可见的边界,这些视觉元素叠加起来,在一定程度上增加了界面的凌乱感。

图 2-24 内容分组方式之一

图 2-25 内容分组方式之二

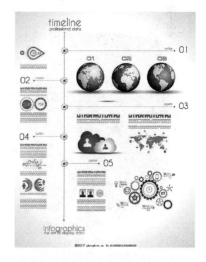

图 2-26 内容分组方式之三

利用元素的相似性进行分组,比如利用文件夹图标、储存条图标等分组,如图 2-27 所示。

图 2-27　内容分组方式之四

2. 结构设计——信息数据的结构化呈现

（1）结构化的数据便于用于更快地浏览和记忆，如图 2-28 所示。显然，改版后的数据更加清晰明了。

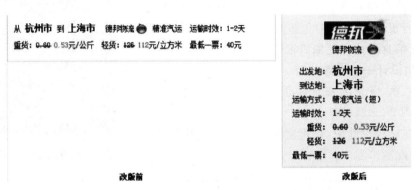

图 2-28　德邦物流数据呈现改版前后对比

图 2-29　银行卡号的结构化呈现

（2）结构化的信息更容易阅读和记忆，如图 2-29 所示。银行卡上的数字分开显示，更加便于用户记忆。

（3）视觉层次使用户更易于理解信息的结构，如图 2-30 所示。相比较左图，右图的层次更加分明，也更易于快速抓取信息。[①]

（二）交互设计

1. 交互设计的定义

交互设计是指对产品及其使用者间的互动机制进行分析、预测、定义、规划、描述和探索的过程。交互设计的主要内容包括：定义与产品的行为和使用密切相关的产品形式；预测产品的使用会对产品与用户的关系造成什么影响，以及用户对产品的理解；探索产品和人与物质、文化、历史之间的对话。

---

① 参考资料来源：http://www.poluoluo.com/jzxy/201207/169295.html。

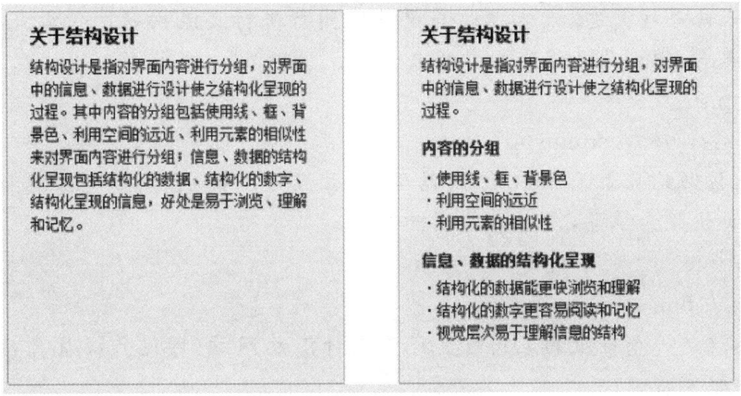

图 2-30 文字分层前后

2．交互设计的发展历程

随着计算机系统用户的普及化，人们对交互体验的关注也越来越迫切。20 世纪 80 年代，产生了一门关注交互体验的新学科——交互设计。它由 IDEO 的一位创始人比尔·莫格里奇在 1984 年的一次设计会议上提出，最初的命名是"软面（Soft Face）"，后更名为 Interaction Design，即交互设计。

从用户角度来说，交互设计是一种让产品易用、有效，并让人愉悦的技术，它涉及社会学、行为心理学、计算机科学等多学科、多领域的交叉及多背景人员的沟通合作。交互设计的目的是通过对产品的界面和行为进行交互设计，在产品和用户之间建立一种有机关系，从而有效满足用户需求。交互设计的重点在于从"目标导向"的角度进行产品设计，要做到以下几点。

（1）对用户所期望的产品使用方式及选择这一产品的理由要有独到的见解。

（2）尊重用户及其目标。

（3）建构完整的产品特征与属性。

（4）对产品的未来发展有合理的构想。

3．交互设计准则

在交互设计中应遵循以下四项准则。

（1）有益：从伦理上不伤害人，以及改善人的状况。

（2）目标：能帮助用户实现他们的目标和渴望。

（3）实效：帮助委托的组织实现它们的目标。

（4）完整：具备完整性方案，对整个流程进行把控。

补充资料

以下列举了几个有名的交互设计网站，其中提供了丰富的主题和素材，可供大家借鉴与学习。

1．dribbble

网址：https://dribbble.com。

推荐理由：作为一个曾经需要邀请码才能登陆的设计网站，dribbble 曾风靡一时，吸引了许多设计师来此寻找灵感,或者在此与设计师同行进行交流切磋。但近几年dribbble的展示形式比较单一,设计作品偏重视觉特效。

2. site inspire

网址:https://www.siteinspire.com/。

推荐理由:该网站收录了2500个网站设计,并且可以按主题、类型等进行分类搜索,可以实时显示网页快照和位置,内容材料比较丰富。

3. straightline

网址:http://bm.straightline.jp/。

推荐理由:这是一个日版的UI、网页视觉设计汇总网站,网站作品优良,设计风格简约耐看,资源也比较丰富。

4. pttrns

网址:https://pttrns.com/。

推荐理由:网站界面类似交互设计版的pintest,网站收集了1000多个APP设计模板和产品流程截图,并且持续更新中。网站界面将APP设计模板分门别类展示,并提供屏幕放大镜功能,便于用户看清截图。

5. Html Showcase

网址:http://htmlshowcase.com/。

推荐理由:各种html5网页交互的优秀案例集聚于此。

6. Collect UI

网址:http://collectui.com/。

推荐理由:以移动端UI设计案例居多,收录的数量非常丰富,网站每天都会更新高质量的UI作品,而且归类详尽,分类多达100多种。用户还可以在网站左侧快速定位进行浏览。遇到喜欢的作品,可以直接追踪到dribbble,关注它的作者。

7. Uplabs

网址:https://www.uplabs.com/。

推荐理由:一个为设计师打造的资源推荐社区,上面汇集了许多前端设计作品,还有大量的android和iOS的UI作品资源。[①]

(三) 视觉设计

1. 视觉设计的定义

视觉设计的内容主要包括网站界面风格和色彩的呈现方式。界面视觉设计中一般包含五个视觉要素:色彩、文字、图标、图片和空间。只有综合考虑这些要素,才能做出出色的界面设计。视觉设计的评价维度包括以下三个方面:信息传递、视觉美化和创意创新。其中,信息传递是让用户看得明白,迅速清晰地获取信息;视觉美化是让用户看得舒服,欣赏美观的界面;创新创意是让用户看得惊喜,感受不一样的创意点。

2. 视觉设计要点

(1) 色彩运用。

色彩是艺术表现的重要元素,也是界面视觉设计中的五个视觉要素之一。在网页设计

---

① 来源于网络资料整合。

中,要根据和谐、均衡和重点突出的原则,将不同的色彩进行组合搭配,建构美丽的页面。同时可根据色彩心理学理论合理地运用色彩。

为了实现页面结构的完整性,页面的形式与内容的风格应当和谐统一,页面形式必须贴合页面内容,展现出内容的丰富性。页面在形式上可以灵活运用对比与调和、对称与平衡、节奏与韵律以及留白等方法,通过空间、文字、图片、图标之间的配合达成整体的均衡,从而产生和谐的美感。比如采取单一对称原则设计的页面均衡大气,但可能会稍显呆板,如果加入一些富有动感的文字、图案,或采用夸张的手法来表现页面内容,往往能出其不意,达到更好的效果。

色彩运用是界面视觉设计中的重要部分。色彩运用主要有吸引视线、诱导视线、记忆视线所捕捉的画面等作用。通过色彩呼应可以达到均衡、和谐的视觉效果,通过合适的色彩运用,可以引起用户兴趣,帮助用户理解设计意图,促进设计目标的达成。

不同的色彩带给人们的心理感受不同,因而不同色彩的相关含义、指代的事物也大不相同。以下是几种常见色彩的相关含义。

①白色一般给人明亮、干净的感觉。
②红色给人温暖的感觉,但也包含恐怖、危险的意味。
③橙色带给人充满朝气、积极向上的印象。
④黄色一般用于唤起注意和警觉。
⑤棕色往往给人自然、质朴的感觉。
⑥绿色带给人清爽、舒适的感觉,能让人放松,舒缓心情。
⑦蓝色象征着明亮、广阔,但也包含忧郁的气质。

色环(见图 2-31)是在彩色光谱中所见的长条形的色彩序列,将首尾连接在一起,使首端的红色连接到尾端的紫红色,色环通常包括 12~24 种不同的颜色。

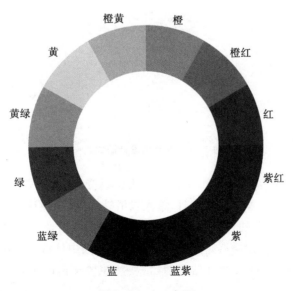

图 2-31 十二色环

根据色彩学原理,自然界中存在三种基本的颜色,即黄色、红色、蓝色(三原色),这三种颜色按一定的比例混合,可以产生任何颜色。

色彩有冷色、暖色之分。冷色来自蓝色调,如蓝色、绿色和紫色。配色方案选用冷色会显得空灵和清爽。冷色还有开阔视野的效果,所以适于做页面背景。暖色由红色调构成,如红色、橙色和黄色。暖色给人以温暖、舒适、有活力的感觉。

在色彩运用中,人们还会利用相似色和对比色达成一定的视觉效果。在色环中,相似色即给定颜色旁边的颜色,如果以橙色为例,它的两个相似色可选择红色和黄色。在色彩运用上使用相似色,可以使页面色彩看起来十分协调。而对比色即在色环上夹角为120度到180度之间的两种颜色,比如红色和绿色、黄色和紫色。

在进行网页设计时,可以根据色彩的不同特质进行搭配,以达到想要的设计效果。

(2)字体使用。

在网页设计中,字体的使用也有一定的原则:首先,尽量不要使用三种以上的字体,避免页面杂乱无章;其次,字体大小应该适中,不要使用太大或太小的字,便于信息传达与受众阅读;再次,不要使用不停闪烁的字,影响用户集中注意力;最后,标题字号要比正文字号大,使页面内容层次分明。

(3)图形图像设计元素及技巧。

图形图像设计的基本构成元素包括点、线、面。

①点。

一般来说,点的位置或大小不同,会造就不同的设计感受(见图2-32)。

图2-32 点元素设计版式之一

当点的位置靠上时,给人以活泼、不稳定的设计感受;当点的位置靠下时,给人以沉稳、呆板的设计感受;当点的位置靠左或右时,给人以滑动、下坠的设计感受。

当页面分布着很多零散的、体积较小的点时,人的视觉重心容易游离,甚至会产生焦躁不安的感觉。因此,这种设计要点则是要看如何在不规则中体现出秩序感(见图2-33)。

在画面中,当页面的视觉元素非常多时,需要将想要突出的内容放大,或将其放在偏上或者居中的位置(见图2-34)。

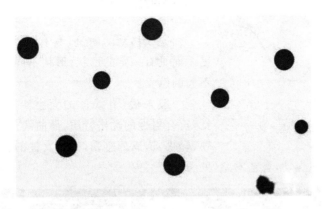

图 2-33　点元素设计版式之二

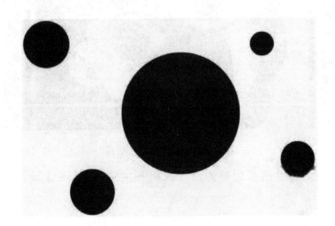

图 2-34　点元素设计版式之三

②线。

线最善于表现出动和静的状态,直线表现静,曲线表现动,曲折线则有变动感。

整体来看,直线具有男性化的特点,兼有力度和稳定。直线中的水平线、垂直线、粗直线、细直线,均有中正、平和之感;斜直线则更有灵活变动之感(见图 2-35)。

图 2-35　线元素设计版式之一

曲线富有女性化的特征,彰显柔软、优雅之感(见图2-36)。

③面。

面是线移动的轨迹,具有长度、宽度,但是没有厚度。面具有一定的形状,形状不同,也会在设计中产生不同的感觉。

一般来说,直线形的面会给人安定、有秩序的感觉,符合男性的性格特质;而曲线形的面则给人带来柔软、轻松、饱满的感受,符合女性的性格特质。此外,不规则的面则显得自然生动,有艺术感(见图2-37)。①

曲线

图2-36 线元素设计版式之二

图2-37 面元素设计版式

图形图像设计应当符合网页的整体设计风格和主题,图形图像设计主要有以下几种表现技巧。

①面积与方向。

通过改变图形图像基本构成元素如点、线、面的面积与方向来表现网页整体设计的风格、主题。

②退底与轮廓。

网页上的图形图像的主要表现形式有四方图、退底图及边缘模糊图等,合理使用这些表现形式能产生很好的视觉效果和艺术效果。网页设计者应当学会在设计中突出主要的图形图像,适当弱化次要的图形图像,使网页层次分明,更加简洁。

③合成与组合。

使用图形图像处理软件对图形图像进行合成或拼接组合,使图形图像信息的内容更符合设计理念,以达到更好的设计与传播效果。

④局部与特写。

对图形图像的局部进行特写,以刻画细节。

(4)字体设计。

在字体设计中,字的笔画开始、结束的地方有额外的装饰,且笔画的线条粗细有所不同的字体是衬线字体,而没有额外装饰、笔画线条粗细均匀的字体是无衬线字体。

---

① 参考资料来源:https://www.uisdc.com/point-line-plane。

同一页面中,对字体的大小、粗细进行对比,能起到突出重点的效果。

在字体的结构对比中,衬线字体的笔画有粗细之分,无衬线字体的笔画一般粗细均匀。

在字体的形态对比中,斜体主要起强调作用。

在字体的颜色对比中,暖色小字比冷色大字更能吸引用户的注意力。

(5) logo 设计。

一个好的商标必须具备广度、高度及长久性三个要素:就广度而言,作为网站的 logo,可以在所有沟通宣传工具上综合、灵活地运用;从高度而言,logo 的设计格调要高,注意造型的色彩和形状;从长久性而言,好的 logo 要能经受时间的考验,与网站共存发展,好的 logo 设计至少应有 10~20 年的适用性。

logo 的设计可以采用下面五种基本方法。

①以网站名称为 logo 的设计原型,通过对字体的设计,使 logo 一目了然,简洁大气(见图 2-38)。

②对网站名称中的某个字母进行夸张处理,通常对首字母进行设计,或是以缩写字母为原图形(见图 2-39)。

③采用象征型手法设计 logo,凸显网站的性质,能使 logo 非常具有亲和力(见图 2-40)。

图 2-38　logo 设计形式之一　　　图 2-39　logo 设计形式之二　　　图 2-40　logo 设计形式之三

④通过抽象的符号、几何图形等拼接组合来设计 logo,通常该类 logo 风格比较理性和严谨(见图 2-41)。

⑤为组织、机构等设计的 logo,一般将象征图形、字体等巧妙结合在一起,使其成为一个有机的整体(见图 2-42)。

图 2-41　logo 设计形式之四　　　　　图 2-42　logo 设计形式之五

3. 视觉设计目标

清晰、和谐、独特是好的视觉设计想要达成的目标，具体实现路径可从以下几个方面入手。

（1）清晰。

①容器整合法。

当界面信息过于分散时，会对用户接收信息造成不必要的干扰，会使用户产生疑惑甚至直接离开界面。因此可以通过对信息进行整合即信息减噪，让页面更加清晰。具体方法可以使用容器整合法来让内容更加清晰、聚焦。容器整合法指将分散内容装进一个"容器"，使内容聚焦在容器当中，让信息更加规整。

如图2-43和图2-44所示，某营销文案界面改版前文字信息四处分散，对用户阅读产生了较大的干扰。而采用了容器整合法进行改版后，将文字信息装进容器中，减少了对用户接收信息的干扰，使界面更加清晰、工整。

图2-43 改版前界面

图2-44 改版后界面

②局部放大法。

当在视觉设计中遇到信息特别多且信息杂乱的时候，如果每一部分都想突出，结果一定适得其反。此时需要设计者有选择性地将一些内容来进行局部放大，反而可以让整体信息更加聚焦、清晰。

当界面信息杂乱但包含数字的时候，可以采用局部放大的方法，如将图2-45中卡片上的"3"进行放大,从而使界面整体信息更加聚焦、清晰。

图 2-45　某界面数字"3"放大与没有放大的效果对比

(2)和谐。

①颜色呼应法。

有时设计出来的页面看起来不和谐,有个很重要的原因,就是页面中没有贯穿的元素,即没有呼应,这时可以采用颜色呼应法,使画面更和谐(见图 2-46、图 2-47)。

图 2-46　改版前页面

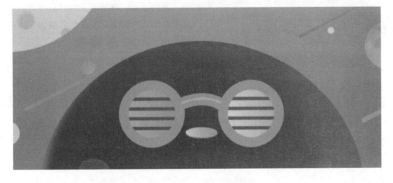

图 2-47　改版后页面

图 2-46 中的画面看起来不够和谐,左上角的绿色显得较为突兀,就是因为整张图的颜色没有形成呼应。而图 2-47 中的眼镜选用的色彩与背景图的颜色形成了呼应,整张图看上去更加和谐。

②变化对比法。

与节奏感对于音乐的重要性相似,有节奏的布局对于界面设计也很重要。如果界面铺陈一成不变,界面布局就会看起来非常乏味(见图 2-48)。

可以观察到图 2-48 左边的标题、插图、排版格式完全一致,显得单调乏味,而右边的设计更有节奏感,显得和谐、舒适。

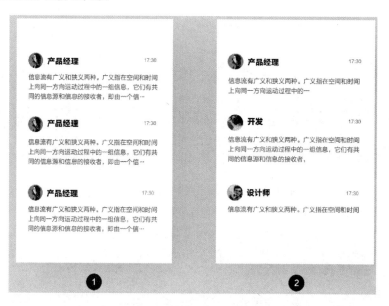

图 2-48　无节奏排版与有节奏排版的效果对比

③负形缩减法。

在设计图标或者字体的时候,要遵循的一个原则就是饱满,界面上每个不能拆分的元素都需要尽量做得饱满,如图 2-49 所示。

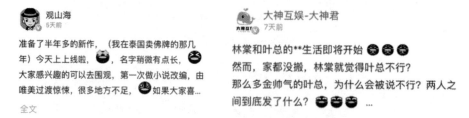

图 2-49　大空隙排版与小空隙排版的效果对比

图 2-49 左侧,当表情大于文字,每行之间就会造成大量空隙(负形过大),导致画面整体看起来不够饱满、和谐。而右侧可看出已经尽量缩小负形空间,使表情和文字保持大小一致,使画面更优化。

(3)独特。

①IP形象结合法。

从品牌出发,网站的视觉设计可以有很多内容和方向,比如 logo、图形、品牌吉祥物等的设计。

如图 2-50 所示,某小说阅读器在设计时,有一个设置是选择文字的背景颜色,选择控件设计成了圆形,而品牌形象也偏圆形,这就是将圆形控件与品牌形象相结合的典型案例。

图 2-50　某小说阅读器选择控件

②事物图形化法。

除了品牌,还可以根据事物本身的意思来延展图形。如图 2-51 所示,日间夜间模式的切换按钮、男女性别的切换按钮,都可以利用事物本身的含义来延展图形设计。①

图 2-51　不同的切换按钮

三、界面设计标准及规范

网站是企业向用户和网民提供信息的一种方式,是企业开展电子商务的基础设施和信息平台,离开网站去谈电子商务是不可能的。企业的网址被称为"网络商标",也是企业无形资产的组成部分,而网站是在互联网上宣传和反映企业形象和文化的重要窗口。企业网站的设计尤为重要,下面是网站设计的标准及规范。

(一)可用性标准

1. 明确建立网站的目标和用户需求

以"消费者"为中心,而不是以"美术"为中心来进行网站的设计规划,在设计规划时应该考虑到:建设网站的目的是什么?企业是为谁提供服务和产品?企业能提供什么样的产品和服务?网站的目标消费者和受众的特点是什么?企业产品和服务适合什么样的表现方式及风格?

2. 网站设计方案主题鲜明

在目标明确的基础上,完成网站的构思创意即总体设计方案。在对网站的整体风格和特色做出定位后,规划网站的组织结构。为了做到网站设计方案主题鲜明突出、要点明确,需要了解用户需求,以简单明确的语言和画面彰显网站的主题,并调动一切手段充分表现网站的个性和特点。

---

① 来源于网络资料整合。

3. 网站网页内容齐全设计方便

一般网站的网页应具备的基本成分有页头、Email 地址、联系信息、版权信息等。其中页头用来准确无误地标识网站站点和企业标志;Email 地址用来接收用户垂询;联系信息可以是普通邮件地址或电话;版权信息用于声明版权所有者。同时应充分利用已有信息,如客户手册、公共关系文档、技术手册和数据库等。

网络资源的优势之一是多媒体功能的使用。要吸引浏览者的注意力,网页的内容中可以添加三维动画、Flash 等表现形式。随着 5G 时代的来临,使用多媒体形式来表现网页内容也变得更加便捷。还可在网页中使用一些醒目的标题或文字来突出企业的产品和服务,以获得用户青睐。

此外在网页设计中,导航使用超文本链接或图片链接,使用户能够在网站上自由前进或后退,而不必让他们使用浏览器上的前进或后退键。网站上的图片处使用 Alt 键符注明图片名称或解释,以便那些不愿意自动加载图片的用户能够了解图片的含义。

为了减少用户浏览网页时的等待时间,一般将主要页面的容量控制在 50K 以内,平均容量在 30K 左右,确保普通浏览者在页面的等待时间不超过 10 秒。

网站应为用户提供有价值的内容,而不是过度地装饰,应在必要时适当使用动态 GIF 图片,同时,设计巧妙的 Java 动画可以用较小的容量就能使图形或文字产生动态的效果。

4. 网站信息反馈及时

让用户明确网站提供的产品和服务,并使用户可以非常方便地订购产品和服务,这是网站获得成功的重要因素。如果用户在浏览网站时产生了购买产品和服务的欲望,应保证其方便快捷地实现。这要求网站要不断进行测试和改进,测试实际上是模拟用户访问网站的过程,用以发现问题并改进网页设计。网站运营者通常与用户共同参与网站测试。网站建立后,要不断更新网站信息,让用户及时了解相关行业的发展动态,并参与到互动交流中,就能够保持用户黏性。

(二) 美学标准

进行界面设计时首先要明确的理念是"用户中心导向",即用设计吸引用户,用内容引导用户,一切设计都是为了吸引用户、服务用户。

其次,在界面设计中,要重点注意网站 banner 的设计。网站 banner 即广告条,主要用来传递一些信息,可以是本网站的信息,也可以用于传递非本网站的信息。网站 banner 一般具有鲜明色彩,要注意与 logo 区分开。

最后,在界面设计中,同一网站的所有网页应具有相似的主题或风格,使设计具有均衡感。网页设计的形式应当符合网络传播的特点,比如运用多媒体、超文本、超链接等形式。网站色彩的运用必须与网站内容相协调,从视觉上给用户舒适感和统一感。

(三) 网站界面易用性规范

前文从可用性标准及美学标准两个层面分析了网站界面的设计标准,这些设计标准也对网站界面的易用性提出了规范要求。

技术上的要求是,网页设计只使用成熟、简单、兼容的技术,尽量不使用任何网页特效,用户注册的时候,只填写必要的内容;支持全文搜索,不使用欢迎页,任何图片必须设置 Alt 和 title 属性,这些属性可使浏览器将图片的描述性文字显示在图片的位置,让用户知道这个位置将要显示的是什么。

形式上的要求是,网站界面上要有清晰、统一的导航,导航层级不超过三级,导航链接中必须包含文字,每页都要有标题,在第一级导航底部,应让用户看到完整的联系方式;网站的logo应指向首页,除非真正必要,尽量不用新窗口打开链接;不使用满屏模式显示页面,不要弹出窗口,避免因页面过大而让绝大多数用户要在页面底部用鼠标左右滚动窗口;页面不可过于拥挤,使用所有操作系统都可以正确显示的字体,网页上的广告需要有明确的广告标志。

内容配置上的要求是,要有纯文本版本的站点地图以及面包屑导航条;任何页面都要有一个链接直接导向首页,链接要具备可标识的视觉特征;任何页面都要有一个打印友好版本;页面应使用一致的配色和结构;应对用户操作提供帮助,用户可以在页面内对某些内容进行评论或反馈。

四、网站界面设计过程

网站界面设计过程主要包括进行版面设计(结构设计)、视觉设计以及交互设计。

(一)版面设计

版面设计主要包括分栏设计以及具体的点、线、面的构成设计。一般网页主要有三种分栏结构:左栏式、右栏式及三栏式。其设计特点各不相同。左栏式是较为标准的安全设计结构;右栏式比较新颖,实用性更强;三栏式是目前比较常用的分栏结构,信息量更大、更全(见图2-52)。

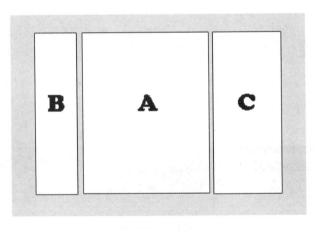

图2-52 三栏式设计

前文图形图像设计元素部分已经阐述了关于点、线、面的构成,主要介绍因点的大小、位置,线的曲直,面的形状等不同因素而产生的不同的设计效果。任何一个版面的设计,都离不开点、线、面这三种元素,如何把握点、线、面三者的关系尤为重要。尤其在网站建设或网页制作中,点、线、面三者之间的构成关系更为严谨。

在版面设计中,一般可以采用组合法简化版面。不同的组合方式,可以产生不同的版面设计效果,关键是掌握网站信息内容及用户需求的重点是什么,并在页面中清晰表现出来。好的版式设计要通过元素组合简化版面内容,建立有效的秩序感。

如在某杂志内页设计中(见图2-53),通过将信息文字的组合分为多个元素,相同的元素紧密排列，形成了秩序美，页面辅以留白，虚实结合，非常和谐。一般而言，画面中的元素种类越少，传达的信息就越准确。

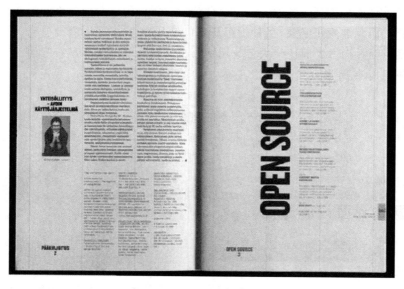

图 2-53　某杂志内页

还可以适当利用页面四边扩大版面。用好页面的四边，对于版面的设计很重要，如果页面的任意一个元素接近边缘，虚空间就会被放大，如图 2-54 所示。

图 2-54　某杂志封面

杂志的封面边缘只露出了字母一角，却让整个画面在视觉效果上被放大，使页面显得更大气。也可以利用元素的延续性，让版面各元素之间产生关联，打破四方边框的视觉局限。

还可利用四个焦点法则，当矩形页面被水平和垂直地分成三份后，水平线和垂直线的四个相交点是最吸引人注意的地方。如图 2-55 所示，左下角的相交点放置了画面中最大的视觉元素，非常引人注目，用户即便看不懂韩文，也能清楚地了解到这是一家物流公司的网站页面。

此外，可利用交错、重叠等设计技巧打破平淡的结构。通常情况下，点、线、面的重复构成可以让设计产生整齐感，但也容易显得平淡、呆板。因此版面设计中可以选择一些特殊的

图 2-55　某物流公司网站页面

设计技巧,使版面风格更加时尚灵动。

如图 2-56 所示,在海报设计中,左图利用字体形状、颜色的重叠产生丰富的色彩,右图用交错的照片拼成一个完整的图形,使画面富有层次感。

图 2-56　重叠设计与交错设计

此外,还可以通过对比等版面设计技巧,产生强烈的视觉冲击效果。比如 naver 网站的设计风格,左上角的色块与其他的色块形成了鲜明的对比,它在整个页面中的存在感相当于单独一个页面,十分醒目(见图 2-57)。

而虚实空间的对比,画面巧用留白,也能给版面带来美感,如图 2-58 所示,地平线的辽阔与人影的渺小形成对比,虚无的感觉被刻画得淋漓尽致。

(二) 视觉设计

除了版面设计,视觉设计也是界面设计的重要部分。色彩、图像、文字等都是视觉设计的重要元素。

图 2-57　naver 网站页面

图 2-58　某广告页面

视觉设计主要包括：选择恰当的色彩、设计图形图像、文字排版、处理图片。

1. 选择恰当的色彩

为了获得更好的视觉效果，首先要确定网站主色。一般蓝色被广泛应用于与计算机网络相关的主题中，红色则多用于公务、教育主题网站，彩色则多运用于时尚主题网站。

其次，要进行网站色彩搭配。原则上，一个网站往往不止一种颜色，当网站的基本色确定之后，就要考虑色彩搭配的问题。色彩搭配的典型方法有单色搭配、相似色搭配、互补色搭配、分离补色搭配、冷暖色搭配等。

单色搭配就是整个画面只有一种主色调。在单色搭配中，色彩变化都在同一色相中完成，在不改变色相的情况下，改变色彩明度和纯度，能使画面简洁，富有层次感。也正因为缺少色彩吸引人眼球，能让人更加关注画面的明暗层次和构图。如图 2-59 就是典型的单色搭配。

相似色搭配主要用于当画面颜色过多时，为了保持画面和谐，采用相似色的搭配模型。相似色主要指色环上夹角在 60 度以内的相邻色相（见图 2-60）。

互补色搭配，指采用色环上相对的两种颜色进行搭配，可以产生非常强烈的对比，创造出十分震撼的视觉效果（见图 2-61）。

分离补色搭配，指使用三种颜色进行搭配，其中两种颜色为相似色，第三种颜色与它们形成对比。分离补色搭配不同于单色搭配，也不同于互补色搭配，其对色彩的明度和饱和度

图 2-59　黑白摄影

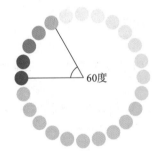

图 2-60　相似色标注

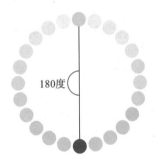

图 2-61　互补色标注

的调整要求较低,整个画面看上去比较舒服(见图 2-62)。

　　冷暖色搭配,指使用一个冷色和一个暖色做对比。在色环中,黄绿和紫红比较中性,成为冷暖色的分界线。冷色包括绿色、青色、蓝色、蓝紫色、紫色,暖色包括黄色、黄橙色、橙色、红橙色、红色(见图 2-63)。

　　确定色彩搭配后,拿出事先选定的灰度模式的布局框架,在框架上面做颜色应用的布局,将颜色填入各个板块中,比较哪种搭配最合适。其中白纸黑字,是人们阅读教科书时的普遍颜色搭配,作为提供支持与培训的网站,在内容区选择这种配色是安全的。橙色因颜色看起来过于热情、亮眼,不宜在同一个画面中大量使用,在合适的地方进行适当的点缀即可,可以用作栏目标题的颜色,也可以用作内容中链接的颜色。

2. 设计图形图像

　　前文对点、线、面的不同特征带来的不同设计效果及点、线、面三者的构成方法已有说明,而点、线、面的运用对网页设计的作用则主要体现在以下几点。

　　(1)点的运用。

　　不同形状、不同颜色的点可以增加页面的生动性。

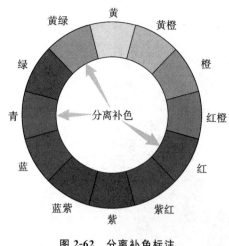
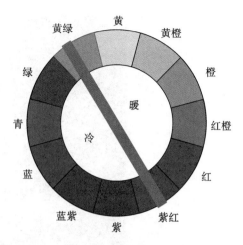

图 2-62　分离补色标注　　　　　图 2-63　冷暖色标注

(2) 线的运用。

网页以水平线为主,能给人一种均衡平和的感觉。适量地使用曲线,则可以增加页面的柔和性和亲切感。

(3) 面的运用。

网页的设计以长方形为主,给人一种端正稳重的感觉。

(4) 三维效果。

要想取得更加理想的视觉效果,可以利用光与影的组合创造出一些三维效果。

(5) logo 设计。

logo 的具体设计方法在前文已有介绍。在已设计好 logo 的基础上,运用图片处理软件将 logo 图片去底,logo 就可以添加在任何背景上。

3. 文字排版

进行文字排版时,首先要选择字体。任何字体在网页中都默认以中文宋体和英文 Times New Roman 字体进行显示。

其次,要确定字号。当用"字号"做度量单位时,"字号"值越大,文字就越小,最大的字号为"初号",最小的字号为"八号"。当用"磅"做度量单位时,"磅"值越大,文字就越大,最大的磅值为 72 磅,最小的磅值为 5 磅。一般字体默认的大小是 12 磅,宋体小四号字体即为 12 磅,网站大多也使用了这一字号。用于说明图片的文字大小为 6～8 磅,文本常规字体大小为 9～13 磅,标题字体大小为 14～24 磅(见表 2-1)。

表 2-1　字号与磅之间的对应关系表

单位	对　　应										
磅	42	36	26	24	22	18	16	15	14	12	10.5	9
字号	初号	小初	一号	小一	二号	小二	三号	小三	四号	小四	五号	小五

再次,要对文字间距进行调整。各行字体间的距离为行间距,对于大小在 9～12 磅的主体文本来说,平均行间距为字体磅值的 20% 比较合适,1 磅约等于 0.35 毫米,一个 10 磅的文字,高度大概是 3.5 毫米,行间距大概是 0.7 毫米。如果字号较大,这个比例可以相对缩小。

最后,文字格式需要设置对齐。一般来说,左对齐最具有可读性。左对齐的文本使用了合适的单词间距和字母间距,这些间距的大小非常一致,因此阅读起来不费劲。在网页设计中,将文字设置左对齐有如下几种方式,即 P 元素对齐、表格文字左对齐以及"DIV+CSS"对齐。

(1) P 元素对齐。

```
<p align="left">文字左对齐</p>
<p align="left">文字左对齐</p>
```

(2) 表格文字左对齐。

```
<table width="100%" border="1"cellspacing="1"cellpadding="0">
<tr>
<td height="66"align="left"valign="middle">aa</td>
<td align="center"valign="middle">bb</td>
</tr>
<tr>
<td height="74"align="left"valign="middle">aa</td>
<td align="center"valign="middle">bb</td>
</tr>
<tr>
<td height="83"align="left"valign="middle">aa</td>
<td align="center"valign="middle">bb</td>
</tr>
</table>
```

(3) "DIV+CSS"对齐。

```
<!DOCTYPE html PUBLIC"-//W3C//DTD XHTML 1.0 Transitional//EN""http://www.w3.org/TR/xhtml1/DTD/xhtml1-transitional.dtd">
<html xmlns="http://www.w3.org/1999/xhtml">
<head>
<meta http-equiv="Content-Type"content="text/html;charset=gb2312"/>
<title>文字左对齐</title>
<style type="text/css">
.font{width:200px;text-align:left;font-size:20px;}
.font1{width:200px;text-align:center;font-size:20px;}
</style>
</head>
<body>
<div class="font">aaa</div>
<div class="font1">bbb</div>
</body>
</html>
```

4. 处理图片

首先要选择合适的图片。选择图片时一般要遵循三个原则：其一，图片一定要与网站内容密切相关，相关图片可以增加网站版面的可读性，提高内容对用户的吸引力，与网站内容无关的图片，往往会令用户感到莫名其妙；其二，图片要生动有趣；其三，图片必须要吸引人。

其次，需要对图片进行处理。处理图片最方便的工具是 Photoshop，简称 PS。Photoshop 的功能十分丰富，主要应用于图像编辑、图像合成、校色调色及特效制作四个方面。

而在网页设计中，Photoshop 主要应用于以下四个方面：裁切图片、改变画布大小、添加文字、组合图形。

（1）裁切图片。

①首先双击打开安装好的 Photoshop 桌面图标（见图 2-64）。

②打开 Photoshop 之后，点击"文件"，选择"打开"（见图 2-65）。

图 2-64 步骤一

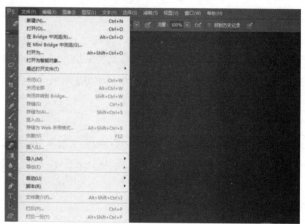

图 2-65 步骤二

③在打开的页面中选择并打开需要裁切的图片（见图 2-66）。

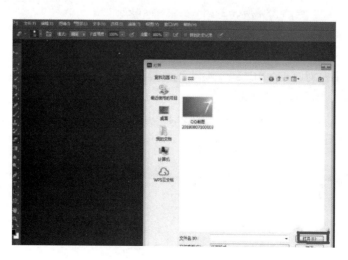

图 2-66 步骤三

④完成上述步骤后,图片已拉入 Photoshop,再选择左侧工具栏中的"裁剪工具"(见图 2-67)。

图 2-67　步骤四

⑤单击鼠标左键就可以框出自己想要的裁剪范围(见图 2-68)。

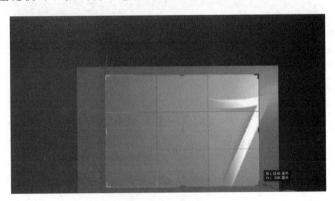

图 2-68　步骤五

⑥确定裁剪范围之后,在区域内双击鼠标左键就可以裁剪成功(见图 2-69)。

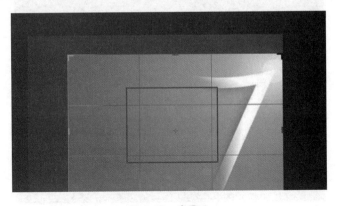

图 2-69　步骤六

⑦裁剪后之后,选择"文件",保存即可。

(2) 调整画布大小。

①在 Photoshop 软件中打开一张素材,并点击"图像"(见图 2-70)。

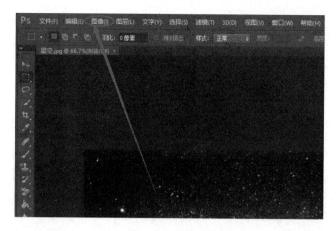

图 2-70 步骤一

②然后点击"画布大小"(见图 2-71)。

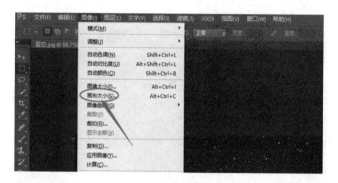

图 2-71 步骤二

③输入尺寸(见图 2-72)。

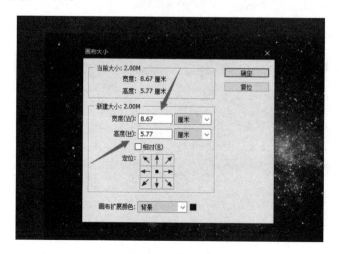

图 2-72 步骤三

④最后点击"确定"保存即可(见图2-73)。

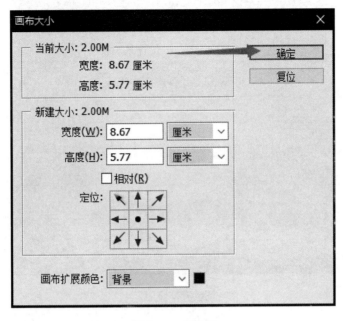

图 2-73 步骤四

(3) 添加文字。

①打开 Photoshop 后,首先打开一张要编辑的图片(见图 2-74)。

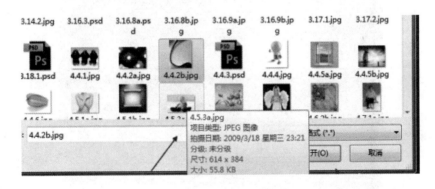

图 2-74 步骤一

②选择了一张背景图片后,在左侧工具栏中选择"横排文字工具"或"直排文字工具"(见图 2-75)。

③选择完毕后,单击图片即可编辑文字,输入合适的文字,再调节文字的大小和颜色(见图 2-76)。

④编辑好文字字符后,点击回车键即可,如果字体样式与图片不协调,可打开字体列表,选择喜欢的字体样式(见图 2-77)。

(4) 组合图片。

①打开 Photoshop 并点击左上角的"文件",再点击"打开"(也可以按下快捷键"Ctrl+

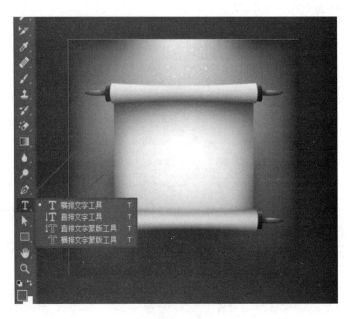

图 2-75 步骤二

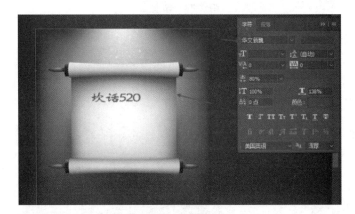

图 2-76 步骤三

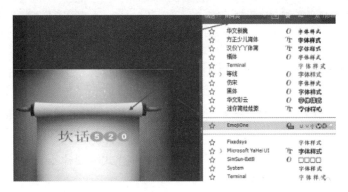

图 2-77 步骤四

O"),打开文件选择窗口(见图2-78)。

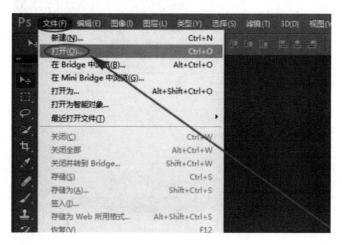

图 2-78　步骤一

②在打开的文件选择窗口中,找到并选中需要合并的两张图片,然后点击"打开",将图片导入Photoshop中(见图2-79)。

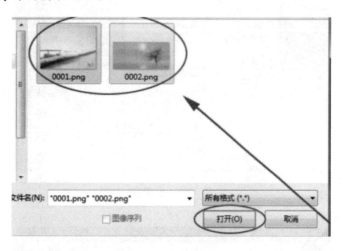

图 2-79　步骤二

③点击菜单栏的"图像",单击"图像大小",查看图片的尺寸(见图2-80)。

④点击菜单栏的"图像",再点击"画布大小"(见图2-81)。

⑤在弹出的"画布大小"窗口中,修改高度参数(可以先设置大一点的数值,图2-82中修改的高度为两张需要合并的图片的高度之和),点击"定位"中第一行里的任意一个小方框。最后,点击"确定"(见图2-82)。

⑥选中另外一张图片,然后将鼠标移动到右下角的"背景"图层上单击鼠标右键,再点击"复制图层"(见图2-83)。

⑦在"复制图层"的弹窗中,点击目标文档的下拉按钮,选中另外一张图片,点击"确定"(见图2-84)。

图 2-80　步骤三

图 2-81　步骤四

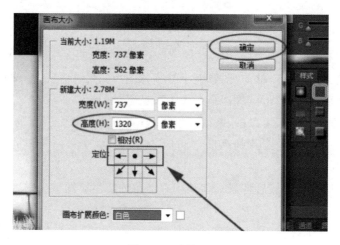

图 2-82　步骤五

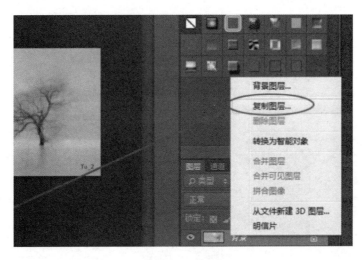

图 2-83　步骤六

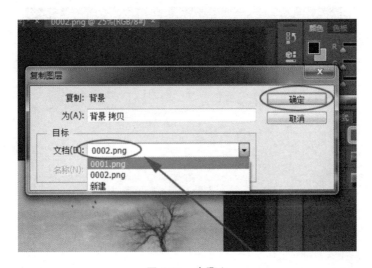

图 2-84　步骤七

⑧回到另外一张图片，可以看到多了一个"背景拷贝"的图层。按下快捷键"Ctrl+T"，将鼠标移动到图片边缘，按下左键并移动鼠标来变换图像的大小（建议按下"Shift"后在四个角中任选一个再开始拖动，这样图片不容易变形）。尺寸调好后点击"Enter"键。之后，再将调好尺寸的图片拖动到合适的位置（见图2-85）。

⑨点击左侧工具栏中的"裁剪工具"，将剪辑方式设置为"宽×高×分辨率"（如果后面的方框中有参数可以先点中，再删除）。然后拖动鼠标选择需要留下的图片区域，再点击"Enter"键（见图2-86）。

⑩按下快捷键"Ctrl+S"，在"另存为"窗口中，选择图片保存的位置，设置好图片名，并在"保存类型"中选中JPEG格式（也可以选择PNG格式或BMP格式）。最后，点击"保存"（见图2-87）。

⑪在弹出的"JPEG选项"窗口中，点击"确定"（见图2-88）。

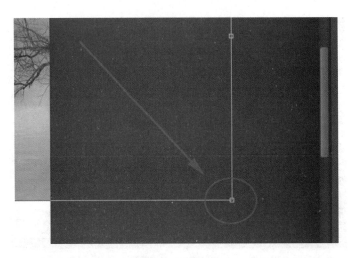

图 2-85 步骤八

图 2-86 步骤九

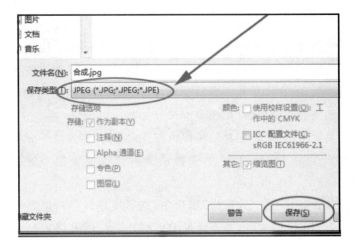

图 2-87 步骤十

图 2-88 步骤十一

⑫执行完上面的步骤，就已经完成了用 Photoshop 将两张图片合成为一张图片的所有操作。第十步时所选择的文件夹里也生成了新合成的图片（见图 2-89）。

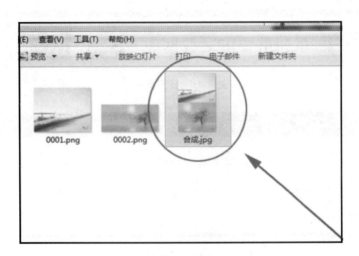

图 2-89 步骤十二

除了功能强大、齐全的 Photoshop，美图秀秀也是如今大众广泛使用的图片处理软件，美图秀秀相较于 Photoshop 使用程序更简单，更容易上手（见图 2-90）。

（三）交互设计

1. 交互设计的基本要求

（1）设定合适的页面标题（见图 2-91）。

（2）页面中必须要有可以直接回到首页的链接（见图 2-92）。

（3）注明页面所属栏目（见图 2-93）。

（4）注明当前位置（见图 2-94）。

（5）提供搜索功能（见图 2-95）。

图 2-90　美图秀秀

图 2-91　页面标题

图 2-92　回首页链接

图 2-93　所属栏目

图 2-94　注明当前位置

图 2-95　搜索功能

2．设计表单

比较常见的交互设计内容中就包含设计表单(简称表单)。表单能够帮助用户提交数据,完成前后端数据交互,是网站的重要组成部分。

网站本身是没有信息的,好比一个空壳子,表单是用户向网站输入信息的一种非常重要的手段。只有用户不断向平台添加信息,平台才能实现其价值。比如说图 2-96 中的禅道软件本身是没有数据的,要想实现其需求管理的价值,就需要用户通过"提需求"表单向系统输入需求。有了包含需求的数据,后续的需求管理才能进行下去(见图 2-96)。

图 2-96　禅道软件页面

不合理的表单设计会降低用户填写信息的意愿及完成度,从而影响新媒体业务流程以及反馈数据的可靠性,加大了处理数据的难度,也会增加新媒体平台的运营成本。设计合理的表单,既可以提升用户的使用体验,也能提高用户填写表单的成功率,降低运营成本,对于新媒体产品具有积极的意义。

(1)表单基本要素。

表单一般由列表、功能和搜索三要素构成。

互联网产品中的信息要素一般可划分为展示项和操作项。在表单中,列表常常被认为是展示项,功能和搜索则被归类为操作项。

①列表。

列表是承载表单信息的主体,单一列表常展示某种状态或某几种状态的数据。在设计表单列表时,要注意提取信息展示范围。换言之,并非所有的信息字段都适合在列表中进行展示。

在进行表单设计时,首先要进行调研并确定所涉及业务应关注的信息维度。例如在质检场景中,质检表单应该呈现的信息主要包括产品批次、抽样数量、业务员信息等,而其他与质检业务无关的产品属性则不需要呈现。列表只展示当前页面使用者较为关注的信息字段,对于这些稍做改变就会引起用户不同操作的字段,要优先展示。

其次,要注意排序条件和分页,一般根据时间维度、处理优先级维度等进行分页。时间维度中使用概率最大的就是列表数据生成的时间,例如在订单列表中,可以依据订单生成的时间顺序来展示订单。这种设计能有效处理时间靠前的订单,符合先来后到的顺序。处理优先级维度,即系统通过设置一些限定条件,为列表任务增加了优先级属性。例如优先处理VIP客户的订单,可提升客户满意度。

最后,在表单设计中,可以在列表设计中使用一些技巧,比如为列表增加排序的属性。当列表是按生成的时间顺序排列时,可以增加一个类似的设计:通过点击列表的"生成时间",将列表切换为倒序排列。这一技巧有助于用户查看最新列表数据,简单便捷。再比如,对列表中的相似字段进行合并展示,例如,总处理量、待处理量和已处理量这三个相似且有关联的字段,可以通过"/"分隔三个字段名后合并展示,在列表数据中展示为"总处理量/待处理量/已处理量",看起来更加简洁清晰。至于如何解决字段合并展示可能带来的误解,可以通过设置提示图标"?",鼠标悬浮此处即展示字段信息说明,即可解决问题。

②功能。

当表单中通过列表展示了用户需要关注和处理的信息后,还需要设计一些表单功能帮助和支持用户完成业务操作。功能是表单设计中的另一个要素,表单常见的功能有:查看详情、处理、驳回/删除、转单、挂起、抽取/获取、追加数据等。可以根据用户在当前表单期望完成的操作进行选择,为关键操作设置二次确认机制,从设计角度降低用户误操作的概率,避免因关键操作出现错误而给表单整体带来不利的影响。

表单功能并不一定独立于列表,还可以与列表合并。当表单中包含多种子状态的任务时,通过在每一行列表数据后方展示对应的操作功能,可调整功能生效范围,灵活支持业务操作。

③搜索。

搜索其实是对列表数据的查找,实际业务中,列表数据量级往往比较大,增设搜索功能,可以帮助用户快速找到目标数据。

首先要知道搜索的两个设计原则:宁少勿多和高频前置,即依据实际调研结果,只设置有限的、会被真实使用的搜索项,同时较常使用的搜索项展示位置尽量靠前。

此外,在搜索项的设置中,数量尽量不要超过十个,当搜索项不得不多设置时,可以进行分类展示,降低用户寻找成本。同时要注意不同搜索条件之间的关联性,可利用自动填充、智能联想等设计帮助用户缩小选择的范围。

(2)表单输入内容。

在表单设计中,需要注意:内容过多容易引起用户的焦虑和厌烦,内容过少又不足以支撑后续操作，表单的设计应该遵循"不影响后续操作的最小化"原则，以平衡用户体验和支持后续操作。为了体现"不影响后续操作的最小化"原则，表单填写的内容必须包括必填项，选填项尽量少，不需要包括不填项。

（3）表单填写形式。

表单填写的基本形式如图 2-97 所示。

设计表单选择填写形式时，有一个原则就是"能选择尽量不输入"，更有甚者，必须输入的情况下也要通过联想给用户一些提示。

比如设计某些有特定填写形式的表单，添加适当的提示样例可以提高用户填写效率。图 2-98 为一个填写官网地址的表单，一般情况下用户不会刻意去记网址，如果设计者能提供常规网址的样例格式，可对用户起到一定的提示作用，帮助其更高效地填写信息。

类似的还有地址（如：××街××号）、日期（如：MM/DD/YY）、官网地址（如：http://www.××.com）、ICP 备案号（如：京 ICP 证××号）、车牌号（如：川 A×××）等，在这些填写区域后面都可以提供相应的样例格式。

此外，合理地设置表单选项也可以提高用户效率。当可选项较少时，将选项铺陈排列比设置成下

图 2-97　表单类型

图 2-98　填写官网地址的表单

拉选项更好。因为将选项铺陈展示，用户可以一眼看到所有选择，只需一个操作就能完成表单，但设计下拉框，用户需先点击下拉图标查看有哪些选项，再进行选择，即需要两步操作才能完成。如图 2-99 所示，左侧表单选项铺陈展开，用户操作起来更高效。

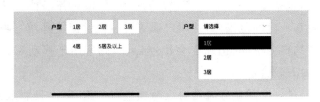

图 2-99　房屋租赁场景表单

一般情况下，可选项超过 5 个时，才会考虑使用下拉框选择形式。如图 2-100 所示，右侧表单下拉选项看起来更简约。

表单填写中还可以设置"自动填充默认信息""搜索选项""智能联想"等交互设计形式，

图 2-100　地区选择的表单

这也是当前很多新媒体产品中常用的设计。

自动填充默认信息一般应用于表单中信息相互关联的场景，比如地址和邮政编码。当用户填写完地址，系统可以自动匹配邮政编码进行填充，如图 2-101 所示。此外还有类似的表单类型，如电话号码的区号、具有行业属性的表单（如填写美妆行业相关的表单中的性别，默认填充为女）等。

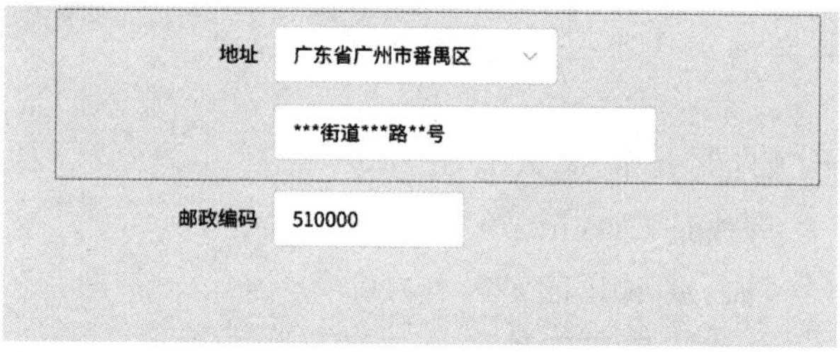

图 2-101　自动填充邮政编码的表单

当以下拉框选择形式填写信息选项繁多时，用户会很难找到想要的选项。所以一旦选项过多而需要滚动查找时，就最好加上搜索选项的功能。尽量将选择概率较高的选项放在最上面的"常用选项/热门选项"里，以起到推荐作用。

智能联想是一种常见的交互设计形式，在互联网的多个场景中都会使用到。表单填写形式上一般秉持"能选择尽量不输入"的原则，当必须输入时最好可以通过智能联想自动出现之前填写过的信息，用户可以在这些内容中选择自己需要的，减少输入量，节省操作成本。

（4）表单呈现形式。

很多用户往往认为排列紧密的表单观感不好，因而设计表单时不仅要在内容上精简，还需要在呈现形式上做到简洁明了。

表单标签要对齐，包括左对齐、右对齐（冒号对齐）和顶对齐三种。其中左对齐最普遍。右对齐能让内容锁定在一定的范围内，让用户顺着冒号视觉流找到填写项，从而提高填写效率。而顶对齐比较节约横向空间，但纵向会比较长，因此常用于移动端。综合来看，在网页表单设计中，选择右对齐较合适。

在设计长表单时，最好按照业务属性对填写项进行分组，一次只展示部分相同属性的信息，符合用户习惯，可提高填写效率。

当每一类信息数量都不是特别多时，可以采用同一页面分块填写的形式，如图 2-102 中的表单，将全部信息分为"基本信息""上课情况""学后效果"三类，在视觉上更有层次，能降低用户心理压力，用户填写起来也会更有耐心。

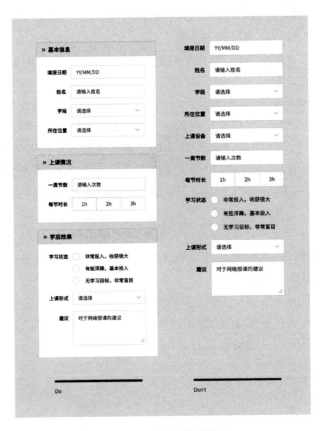

图 2-102 分块填写的表单

当每一类信息都比较多,所有信息放在一个页面上需要滚动浏览时,或者每一类信息的填写步骤比较复杂时,可以采用分步填写的形式。分布式表单的设计,可以降低用户对于每个页面剩余填写数量的感知。

比如图 2-103 中左边的表单页面,用户直观感知需要填写 10 条数据;而经过分布式处理后,用户的直知感知是第一个页面只需填写 8 条数据,第二个页面仅填写 2 条数据。这就降低了用户心理负担,表单的完成率会更高。

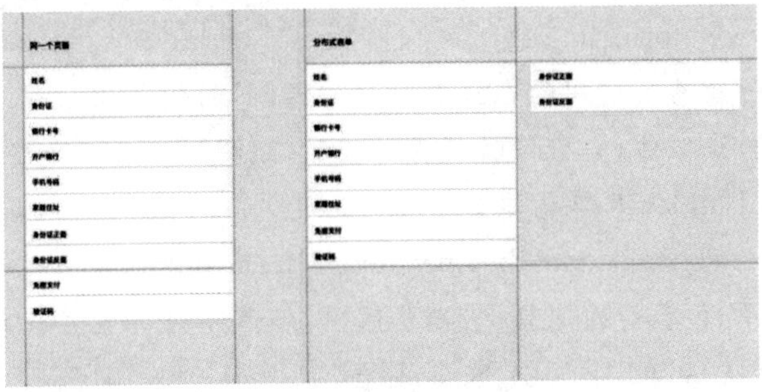

图 2-103 分步填写的表单

好的表单设计能及时进行数据校验与用户反馈。通过数据校验来保证用户填写的内容符合平台要求,不会使后续的操作发生异常。如果校验出现错误,平台应及时向用户反馈哪里出了问题。同时在用户完成填写提交时,告知用户提交结果,这一步也很有必要。

从用户角度来说,告知其填写的表单是否提交成功,下一步该干什么,很有必要。从产品自身角度来说,可以在结束页面进行情感化设计,加强与用户的交流,同时提供一些功能入口,为其他页面引流。

(5)表单设计小技巧。

针对多行文本框的设计,使用可拉伸的文本框比固定文本框更好。因为可拉伸文本框会根据输入内容的多少变化高度,而固定大小的文本框在超过一定字数时,便会以框内滚动的形式展示。根据使用体验来说,可拉伸文本框的视觉效果更好,页面整体效果更统一。而固定文本框内容在框内滚动时,即滚动的主页面中又包含了一个滚动文本框,同一个页面中出现两个滚动条会给用户的操作造成不便。

在表单设计中,进行错误提示时,提示文案要明确指出错误点。例如登录某个 APP 时提示用户名或者密码错误,这种情况最好的处理方式是明确说明是用户名错误还是密码错误,减少用户解决问题的时间。

此外,还要注意对文本框的输入信息属性设限。比如在输入密码、手机号、身份证号、车牌号时,键盘主动切换成数字英文键盘,据此来限制用户输入的信息属性,或者在文本框输入时给予适当提示,提醒用户此处信息的属性。

补充资料

以下列举了几款常用的表单设计工具、模板网站及表单小程序。

1. Ueditor Formdesign Plugins Web 表单设计器

网址:http://formdesign.leipi.org.cn/。

推荐理由:这是一款开源免费的表单设计器,可应用于工作流管理系统、OA 系统等,是一款可视化的 Web 表单构建器,html 元素组件较丰富,主要包含文本框、多行文本、下拉菜单、单选框、复选框、宏控件、进度条等,并可以生成二维码。

2. JotForm 在线表单设计器

网址:https://www.jotform.com。

推荐理由:这是一款易于使用的在线表单设计器,界面操作比较简单,拖动 html 元素组件即可,并集成各种验证组件,自带多种样式的模板,还提供了许多免费的表单样式。

3. JQuery FormBuilder 表单构建器

在线插件:https://github.com/kevinchappell/formBuilder。

推荐理由:作为 Web 表单构建器,它操作简单,可通过拖拉生成表单元素,支持复选框、日期、上传文件、隐藏域、列表、下拉框、文本域等。

4. 问卷网

网址:https://www.wenjuan.com。

推荐理由:可以提供表单模板的网站,简单易用。

5. 问卷星的报名表单系统

网址:https://www.wjx.cn。

推荐理由:可以免费创建在线的报名表单,帮助用户在日常工作中收集信息,制作意见反馈表格,并自动汇总数据,提高工作效率。

6. 帮 BOSS 的表单大师

网址:https://www.jsform.com/。

推荐理由:有丰富的字段组件及自定义表单样式,可以一键套用主题模板,能够拖拽式设计表单。①

第三节　网站内容管理与运营推广

一、网站内容管理

(一) 网站内容管理系统概述

1. 网站内容管理系统

网站内容管理系统,即 content management system,英文缩写是 CMS。网站内容管理系统中包含许多优秀的模板设计,可以加快网站开发的速度并降低开发成本。

网站内容管理系统的功能非常全面,不仅可以进行文本处理,还可以处理图片、Flash 动画、声像流、图像甚至电子邮件档案。网站内容管理系统实质上是泛称,小至新闻发布程序,大至综合性的网站管理程序,都可以被称为内容管理系统。

2. 网站内容管理系统的基本功能

虽然各个网站的内容管理系统都存在一定区别,但其基本功能却大同小异,主要包括以下几项。

(1) 站点管理和统计功能。

网站内容管理系统能够同时管理多个站点和子站点,可以实现主网站和子网站之间的协调管理、信息交换。同时能对网站访问信息进行记录并归类,并在此基础上进行统计分析,比如网站访问量的增长趋势图、用户访问频次最高的时段、用户访问频次最多的网页、用户在网页的停留时间、用户使用的搜索引擎、主要关键词等数据的分析。网站内容管理系统有助于网站收集用户信息、精确用户群体画像,并做出相应改进。

(2) 内容发布及审核管理功能。

网站内容管理系统能够自动发布信息,具有跨栏目、跨网站发布功能,能进行异地远程信息发布管理。系统内置功能强大的编辑器,针对门户网站大容量发布的特点,提供批量发

---

① 来源于网络资源整合。

布功能,文章、图片等数据可以批量导入系统,自动发布到指定的频道。同时系统能够进行复杂的权限分配,系统的分布式管理支持专人频道管理,不同频道由不同人员负责,文档经审批把关后才能上传。

(3) 智能处理与数据库发布。

网站内容管理系统支持全新自然语言处理功能,包括自然语言全文检索、自动提取关键词、自动提取摘要等。内网数据库自动发布到互联网服务器,再同步到本地。

(4) 频道、模板、文档库管理。

网站内容管理系统可以自定义栏目、频道,具有信息采集功能、自动排版功能、模板设计功能等。网站内容管理系统还具有自动备份和删除功能、图片文件管理功能、下载功能等。

3. 网站内容管理系统的范围

由于网站内容管理系统成本高昂,并非所有网站都能承担。一般而言,以下几类网站需要使用内容管理系统。

①内容更新频繁,每周都有新内容发布的网站。

②需要提供复杂的管理功能的商务网站。

③访问量很大的网站。

④安全性指标较高的政府、机构网站。

⑤发布信息、为员工提供平台管理的企业内网。

(二) 网站内容管理工作过程

2021 年 8 月 27 日,中国互联网络信息中心发布了《第 48 次中国互联网络发展状况统计报告》。报告显示,截至 2021 年 6 月,我国网民规模为 10.11 亿,互联网普及率达 71.6%。[①] 网络的发展对网络的内容管理提出了更新、更高的要求。网站内容管理所涵盖的范围十分广泛,主要包括审核网站内容、监控网站内容、统计网站内容、制定网站内容管理制度四个方面。

1. 审核网站内容

对网站内容进行审核一般是指按国家有关规定、公司企业相关制度要求,对网站所发布的内容进行检查和处理,检查的内容主要包含文字、图像、音频、视频、程序、游戏等。

人是内容审核的核心,系统也必不可少。对网站内容进行审核的方法包括系统审核和人工审核两种。一般先由系统初筛划定范围,再由人工复核。机器对敏感关键字进行过滤,系统通过敏感、关键字词库自动审核,涉及敏感字词的文章转入人工审核系统复核。经网站编辑人工审核后,认为其内容无思想问题,再进行发布。人工审核对复杂内容的判断更准确,但效率低、成本高,而系统自动审核所要求的算法的智能程度还有待提升。

对于信息量较大的网站来说,内容审核工作至关重要,整个网站的质量就由内容审核部门来进行把握。审核网站内容的重要意义主要体现在以下几点。

(1) 抵制网络信息犯罪。

随着互联网的高速发展,许多不法分子开始利用互联网实施违法犯罪行为,包括买卖违

---

① 《第 48 次中国互联网络发展状况统计报告》,http://www.cnnic.net.cn/hlwfzyj/hlwxzbg/hlwtjbg/202109/P020210915523670981527.pdf。

禁物品、提供违法服务、炒作群体事件,以及实施互联网诈骗等。抵制网络信息犯罪,及时处理违禁内容,并向治安部门提供线索,成为网站内容审核的必要工作。

(2)保证网站内容的质量。

通过对整个网站信息的把控,保证网站内容质量,不断增加网站的用户数量,提高用户的满意度,从而不断提高网站价值。

(3)获得用户反馈,提出建议。

通过对网站整体内容进行持续性的审核,从中发现信息变化规律及各类特殊信息线索,为其他部门提供相关的数据基础,并且通过对用户的反馈进行分析,为网站发展提供实际性建议。

作为具有传播性质的新媒体,网站也应遵守社会道德规范,自我管理、自我约束,承担起应尽的社会责任。网站的内容就是网站的形象,要坚决抵制网络不正之风,不跟风、不盲从,从内容上做好把关。

网络编辑对网站内容进行审核时,主要步骤一般包括:审核稿件是否合法,发现不合规定的稿件要立即删除;对稿件进行价值判断,选择适合在网站发布的稿件;审核稿件的形式,对错误的稿件及时更正,并重新发布;审核稿件的整体风格,注重稿件内容形式与网站整体风格的一致性;按规定程序签发稿件。

2. 监控网站内容

网站内容经审核发布后,还需要有专门人员对已发布的内容进行实时监控,以便及时发现问题,纠正网页中的错误。因此监控网站内容就是通过软件或者网站监控服务提供商获取网站数据,再进行数据分析,从而为网站排错。

监控网站内容一般有两条途径,包括对网站故障进行监控以及对网站的搜索引擎数据进行监控。

(1)对网站故障进行监控。

①网站访问监控。对网站进行模拟访问,再通过警报邮件将无法访问的站点发送到站长邮箱。

②网站响应监控。通过工具对网站进行响应访问,通过响应时间长短对网站网络故障进行分析。

③故障分析。对网站监控服务提供商提供的数据进行提取、分析,从而对服务器性能进行评估。

(2)对网站的搜索引擎数据进行监控。

①SEO 数据采集。针对各种搜索引擎的收录、外链、权重、PR 等每天进行重复记录。

②SEO 数据报告。将统计的 SEO 数据发送给站长。

③搜索引擎数据检索。用户可以快捷地获取 SEO 监控数据历史纪录。

监控网站内容的重点应该放在对内容合法性的审核上,严禁有害、违法信息在网络上传播,一旦发现,必须根据国家相关要求采取措施。

一般来说,网站监管人员要根据不同的情况分别进行处理,主要有如下几种情况。

①内容违法。首先要无条件删除,再根据具体责任方来做出处理。如果是论坛用户发布的内容,需要封掉用户的账号,依据国家相关法律法规,对发布的内容记录备份,至少保存

60日,以便于在查询时提供。如果是网站监管人员放任导致,将会被国家网络管理部门追究责任,严重时会永久关闭网站。

②内容存在重大错误。比如出现新闻报道失实、数据不准确等情况,网站需要秉着求真务实的态度,在该报道页面的醒目位置提醒读者,将错误稿件与修改稿件同时发布,积极消除错误影响。

③内容形式上的错误。比如存在错别字、图片不符合要求等情况,格式上的错误只要改正后重新发布即可。

3. 统计网站内容

统计网站内容是指通过专业的网站统计分析软件记录网站访问信息,归类并进行统计分析,如网站访问量的增长趋势图、用户访问量最高的时段、用户访问量最多的网页、用户在网页的停留时间、用户使用的搜索引擎、主要关键词、来路、入口、浏览深度、所用语言、时区、所用浏览器种类、时段访问量统计分析、日段访问量统计分析以及周月访问量统计分析等网站访问数据的基础分析。统计网站内容可以帮助网站收集用户信息,加强与用户群体的沟通联系,对加强和改进网站建设具有重要意义。

比较常用的专业网站分析工具有 Coremetrics。而 Coremetrics Web Analytics 是 Coremetrics 的分析核心。它不仅提供对于网站现状的分析,还提供行业基准比较,并分析如何开展营销活动才能够获得最大收益,因此营销人员可以利用它获得竞争优势。Coremetrics Web Analytics 最独特之处在于它能提供访问者全网的访问轨迹,包括不同网络渠道、不同活动和不同的接触点,甚至是线下的接触信息。

此外,Coremetrics 作为网站分析工具的优势主要体现在以下几点。

(1) 直观且可视化的网站分析报告以及独到的见解。

(2) 统一的基础架构,帮助降低实施和维护成本。

(3) 匿名的竞争数据,以便达到行业特定的最佳实践关键绩效指标。

(4) 基于印象评分的指标。根据这些指标分析网站上的营销活动如何吸引访问者,使其在网站上购买产品,并成为网站的忠实用户。

(5) 社交媒体投资回报率分析和报告,帮助营销人员了解各社交渠道和营销活动中的品牌互动。

(6) 出众的分析能力,帮助营销人员解答用户关于营销接触点和渠道等数字化体验问题。

(7) 独特且事件驱动的用户群和数字化生命周期报告,用于培养高价值的用户。

(8) 集成脱机信息,提供一个包括每位访问者长期以来通过联机和脱机渠道进行访问的行为的全面视图。

4. 制定网站内容管理制度

要长久地对网站内容进行管理,必须将管理原则与要求制度化,其成为固定规章后,才能从根本上确保对网站内容的有效管理。

补充资料

以下是某公司网站的内容管理规章。

第一章　总则

第一条　为了进一步加强公司外部网站的管理与维护,充分发挥网站的作用,促进公司内外部信息交流与沟通,及时掌握市场信息,拓展经营视野,提高经营管理水平,扩大公司对外知名度,提升公司外部形象,特制定本规定。

第二章　公司网站的管理机构及职责

第二条　公司设专职网站管理员,负责公司网站的信息收集汇总、日常管理与维护,负责网站版面设计、调整、改换栏目设置、内容更新、新闻发布,以及其他信息材料的管理、录入与发布。

第三条　公司网络工程部负责网站防病毒、防黑客攻击以及为网站的正常运行日常维护提供技术支持与保障。

第三章　网站版面与栏目更新

第四条　网站主页面原则上每年进行一次审定或改版,改版内容包括页面的动画、颜色、栏目组合等。

第五条　技术支持、新闻中心、客户服务、论坛等栏目每季度变化一次,应具备时效特色。

第六条　产品简介、成功案例等栏目根据产品和客户情况每半个月报审修改一次,页面应适应产品特色和客户特点。

第七条　标题新闻、浮动广告等小栏目根据需要每周更新,应具备动感和多样化形式。

第八条　页面改版由网站管理员预先设计出方案,报公司总经理审核,呈公司董事长审批后执行。

第四章　信息的搜集与发布

第九条　网站管理员负责网站内容信息的搜集和整理,各部门主管或专人根据部门职能及时向网站管理员提供最新相关信息。

(1) 重大事务、外事活动、访问活动、上级领导来公司考察活动、公司领导重要出访活动等信息由办公室提供。

(2) 商务活动、市场动态、合同签订等信息由市场部提供。

(3) 新产品开发、新技术应用等信息由软件开发部和影像开发部提供。

(4) 项目管理、工程实施等信息由系统工程部提供。

(5) 技术支持、客户服务等信息由服务支持部提供。

(6) 软件测试、标准规范等信息由测试中心提供。

第十条　网站管理员及时对各部门提供的信息进行统一分类、整理,汇总成稿件,按下列程序报审批准后发布。

(1) 一般信息,如公司签订合同、项目实施完工或实施情况、市场动态等,由办公室整理后报公司董事长审批,网站管理员 24 小时内发布。

(2) 公司重要事项、重要商务活动,如重要合作信息、重大合同信息、公司及领导外事活动、重大访问、来访活动等重要信息,由办公室及时整理后报公司董事长审批,交网站管理员 12 小时内发布。

第五章　网站管理

第十一条　任何人未经批准,不得随意发布信息或更改网站页面版式及内容。

第十二条　网站密码由网站管理员负责控制,不准向任何部门或个人泄漏。

第十三条　网站管理员发现公司网站被病毒、黑客袭击或发现网站运行不正常时,应及时向网络工程部报告,由网络工程部处理。

第十四条　任何人不得在公司网站上发布违反国家法律法规,有损国家利益、公司形象,以及不道德的言论。

第十五条　任何人不得利用公司网站传播反动、淫秽、不道德以及其他违反国家法律法规、社会公德的信息。

第十六条　任何人不得利用公司网站发布虚假信息或违反公司规定、影响公司形象、泄露公司机密的信息。

第十七条　网站管理员一经发现有上述第十四条至第十六条所示内容的信息,必须立即予以删除,并追究当事者的行政或法律责任。

第十八条　网站管理员应按本规定及时对公司网站进行管理、维护与更新。

第六章　附则

第十九条　本规定解释权归公司办公室所有。

第二十条　本规定自发布之日起执行。

二、网站运营和推广

建设好了网站,并不意味着就可以一劳永逸,后期网站的运营和推广工作才是关键,它决定了网站能否得到他人的浏览和关注,最终决定企业能否获得收益。反之,缺乏运营和推广,网站可能会失去生机和活力,难以获得用户的青睐。因此网站建设后期的运营和推广工作是非常重要的,网站运营和推广主要包括网站运营维护和网站宣传推广。

(一) 网站运营维护

建立网站的目的就是为用户展示相关内容和产品,如果网站经常打不开,或者出现乱码等情况,就会给用户带来很糟糕的体验。所以网站的运营状况一般都是实时监控的。网站在运行一段时间后,管理者应该了解到哪些网页比较受欢迎,并了解其吸引用户的原因;哪些网页访问次数较少及访问次数较少的网页是否重要;网站是否存在已经失效的网页链接等信息。

网站后期运营中的维护工作必不可少,一般网站的运营维护工作主要包括网站服务器及相关软硬件的维护、网站数据库内容维护、网页维护以及网站安全维护。

1. 网站服务器及相关软硬件的维护

进行网站服务器及相关软硬件的维护对于整个网站的运营维护工作格外重要,要进行多方面的测试,来制定响应速度。经常性更换服务器会耗费巨大的财力、物力,因此比较了解网站的管理者,一般都会在建站伊始直接和开发公司签订一份授权合同,这样做能有效避免当网站服务器发生问题时找不到维护厂家的情况。同时管理者在最初选购网站服务器时也要提前考虑好网站所需容量,如果储存容量不够,往往会导致服务器更换频率变高。

网站内部服务器优化,是一项范围较大的网站维护工作,需要从网站内容、服务器和代码服务等多个方面着手。为了保证网站的安全性,需要重点维护好服务器,一旦服务器瘫痪,用户无法进入网站,将会造成巨大损失。此外,当网站访问量加大或者要更换服务器时,这时候就会有网站搬家的需求,这也是网站后期运营维护工作中经常遇到的情况之一。

2. 网站数据库内容维护

进行网站数据库内容维护也很有必要,因为管理要定期维护和清理一些不必要的冗余数据,才能促使网站有效地利用数据。同时管理者要意识到网站有价、数据无价,经常备份网站数据,防止数据丢失,是网站运营维护工作中不可或缺的一环。

3. 网页维护

进行网页维护要求对网页内容进行更新、调整等。用户喜欢新鲜的信息,网页在一段时间内必须更新、调整内容,以便浏览者看到新的内容。同时搜索引擎也要同步更新,定期为网站增加新的信息和内容,这种做法应该成为常态机制。

4. 网站安全维护

进行网站安全维护要求制定相关网站维护的规定,将网站维护操作制度化、规范化。可以列出一张网站安全维护的制度和规范表,由专人负责,这样才能保证网站的运营质量和效率。代码维护一般囊括了优化 SEO 标签工作和一些网站漏洞的修复工作。但有一些网站刚打开的时候界面非常美观,却时常因为一些 Bug 的存在导致网页发生错乱或者是打不开,这些都大大降低了用户的体验感受,也会影响到用户进行浏览的频率。所以在建设网站的过程中要谨慎编写代码,在后期维护的过程中也要多检测代码的正确性,查看代码中是否存在错误。

(二)网站宣传推广

建立网站就像是在网上建立了一个属于自己的"家园",在网站管理者的精心"呵护"下,或许它拥有创意独特、生动新颖的界面,或许它内容丰富、结构合理。但如果这个"家园"每天只有屈指可数的几位客人光临,也足够让人感到沮丧。

网站的存在就是为了传播内容、展示产品,如果得不到足够的注意力,无法吸引用户的兴趣,那么这个网站注定是失败的。造成这种门庭冷落的局面主要是网站主页缺乏足够的宣传力度,这就需要网站管理者们主动从"家园"走出去,加大宣传力度,提高网站的知名度。那么到底如何对网站进行宣传与推广呢?

首先,想要对网站进行宣传推广,前提条件就是要构建一个适合宣传推广的网站,主要有如下要求。

1. 网站首页信息完整

比如,在首页设置"关于我们"的链接,告诉浏览者你的网站是干什么的。许多网站没有注意到这一点,导致许多浏览者来到网站后,由于不清楚网站定位而选择离开。

2. 压缩网站图片，字体普通易读

由于下载图片需要时间，请务必将图片进行压缩。而内容与表现方式，是显现网页制作水平的第一步。务必认真处理网页上的文字，使用的字体要干净、易于辨认，不要影响网页的阅读体验。

如果网页没有采用宋体、黑体、楷体等常用字体，浏览器上的字体将不会按照原先设计的字体显示。因此，最好使用通用标准字体。使用的字体应大小适中，不宜过小或者过大，否则会破坏整体感，影响用户的阅读体验。另外，使用艺术字体时，最好将其做成图片格式展示。

3. 设置适当的分辨率与网页长度

在 800 像素×600 像素的分辨率下，网页宽度坚持在 778 像素以内，就不会出现水平滚动条，高度则视版面和内容决定。

在 1024 像素×768 像素的分辨率下，网页宽度保持在 1002 像素以内，假如满框显示的话，高度在 612~615 像素之间，就不会出现水平滚动条和垂直滚动条。

Photoshop 里面做的网页能够在 800 像素×600 像素的分辨率下显示全屏，且页面的下方不会呈现水平滚动条，尺寸为 740 像素×560 像素左右。

网页长度以不超过 3 个窗口屏幕为佳。

4. 设计简明的导航条

导航条的设计应简单明了，并保持各页导航条之间的一致性。导航条可以被放在页面的上端或底部。但同时要记得在每个页面的底部加上纯文本形式的导航条，尽量不要使用 Flash 格式的导航条，这是因为一些用户没有安装 Flash 插件，还有一些网站搜索引擎无法识别 Flash 格式的导航条，这些都会导致网站主页不容易被用户找到。

5. 有交互设计

在网站中设立如聊天室、BBS、留言板等功能，这些内容有助于将用户凝聚成一个社区，增加网站对他们的吸引力。

6. 有邮件列表

使用邮件列表可以拉近网站与用户之间的距离，即使网站没有每天更新新闻，但管理者可以通过邮件列表功能向用户发送各种产品及更新信息。

利用上述小技巧，建设好利于宣传推广的网站后，还需要探索宣传推广网站的方法。常用的宣传推广手段有以下几种。

（1）在比较出名的网络服务供应商（ISP）主页上注册。一般用户上网时，都会首先访问其 ISP 主页。因此如果能够在规模较大、名气较高的国内外 ISP 中的个人空间栏目中登记你的网页，根据你网页的内容选取不同的类型登记，该 ISP 的所有客户在访问该 ISP 主页时"顺路"光顾你的站点的概率就比较大，这些客户就会成为你的站点的潜在用户。

（2）参加各种广告交换组织。可以选择一些著名网站去登记，比如广州视窗、太极链等，成为它们的会员，把它的广告加到你的主页上，而你的主页图标也会出现在其他会员的主页上。

（3）与相关网站做友情链接。目前许多网站都在积极地宣传推广，因此大多数网站都愿意与别人的主页做友情链接，在他们的主页上有专门提供友情链接的地方。你可以主动在自己的主页上先给他们的网站做一个友情链接,然后再发一封邮件给他们网站的管理员,请求将你的网站也加到他们网站的友情链接里,这种互惠互利的协作方式常常能达到宣传网站的目的。不过这里要注意的一点是,在你选择要相互链接的网站时,要考虑该网站的知名度及该网站的性质和主题是否与你自己的网站一致。

（4）在传统媒体投放广告。作为互联网资深用户,如果你在理论和实践中积累了不少经验和心得,则可以选择用文字表达出来,写成文章,与同行进行友好交流。文章写好后,可以给比较出名的报刊投稿,在文章的末尾可以注明自己的联系地址,如主页地址、电子邮件地址等,如果大家能从你的文章中有所收获的话,他们一般会很乐意主动与你多联系,这样你的主页访问量一定会大大提升。

（5）在新浪、网易等网站的虚拟社区中发表宣传性文章,吸引网民浏览网站。

（6）利用电子邮件发出通知。如果你手中有许多朋友或者用户的电子邮件地址,你可以考虑利用电子邮件来通知他们访问网站。利用这种方法来宣传主页的关键之处在于要留心收集用户的电子邮件地址,发送的邮件内容也要多包含一些有用的内容,尽量不要发垃圾邮件。这种方式的优点有成本低、见效快、发送便捷等。

（7）到各大搜索引擎注册登记。搜索引擎是一个进行信息检索和查询的专门网站,是许多用户查询网上信息和进行网上冲浪的首要去处,所以在搜索引擎中注册你自己的网站,是推广和宣传你的网站的首选方法。你在搜索引擎注册的网站数目越多,你的主页被访问的可能性就越大。目前国内外较著名的搜索引擎有雅虎、百度、搜狐等。登录各大搜索引擎是网站宣传的必由之路,可为网站带来如下直接效益。

①增加网站的浏览量。在雅虎等大型搜索引擎登录自己的网站后,平均日浏览量比登录前增加25%以上,从而扩大了网站的影响力。

②树立网站的专业形象。由于各大搜索引擎对申请登录的网站都有一套严格的审核机制,因此可以提高网站的公信力。

此外,还可以利用聊天工具推广、发布信息推广、博客推广、网站推广等手段进行网站宣传。最常见的是商业资源合作推广,具体包括搜索引擎推广、软文推广、电子书推广、邮件推广、博客推广、QQ群推广、微信群推广、病毒式推广、资源合作推广、网络广告推广、信息发布推广等。此外,网站SEO优化则是为了让网站获得更好的排名,其效果会影响产品关键词或者公司品牌关键词的相关排名,如果关键词排名较靠前,那么就可以提高品牌的曝光度,吸引大量的用户流量,网站才可以创造更高的经济效益。

总之,网站的宣传推广就是把网站主动推给需要了解公司产品和信息的人。网站建设的后期维护工作非常重要,它是网站得以长久生存的关键,也是需要花费大量心思去完成的工作。

推荐资料：

[1] 郭春燕.网络媒体策划[M].北京:中央广播电视大学出版社,2009.

[2] 李东临.新媒体运营[M].天津:天津科学技术出版社,2018.

(1) 网站定位的影响因素有哪些?
(2) 网站专题的作用有哪些?
(3) 横幅广告有哪些表现形式?
(4) 网站界面设计主要包含哪些设计类型?
(5) 结构设计中如何进行内容分组?
(6) 视觉设计中如何运用 Photoshop 调整图片大小?
(7) 视觉设计中有哪些典型的色彩搭配方式?
(8) 进行表单设计输入内容时有哪些注意事项?
(9) 网站内容管理工作包含哪些过程?
(10) 对网站内容进行审核的主要方法有哪些?
(11) 网站的运营维护主要包括哪些内容?

第三章

网络专题策划与制作

本章提要

常见的网站类型主要有个人网站、企业类网站、娱乐休闲类网站、行业信息类网站、门户类网站、购物类网站。不同类型的网站往往由不同的网络专题构成。本章将对网络专题做整体介绍,并围绕专题分类,对不同类型专题的内容与形式策划做深入具体的分析,并帮助读者掌握网络专题策划案的撰写过程与技巧,了解如何落实网络专题。

第一节 网络专题概述

一、网络专题的定义

许多专家学者都对网络专题下过定义,比如彭兰认为:网络专题报道是以网络为平台,运用各种媒体手段对特定的主题或事件进行组合或连续报道的形式。蒋晓丽认为:网络专题报道是指基于网络技术支持,综合运用多种表现手段,展现某个特定主题或事件的一组相关新闻信息的总汇。

综上所述,网络专题是互联网传播的特有方式,是网络媒体在对新闻事件或新闻主题进行报道时,调动各种资源获取新闻资讯,通过对文字、图片、图表、视频等内容的编排组织,展现特定主题或事件的一组相关新闻信息。

二、网络专题的产生与发展

网络专题一般是由设计师配图排版制作,其主题鲜明、设计精良,不同于网站常规的资料更新。网络专题的产生源于以下几种需求。

(1)补充网站内容的需求。专题页可读性强,用户的停留时间长,能为用户提供更多更系统的知识,并且有利于提高网站的转化率。

（2）网站关键词的定位需求。现在网站主页占据多个关键词的排名首页的情况越来越少，为了更好地把握相近的关键词，可以选择设计网络专题。

（3）网站推广需求。随着越来越多的网站选择在搜索引擎上做推广，就需要对关键词进行分区拓展，网络专题正好满足了这种需求。

随着网络媒体的出现与发展，网络编辑们发现相同主题的单条网络新闻可以组合成专栏形式发布，这就是网络专题的雏形。网络专题最早以专题栏目和专题报道两种形式出现。这两种形式的不同之处在于访问入口的差异。专题栏目就是将相同主题的网络新闻简单地聚合在一起，呈现形式通常为多条新闻标题的列表。而专题报道则以一条重头新闻为主，辅以背景资料、相关报道，这些辅助性报道被做成链接放在该条重头新闻的页面中。专题栏目无须编辑过多干预，最多需要添加一个栏目导语即可；而专题报道不仅要求着重挖掘报道主题，还要通过历史数据库的积累填充新闻背景资料，同时要做到时时更新。

新浪网（当时叫"四通利方在线"）于1998年推出"法国'98'足球风暴"报道专题，是国内较早的网络专题之一。如今各式各样的网站层出不穷，大量的网络专题内容与形式纷繁复杂。

三、网络专题的必备要素

时效性、整合资源、版面语言简洁清晰，是网络专题必备的三要素。

（一）时效性

搜索引擎往往倾向于展示能保持动态更新的网站，那些失去活力的专题页面则会被搜索引擎所忽略。因此要保证网络专题的时效性，在专题页面加入更新的模块，保持页面内容持续更新。

（二）整合资源

网络专题应当是对某个关键词相关内容的整合。有些内容是有周期性的，谁也不敢保证以后类似的专题不再包含这些内容，因此需要对这些内容加上标签，分类处理，当出现新专题或者相关栏目时，可以将其调出，再进行资源整合。

（三）版面语言简洁清晰

网络专题内容往往是围绕一个主题、一个核心关键词展开，要做到一个专题能将相关内容进行简单说明，因此专题的选题不能太宽泛、太高深，否则一个专题可能无法阐述清楚，就达不到好的传播效果。此外在设计网络专题时，需要明确主题，使观点清晰明白，在有争论的问题上也需将观点阐述清楚，不能掺杂过多个人喜好。

四、网络专题的特点

网络专题是指围绕某个特定主题，比如突发性事件、热点新闻、新政策等，以固定的专题网页呈现，综合文字、图片、音频、视频等多种信息形式，进行的多层次与多角度的信息汇总和集中报道。其特点主要有互动性、持续变动性、非大众性以及多媒体性。

（一）互动性

网络专题可以通过论坛、电子邮件、网络调查、网友互动等形式，及时获得用户反馈，便于了解用户需求，及时做出改变。

(二) 持续变动性

网络专题传递的是正在变动的信息,因此具有持续变动性,要求随时更新最新报道,具有很强的时效性。当一起新闻事件发生时,公众对该主题下的网络专题关注度是最高的,随着这起事件发酵时间不断拉长,专题关注度也会随之减弱。

(三) 非大众性

网络专题并不需要也不可能满足所有人对新闻信息的阅读需求,只能满足部分人的阅读需求,因此不同网络专题有其特定的受众群体,任何网络专题都不需要贪大求全,只需要深入挖掘有价值的内容,为该专题受众提供更精巧、更深入的内容。

(四) 多媒体性

网络专题内容的表现形式有很多,囊括文字、图片、图表、音频、视频、Flash、电子书、电子报、滚动条、PPT、word、excel、搜索引擎等一切数字化传播方式。计算机网络系统容量大,这使网络专题内容不用受时间、版面限制。

第二节 网络专题分类

网络专题的分类,按照来源和生存周期的不同,可分为新闻类专题、主题类专题和栏目类专题;根据专题内容表现形式的不同,可分为静态专题和动态专题;从网络编辑策划与编辑工作角度出发,根据网络专题内容的区别,可以划分为事件类专题、主题类专题和资讯服务类专题。

综合以上分类,可以将网络专题种类划分为:新闻事件性专题、评论性专题、报道性专题以及活动性专题。下面具体阐述这四类网络专题的内容与形式策划。

一、新闻事件性专题内容与形式策划

新闻事件性专题以新闻报道为主要手段,以新闻性、信息性量大为特点,以多种报道形式为主,一般情况不要求网页设计过于花哨,而要以简洁大方、方便网民浏览阅读为主。新闻事件性专题可以细分为突发事件专题、焦点事件专题、可预见性专题。三种专题形式在内容和形式策划方面各有侧重。

(一) 突发事件专题

突发事件专题指的是突然发生且不断变化的事件,可分为自然性重大突发事件和社会性重大突发事件两种。这类专题着重于对报道主题进行延伸性挖掘,需要及时添加新闻事实的最新动向,追踪整个事件的发展态势,同时提供大量的背景材料佐证新闻事件发生的原因和意义,以满足受众获取信息的需求。

该类专题要求快捷和海量内容,侧重于快速更新新闻动态。由于要求快捷,突发事件专题不追求网页设计上的过分美观,但要求新闻推出速度快,一般有三四条关于事件的快讯发出后,专题就要迅速推出。被纳入突发事件专题的主要有灾难、疫情、政变、战争、恐怖袭击

以及名人逝世等,如"9·11事件"专题、"凤凰县大桥垮塌"专题等都属于此类。

由于突发性新闻大多不可预料,因此在专题策划上是被动的,一般也不需要花太多功夫做选题,只需要依照事件本身的严重程度和影响范围,决定是否采用专题的形式给予综合报道,专题的持续周期由事件的发展进程决定。

图3-1中的这一专题报道呈现出典型的左栏式分布,左侧是以"抗击新冠肺炎疫情的中国行动"为题目的长篇报告,图右侧是部分新冠肺炎相关报道的题目展示,通过红白色调相间的矩形方块组合在一起,布局和谐舒适,用户点击题目超链接,便可直接跳转到对应报道。

图3-1　人民网"抗击新冠肺炎疫情的中国行动"专题

（二）焦点事件专题

焦点事件专题指的是为某一社会热点、焦点问题而精心策划编辑的专题,比如"青少年犯罪""离婚冷静期"等受到社会广泛关注的社会话题。专题内容和网页设计要围绕某个热点展开,可能对事件本身的报道并不多,但是会充分展示社会各方面对这一事件的意见和观点,常常会极大程度地利用网络互动手段。

图3-2中的这一专题也是典型的左栏式分布,左侧是关于离婚冷静期这一话题的相关报道的标题及导语集合,涉及主题的文字用醒目的红字标出,每篇报道采用黑色直线分区,简单整洁。图右侧上半部分显示实时的热搜排行榜,下半部分显示实时的点击排行榜,符合网页专题动态更新的特点。

（三）可预见性专题

可预见性专题指的是在预定的时间、地点,有特定的重要人物参与的新闻事件,或是为纪念过去某一重大事件而制作的新闻专题。可预见性专题以海量的信息为主,可以建成该事件的网上数据库。因为可预见性新闻一般是大事,民众关注度高,所以在网页设计上也要

图 3-2 财新网"离婚冷静期"专题

求非常美观,这种专题一般会处理成封面形式的网站首页。比如纪念性节点专题(如中华人民共和国成立 70 周年)、时政性专题(如全国两会)、领导人出访、国际会议以及外国选举等。

如新浪网关于"2020 年北京两会"专题就分为"头条新闻""人大议程""政协议程""提案议案""微博热议""代表委员说""评论解读""各区两会""两会动态"九个板块(见图 3-3),新浪网两会专题紧追热点,从这九个方面对两会相关的新闻资讯及信息资源进行有效整合,方便受众获取关于两会的各方观点和丰富的信息。

图 3-3 新浪网"2020 北京两会"专题部分截图

二、评论性专题内容与形式策划

评论性专题主要是针对新闻事件或社会热点现象等发表评论的一系列相关信息,如新华网的"新华网评"频道下"多棱镜"栏目中关于"全民健身 同奔小康"系列网评的专题(见图3-4)。

图3-4 新华网"全民健身 同奔小康"系列网评专题

该专题由三篇网评组成,分别是《成长路上与运动相伴》《健身"打卡"助力小康》《在冰雪世界中舞出健康律动》,三篇网评的中心观点均与"全民健身 同奔小康"的话题不谋而合,因此组成了健身相关评论性专题。

三、报道性专题内容与形式策划

报道性专题,一般源自对某个人物或事件的主动报道,前期在策划上是主动的,通常会进行周密的策划。报道性专题的内容范围涵盖时政、国际、军事、教育、娱乐等众多领域。同时报道性专题要求有独特的视角,能够与时俱进,在素材选择上要客观全面,在栏目设置上要合理清晰。

(一)"镜头中的脱贫故事"案例

图3-5中这一报道性专题延续了2019年的专题模式,从2020年7月贵州黔东南站到山西大同站,再到山东平度站,镜头深入脱贫一线,记录全国各地的脱贫故事。这一报道性专题采用"文字+直播+视频"的形式,使脱贫工作在新媒体网站上焕发了新的生机,吸引了更多人的关注。

(二)"冰雪战'疫'"案例

新浪网"冰雪战'疫'"专题中设置了专题前言区、专题焦点区、专题数据区、专题互动区、网络直播区等,栏目设置整体上清晰合理。

图 3-5 央视网"镜头中的脱贫故事"系列报道

1. 专题前言区

疫情阻隔了去雪场的路,却阻隔不了人们对滑雪运动的热爱。新浪体育与金雪花滑雪产业联盟携手,联合上百家雪场、品牌、意见领袖共同发起♯冰雪战疫♯超级大活动——以冰雪的名义传递力量、抗击疫情。

2. 专题焦点区(见图 3-6)

图 3-6 与"冰雪战'疫'"相关的新闻报道汇总

3. 专题互动区（见图3-7）

图3-7 "冰雪战'疫'"互动话题

4. 网络直播区（见图3-8）

图3-8 "冰雪战'疫'"网络热议

四、活动性专题内容与形式策划

活动性专题一般围绕特定主题，以向网民提供具有贴近性、指导性的实用信息为主，具有较强的双向互动与提供服务功能。此类专题的选题，更多地要考虑到网站受众的实际需求，尽量贴近网民日常生活所需。

中国政府网举办的"我向总理说句话——2020年网民建言征集"活动专题的主页导航栏下方有一段醒目的文字："我向总理说句话，总理能听到。关于精准脱贫、营商环境、就业、教育、养老、收入……你对建设人民满意的服务型政府有什么好点子？对政府工作报告有什么新期待？即日起至2020年全国两会期间，中国政府网（www.gov.cn）联合多家网络媒体平台，以及各省区市、相关部委政府网站开展'我向总理说句话'网民建言征集活动。欢迎你来留言。你的参与，让公共政策更友好。你对美好生活的向往，是我们努力的方向。"（见图3-9）

图3-9 中国政府网"我向总理说句话——2020网民建言征集"活动专题

这一专题的主页共分为六大板块："你想说什么？""我要说""网民这么说""'我向总理说句话'的故事""参与单位""媒体平台"，可以看到本专题参与人员众多，来自各行各业，他们在这个专题中的"网民这么说"板块积极建言献策，充分体现了该活动性专题的互动性。

第三节 网络专题设计与策划过程

一、网络专题设计与策划基础

（一）网络专题内容设计与策划

1. 确定专题的选题

选题是专题策划和制作的第一步，目前各网站的专题选题主要集中在重大突发事件、重要庆典或活动、社会热点问题、使用信息服务等几方面。选题首先要考虑受众的需求,其次要抓住热点,再次要具有独创性和开拓性,最后还要考虑专题制作的可操作性。

2. 选择和组织专题材料

选择和组织专题材料要围绕专题的主题进行,要与网站形象、功能和目标受众等定位一致,要考虑信息的类型和质量。

3. 设置专题栏目

(1)要界定清楚栏目分类。

(2)要确定好各栏目的形式与名称。

(3)要体现网站特色和独创性。

(4)栏目的设置要尽可能全面。

(5)设置栏目要注意动静结合。

如图3-10所示,网易新闻在2022年春节的时候策划了"2022春节春运"的专题,其中包括"现场直播""虎年春晚""春运故事""视频报道""独家策划""高清大图"等栏目。该专题栏目设置全面,动静结合,选题角度独特,深入挖掘故事点,体现出了网站的特色和独创性。

图 3-10　网易新闻"2022春节春运"专题

(二)网络专题形式设计与策划

1. 页面设计

(1)页面设计概述。

网络专题页面设计要从便于阅读和突出美感两方面入手。专题首页设计首先要结构清晰,层次分明,即用清晰的线条将页面结构划分清楚,合理布局,突出重要内容,展示专题的精华部分。其次要注意专题页面的整体风格,通过色彩和亮度等元素的搭配使用,在网页整体风格和谐统一下突出各板块的层次感。

页面设计主要包括专题导航设计、专题栏头设计(即点明主题的标题区)、专题版式设计等板块。

①专题导航设计既可以采用文字直排方式列出标题,也可以将整个页面划分为若干界

限分明的板块,每个标题板块附有"更多"翻页链接。

②专题栏头设计的原则主要包括:设计醒目抢眼,文字表述准确,情绪传达到位。

③专题版式设计的原则主要包括:线索明晰、便于阅读,同时需要符合平面设计构图的基本原则,即对比、平衡、统一、节奏等。

(2)页面设计技巧。

页面设计的基本技巧主要体现在色彩运用、页面架构两个层面:在色彩应用上要注意随着专题内容的性质做出区分,比如严肃类专题多采用深色,娱乐类专题多使用彩色,教育类专题主要采用红色;网络专题页面架构通常由专题首页、更多页、正文页组成,还有一些大型专题类似一个子网站,其页面架构通常是由专题首页、专题栏目、稿件正文组成,在页面架构上一般采用三分法,中间为主,两边为辅。

(3)页面设计规范。

页面设计是网络专题引导舆论的重要方式,是吸引网民阅读的重要手段,也是网站个性化的组成部分。页面设计中栏目的编排思想是页面设计的灵魂。

2. 栏目编排

栏目的设置和编排是专题页面结构的具体体现。栏目的编排,是在确定各个栏目名称和形式的基础上,分清栏目主次,按照主次合理地安排栏目位置,恰当地组织栏目内容,帮助用户尽快获得重要信息。栏目编排是将相关素材划分层次,用一个主体架构描绘整体信息和关键信息,而相关的细节信息则用超链接标注出来。栏目编排还需要在网页众多的构成要素中强化信息主体,使之成为最方便阅读的视线流动起点,在一篇文章中也要突出最重要的信息。

3. 色彩搭配

颜色可以表达情感,引起人们不同的心理反应。专题可以根据内容的不同,运用多种色彩组合搭配,从而突出专题的独特风格。专题色彩在与网站整体定位和风格相匹配的情况下,还需要与专题的内容风格协调。专题色彩的搭配一般以简单为宜,过于花哨容易让人产生视觉疲劳。色彩的使用服务于文字内容,在鲜明的颜色之外,也要体现出网站的特色,以便区别于其他同类专题。一些特别题材的专题,则可以通过色彩的使用形成强烈的视觉冲击,从而给网民留下深刻印象。

4. 多媒体使用

多媒体使用,即根据专题及文章的内容要求综合运用多媒体手段,配上与之相匹配的图片、动画、音频、视频等,使网页呈现出与众不同的风格。多媒体具有文字所不具有的直观性和生动性,不仅丰富了专题内容的表现形式,还可以活跃专题的版面布局。必要时可以把图片等多媒体形式单独作为专题的一个栏目,适当运用多媒体形式,可以提高网民阅读兴趣。

文字、图片、音频和视频是编辑制作网络专题时常用的信息手段。除此之外,网络专题编辑制作还需要考虑 Flash、时间线和互动等网络所特有的手段的运用。[①]

二、网络专题策划方案撰写

网络专题策划方案一般包括专题报道调研分析及定位、专题报道内容、专题栏目数量、

---

① 王晓红:《网络信息编辑实务》,高等教育出版社,2019年版,第186页。

框图与栏目分配、专题设计风格、专题实施和运作、人员工作分配表等。

下面以"上海商学院火灾事件"进行专题策划。

（一）专题报道调研分析及定位

1. 题材分析

上海商学院宿舍发生火灾属于重大突发性事件，报道具有时效性、接近性。对该事件的报道动作要迅速，以最快的速度把现场的情况传达给受众，为受众传达最新的消息。

2. 角度分析

在报道这次火灾事件时，媒体工作者要客观、全面，不要成为某一方的代言人，其中包括学生、受害者、相关领导干部、官方代表。在报道中要体现人文关怀。通过对事件的跟踪报道，反思高校学生用电与学校限电之间的矛盾，抓住事件新动态，来揭示事件背后的原因。

3. 深度分析

类似的高校火灾事件并不少见，为什么会屡屡见于报道，背后透露的是什么，是高校管理工作的不善？高校学生用电的安全隐患到底有多大？设置本专题的目的不是报道这次火灾事件的本身，而是希望通过这次报道，引起相关部门的重视。各高校应该引以为戒，对存在于校园中的各种安全隐患要有一套完整的解决方案。更重要的是，要在事件发生之前做好预防工作。

（二）专题报道内容

（1）最新报道。采用追踪连续报道，以时间为维度将事件的发生、发展过程，当前状态，未来趋向以消息或通讯的形式报道出来。在首页，每条消息仅以标题的形式进行展示。

（2）事件细节。以文本的形式把事件发生的时间、地点、人物、原因、经过、结果等新闻要素显示在专题首页，方便读者跟进事件的发展。

（3）新闻图集。把与此事件有关的具有新闻性的图片以幻灯片的形式展示在专题首页。

（4）视频报道。放置媒体对这个事件的视频报道。

（5）类似事件。以高校为维度，将类似的新闻突发事件有选择地放在专题首页。以"图片＋标题"提示的形式链接下一级的新闻。

（6）高校领导态度。收集针对发生火灾这一事件一些学校领导做出的回应、发表的意见和做出的决策。还可以包括相关部门的态度和应对方案。

（7）讨论区。讨论区分两部分，一个是"评论"板块，一个是"灌水区"板块。"评论"板块可以链接与此事件相关的博客、评论文章等，"灌水区"板块则是浏览此专题的人留下的言论。讨论区为受众提供了一个发表言论的平台，以意见态度为维度，受众可以对当事人的态度、相关领导和部门的意见、社会反映等提出自己的看法、建议等。

（三）专题栏目数量、框图与栏目分配

专题有六个栏目。专题的首页版式是"日"字型结构。栏头的左下方是"最新消息"，"最新消息"的右边是"事件细节"，"视频报道"在"事件细节"的下方，"新闻图集"以通栏的形式放在整个专题的中间。"类似事件"位于版面的左下角，"讨论区"则放在版面的右下角。

（四）专题设计风格

专题栏头的设计选择一张火灾现场照片做背景，体现事件本身的灾难性。栏头采用的图片要准确、客观地传达沉重的情绪,体现反思的情怀。栏头的文字用单一的黑体字。

(五)专题实施和运作

网站工作组要进行多次讨论和分析,写出最终实施方案,各组各单位成员按既定的分配任务做好手头的工作,定期召开工作会议,交流工作进度,同时对下一步工作进行沟通,并根据事件的进展以及变化趋势及时进行动态修正、实时调整,保证网站的时效性。

(六)人员工作分配表

A:追踪采访上海商学院火灾事件进展,以视频、图片、文字进行记录。
B:收集图片视频、网友评论,对类似高校火灾事件进行整合盘点。
C:对发布内容进行审核。
D:设计网页并进行技术维护。
A、B、C:及时更新网页内容,并与网友进行互动。

三、网络专题落实

为了保证网络专题的落实,需要遵循相应的网站管理实施原则,比如定期交接讨论、及时更新等。同时要针对网络专题具体实施计划进行人员分配,其中包括专门的材料收集整合人员、文字撰写人员、内容审核人员、网页设计及技术维护人员等。

(1)试着比较专题栏目与专题报道。
(2)网络专题的互动性如何体现?
(3)网络专题有哪些分类方式?
(4)比较突发事件专题策划与可预见性专题策划的异同。
(5)报道性专题的内容范围有哪些?
(6)网络专题内容设计与策划包括哪些步骤?
(7)网络专题形式设计与策划包括哪些内容?
(8)网络专题策划方案有哪些组成部分?

第四章 微信公众号策划与运营

本章提要

2022年3月,腾讯发布的2021年全年财务报告显示,截至2020年年底,微信及WeChat合并月活跃用户数达到12.682亿人。近年来,随着我国新媒体技术快速发展更迭,新媒体产业也发展得如火如荼,微信公众号作为微信这一超大体量社交平台上唯一的新媒体媒介,"出圈"最早,玩法更新、更快。

对于新手来说,策划与运营微信公众号成本更低,起号可操作性更强,内容输出持续性更久,能够快速实现自媒体新手设计的框架和想法。相比其他媒介平台来说,微信公众号这一平台能够让做自媒体的新手在初始阶段将更多注意力放在对优质内容的表达和精进上,在内容输出稳定且设计框架落地实现的过程中,慢慢完善,提升用户体验感,直至打磨成为一个优质产品。然后可以将产品结合各媒介平台的表达风格与特质,经过完善、改良后,发布到更多的媒介渠道,比如抖音、小红书、bilibili(简称B站)等平台,完成产品矩阵式发展。本章我们就以微信公众号的策划与运营为蓝本,剖析在当前的新媒体环境下,自媒体新手如何定位微信公众号、设计内部框架、抓住热点、解决选题困难等问题,帮助新手打通从零到一,实现微信公众号的策划、运营从想法到落地这一目标。

第一节 微信公众号策划

一、什么是微信公众号

(一) 微信公众号的定义

微信公众平台,简称微信公众号。它是利用公众账号平台进行自媒体活动,如商家申请公众微信服务号,通过二次开发展示商家微官网、微会员、微推送、微支付、微活动、微报名、微分享、微名片等,已经形成了一种主流的线上线下微信互动营销方式。

(二) 微信公众号的分类

1. 按照功能分类

按照功能,微信公众号可分为四类:服务号、订阅号、小程序、企业微信(见图4-1)。如果是企业用户,这四个类型的平台都能注册;如果是个人用户,只能注册订阅号。值得注意的是,不同的主体能申请的账号数量是不同的(见表4-1),个人能申请1个账号,媒体或政府能申请50个账号,个体工商户或企业能申请2个账号,因此不同主体在注册账号前应充分考虑账号申请数量的限制。

服务号
给企业和组织提供更强大的业务服务与用户管理能力,帮助企业快速实现全新的公众号服务平台。

订阅号
为媒体和个人提供一种新的信息传播方式,构建与读者之间更好的沟通与管理模式。

小程序
一种新的开放能力,可以在微信内被便捷地获取和传播,同时具有出色的使用体验。

企业微信　原企业号
企业的专业办公管理工具。与微信一致的沟通体验,提供丰富免费的办公应用,并与微信消息、小程序、微信支付等互通,助力企业高效办公和管理。

图4-1　微信公众号的分类

表4-1　不同主体申请微信公众号的数量限制

申请主体	申请数量
个人	1
媒体、政府	50
个体工商户	2
企业	2

订阅号为媒体和个人等主体提供了一种新的信息传播方式,适用于个人、媒体、企业、政府或其他组织,其主要功能是在微信上为该公众号的订阅者传达资讯,功能类似报纸杂志,为用户提供新闻信息或娱乐趣事(见图4-2)。

服务号旨在提供服务,适用于新闻媒体、企业、政府和其他组织,为企业和组织提供更强大的业务服务与用户管理能力,主要偏向服务类交互,1个月内可群发4条信息,提供绑定用户信息后可实现一对一交互服务(见图4-3)。

小程序是一种新的开放能力,适用于个人、媒体、企业、政府或其他组织。在微信首页拖动屏幕下滑,小程序的位置会出现在页面上方。开发者可以快速地开发一个小程序,并且可以将其镶嵌在微信公众号内,小程序能够在微信内被便捷地获取和传播,同时具备出色的使用体验(见图 4-4)。

图 4-2　订阅号示意图　　　　　图 4-3　服务号示意图

企业微信适用于企业内部通信使用,使用时需要认证企业身份,通过后方可进入企业微信,是专业办公管理工具。它具有与微信一致的沟通体验,提供丰富、免费的办公应用,还可以和微信消息、小程序、微信支付等功能互通使用。企业微信的主要作用是方便管理企业内部员工、团队,助力企业高效办公和人力管理(见图 4-5)。

很多运营者在第一次申请账号时不知道该申请四类中的哪一类,其实申请哪种微信公众号主要取决于三点。

第一,取决于创建公众号的目的。如果你只是想简单地推送文案,做宣传推广服务,实现信息分享,可以申请订阅号,例如"央视财经""十点读书"等公众号。如果你注册微信公众号的目的是通过公众平台实现一对一的优质服务,未来进行商品销售,就可以选择申请服务号,后续经过认证后成为微信认证服务号,再申请微信支付商户,你的服务号就可以实现微信支付功能,例如"中国电信客服""上海图书馆"等公众号。如果想管理企业内部员工、团队,可申请企业微信。而小程序的主要优势在于三点:一是用户可便捷地获取服务,无须安装或下载 APP 即可使用;二是具有更丰富的功能和出色的用户使用体验;三是封装了一系列接口能力,实现了快速开发和迭代。因而小程序一般不适用于普通用户,更适合专业人员或企业申请。

图 4-4　小程序示意图

图 4-5　企业微信示意图

第二,取决于对账号打开率的需求。对打开率需求高的可以选择服务号,因为服务号头像会直接出现在微信的消息列表中,跟朋友的头像并列显示,一旦发送消息,用户就会立刻发现,因此服务号的曝光机会最多。而为了提升用户体验,微信将所有订阅号都折叠在命名为"订阅号消息"的头像的文件夹中,群发内容即便发送成功也被折叠在"订阅号消息"中,不会出现在微信首页的消息列表中。如果用户不打开"订阅号消息",就只能在首页看到此时此刻最新更新的文案标题,所以订阅号的曝光率远低于服务号。

第三,取决于微信公众号需要开通的功能。微信公众号未来是否需要开通微信支付功能,一个月需要发几条文案消息,是否需要微信小店功能,在注册账号之前我们要认真思考这些问题。目前四个类型的账号中,使用得最多的是订阅号和服务号。订阅号是为媒体和个人等主体提供一种新的信息传播方式,主要功能是向用户传达资讯;服务号是为企业和组织提供更强大的业务服务与用户管理能力,主要偏向服务交互。而经过认证后的订阅号和服务号在功能上又做了很多调整,因此,最终常用的类型分别是普通订阅号、认证订阅号、普通服务号和认证服务号四种。但不是所有主体都能申请这四种账号,个人用户只能申请普通订阅号(2014 年 8 月 26 日之后注册的个人类型的微信公众号,已不支持申请微信认证),

个体工商户、企业和政府这四种账号均可以申请(见表 4-2)。

表 4-2 申请订阅号、服务号的主体限制

申请主体	普通订阅号	认证订阅号	普通服务号	认证服务号
个人	√	×	×	×
媒体	√	√	√	√
个体工商户	√	√	√	√
企业	√	√	√	√
政府	√	√	√	√

除此之外,订阅号可以升级为服务号,但升级后,类型不可变更。这四种账号在功能上的区别还是很大的,新手在注册时常因不了解账号功能,随意注册,运作了一段时间后才发现自己的账号缺失某项功能,影响长期发展,只能迁移订阅者,而在这个过程中,不仅损失了部分订阅者,还浪费了宝贵的时间,因此在注册账号前一定要认真思考框架、设计架构,对未来的发展方向思考得越清晰,接下来开展的工作就会越有效。接下来,我们就梳理一下这四种账号在功能上的区别(见表 4-3)。

表 4-3 订阅号、服务号功能区别展示

权限	普通订阅号	认证订阅号	普通服务号	认证服务号
消息群发数量	1天1条	1天1条	1个月4条	1个月4条
自定义菜单链接到外部网页	×	√	√	√
获取用户基本信息	×	×	×	×
点击菜单发送文本	×	√	√	√
模板消息	×	×	×	√
一次性订阅消息	×	×	×	√
获取用户地理位置	×	×	×	√
语义理解	×	×	×	√
生成带参数二维码、短链接	×	×	×	√
多客服	×	√	×	√
微信卡券	×	√	×	√
广告主	×	√	×	√
微信小店	×	×	×	√
微信支付	×	仅政府与媒体类支持	×	√
群发消息显示	订阅号文件夹	订阅号文件夹	消息列表	消息列表
申请费用	免费	300元/年	免费	300元/年

2. 按照内容分类

按照内容分类,我们把微信公众号分为五类:政务类,如微信公众号"上海发布"等;民生类,如微信公众号"上海交通大学医学院附属瑞金医院"等;智慧生活类,如微信公众号"丰巢智能柜"等;媒体类,如微信公众号"人民日报"等;创新类,根据时代发展新出现的微信公众号,如微信公众号"魅力五角场"等。

(三) 微信公众号的主要作用

1. 聚集有忠诚度与活跃度的黏性用户

随着此类黏性用户人数的增长,微信公众号的价值也会不断提高,那么即使作为学生的我们尽管目前能力有限,但也可以发掘身边可以开发的资源。例如,微信公众号"胡师姐新传考研"就是从最开始分享各个学校的考研信息,到后来分享考研、保研、考博、专业方向、权威书单、备考资料、优质经验等信息,现在已经开设了五门以上的专项课程,顺利地开发了身边的资源(见图4-6)。

图 4-6 微信公众号"胡师姐新传考研"

2. 为用户提供有价值的信息

例如,微信公众号"上海高招发布"就是由上海市教育考试院与上海教育报刊总社《上海中学生报》联合出品,是上海高考政策的官方权威发布平台。该公众号不仅为学生与家长提供高考政策、招生信息、专业介绍、志愿填报等权威信息,同时在线解答高考考生的疑难问题(见图 4-7)。

3. 多向交流的工具

例如,微信公众号"上海艺术展览"在文章中会通过二维码引流,将对各类展览感兴趣的用户聚集到他们自己的看展群中,实现用户的多向交流,同时也实现了品牌私域流量的积累与沉淀(见图 4-8)。

图 4-7　微信公众号"上海高招发布"　　　　图 4-8　微信公众号"上海艺术展览"

4. 类微信平台

例如,微信公众号"琰琰婚礼日记"的运营者琰琰不仅在微信公众号上发布与定位主题相关的文案内容,还特别擅长与用户"私聊",她给用户的感觉就像是一个熟悉的"朋友"。通过微信公众号来发布语音和文字,跟用户"聊天",将微信公众号这种面向公众的属性置换为朋友之间的私聊模式,这种形式模仿了我们在微信上与好友聊天时的状态,无形间拉近了运营者与用户间的距离,有效优化了用户体验,提升了用户黏性(见图 4-9)。

5. 让阅读更简单

例如,微信公众号"樊登读书"致力于帮助用户实现阅读"自由",解决用户选书难、读书效率低、阅读环境差等问题,让用户可以利用碎片时间实现高质量的阅读(见图 4-10)。

6. 引流导流工具

例如,微信公众号"新房摇号助手"通过公众号将用户引流到小程序和品牌下特定的新房粉丝交流群中,不仅扩大了品牌影响力,还实现了品牌私域流量的积累(见图 4-11)。

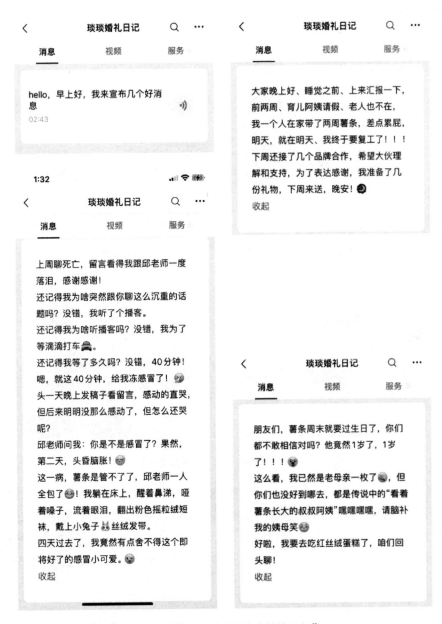

图 4-9 微信公众号"琰琰婚礼日记"

二、创办微信公众号的目的

在创建微信公众号之前,你需要掌握并思考以下内容。作为当代大学生,我们在内容选择方面一定要根据自己擅长或打算长期积累的方向来定位,也要清楚地认识到创建微信公众号的目的是什么,这样才能保证持之以恒地输出,否则将难以坚持下去。

创建个人微信公众号的目的大多分为以下几种。

(一) 记录生活

比如喜欢通过看书或者观看视频来了解新鲜事物的人,在知识输入大脑后选择以写作

图 4-10 微信公众号"樊登读书"

的方式将知识内化输出为读书笔记,并记录在微信公众号上。这种方法可以在后续知识记忆模糊的时候重新巩固知识。除此之外,也可以将记录的某个观点写成文章,以达到更加深刻的理解与记忆。当然,也可以用微信公众号来记录你的生活和爱好、甜蜜的回忆等。这类微信公众号往往是根据个人的情感偏好所创建的,大部分难以实现经济收益,很少以营利为目的。

(二)积累新媒体运营经验

这类微信公众号就像是你的"实习经历",可以为面试新媒体运营相关工作时提供强有力的论据。现在新媒体运营的市场需求和未来的发展前景很好,小到一个小店铺,大到世界顶尖的企业,都非常需要优秀的新媒体运营人才。但是面试官面对众多求职者时,在很难判断谁更具备互联网思维、谁更具备营销理念、谁更具备新媒体运营的实操经验时,如果此刻你能展示自己精心运营的微信公众号的后台数据,或者聊聊自己运营微信公众号时的心得体会,就更容易在面试中突出重围,获得面试官们的青睐。

(三)树立个人品牌

这类微信公众号往往已在该行业内崭露头角或者已有强大影响力,通过维护微信公众号等自媒体来扩大影响力,建立用户信任感,以营利为目的,实现个人品牌的打造。我们经

图 4-11 微信公众号"新房摇号助手"

常听到的"樊登读书"就是这类案例。樊登在做线下内容的时候,每次下课后,大家都会问他要书单,但是过后他问大家有没有读书,大部分人的回答都是"买了,但还没读"。后来樊登表示既然大家没时间阅读,那他就把书籍的核心内容做成 PPT 分享出去,每人一年收 300 元。结果他收了 6 万元但是大家依然"没时间"看 PPT。樊登就为这些人建了个微信群,并开启了说书人的旅程。做这类微信公众号时,你需要了解自己或团队的特长和优势是什么,如果你擅长配音、制作 PPT 或者写评论,那么你就可以来分享这方面的经验。很多人刚开始都会担心自己在那个领域并没有达到大师级别,认为自己把经验写出来也没什么用,这时候你应该想想,是否你的配音和评论经常让你在人群中大放异彩,你做的 PPT 是否经常得到老师、同事或者领导的夸奖。有时候我们身上闪闪发光的特长在自己眼里没有受到重视,是因为自己已经习惯成自然。现在你要去做的,就是采访你身边的人,也问问自己的内心,你的优势和特长到底是什么,并且可以通过创建微信公众号的方式延续并促进这项优势的发展,最终打造属于自己的个人品牌。

(四)引流

很多人在读大学的时候都会借助大学生创新创业项目开启自己人生的第一份事业,比如创办一个健身减肥中心,并创建一个微信公众号,平时可以推送一些健康减脂餐的信息、健身动作的视频,也可以推送一些成功减重、恢复健康的客户的案例,以便吸引对标的客户长期关注,最终将他们引流到你的健身减肥中心。

创办企业微信公众号的目的除了树立品牌形象、传播企业文化之外,最重要的目的就是服务客户,优化工作流程,提高工作效率,提升客户的服务体验,例如,丰巢智能柜的微信公众号能实现全程无接触取快递和寄快递,既能提升个人住宅的私密性、安全性,也能解决上班族工作日不方便取快递的苦恼。另外在创建微信公众号前,要明确自己的目的,目的不同,内容呈现的形式和运营的方式都会有所不同。

三、如何定位你的微信公众号?

微信公众号的定位取决于创建微信公众号的目的。对于目的明确的人来讲,确定微信公众号的定位相对容易,例如,你开了一家美妆淘宝店,做微信公众号的目的就是将粉丝引流到你的店铺里实现客户转化,那么微信公众号的定位就应该从美妆产品或者产品周边入手,分享护肤心得、化妆经验,或者做产品测评,这些都是不错的切入点。而对于目标不太明确的人来讲,微信公众号的定位就有些困难,因为你可能只是想为未来求职积攒经验,或者就是忽然想做一个微信公众号,但还没想好要做什么主题,没有明确的方向,很容易把微信公众号变成一个"四不像",内容杂而不精,没有明确规划定位,也很难吸引到订阅者。因此,找到合适的微信公众号定位就显得尤为重要。

(一)专注于自己的专业或特长

微信公众号根据自己学习的专业来定位,不仅可以吸粉,还可以快速地提升自己的专业知识,我们知道学习这件事要结合输入和输出两个步骤才能有快速的进步,而在日常的学习中,很多学生仅仅完成了上课这个输入步骤,几乎没有主动的输出步骤,甚至在大学的课堂上,有很多学生习惯用手机拍"笔记",而课下是否会去复习就不得而知了。比如你是一名播音专业的学生,可以尝试录每节课的练习内容或作业并发布在微信公众号上,在文字部分可以详细描述这段录音的难度、技巧、口腔状态以及心理状态,以提示自己下次练习时该如何找准更好的播读状态。

(二)专注于兴趣点

如果有一件事让你沉浸其中并产生幸福感,那么这件事一定就是你的兴趣点了,能将微信公众号的定位跟自己的兴趣结合是一件幸福的事,这也是为什么有很多微信公众号在前期毫无经济回报的情况下能够坚持做下来的原因。比如微信公众号"凯叔讲故事",前央视主持人王凯经常给女儿讲睡前故事,但有时由于出差,他只能提前将故事录下来,一次偶然的机会,他把录好的故事发到了女儿幼儿园的班级微信群中,意外地收获了一批小粉丝,后来为了小粉丝们能够听故事方便,王凯注册了微信公众号,开始建立运营"凯叔讲故事"这一超级IP。

(三)专注于自己的经历或体验

回想一下自己的哪一段经历是你人生的高光时段?可能是你学画画的经历、健身经历、与病魔做斗争的经历,或是旅游的一些体验。可能在这个方面你并不太擅长,也算不上专业,但这并不重要,因为有很多微信公众号的定位就是一个成长型的公众号,从我们的经历出发,以第一视角来记录自己的经历、积累相关素材,跟关注你的粉丝一起成长,帮助他们遇见自己的高光时刻。例如微信公众号"琰琰婚礼日记",这个公众号始于分享自己婚礼上的一些遗憾,很多女生都希望在人生这样的重要时刻足够完美,于是在自己的婚礼后,琰琰致力于帮助大家总结归纳出婚礼上重要的细节、备婚攻略,同时收集各种婚礼风格的投稿内容进行分享。她也会亲自去探店,帮新娘寻找好的婚纱店、举办婚礼的场地以及婚礼策划师,让她的粉丝看到有效且有品位的信息,最终博主自己也从一个"备婚小白"成长为"备婚大佬"。

四、如何创建微信公众号

(一)准备资料

创建订阅号、服务号、小程序、企业微信这四种账号时,需要准备以下资料。

(1)从未注册过微信公众号、可以接收邮件的邮箱(1个邮箱只能申请1个微信公众号)。

(2)未注册过微信公众号的手机号(1个手机号码可绑定5个微信公众号)。

(3)开通微信支付功能的个人微信号。

(4)个人身份证号。

(5)未被占用的微信公众号名称。

(6)300元认证年费(普通账号不需要,如果申请没通过费用不退,务必填写好完整信息)。

(7)营业执照或单位证明或公章(个人订阅号不需要)。

(8)银行卡或对公账号。

(二)注册微信公众号流程

(1)搜索微信公众平台(见图4-12)。

图4-12 搜索微信公众平台

（2）进入微信公众平台官方，点击"立即注册"（见图4-13）。

图 4-13　点击"立即注册"页面

（3）选择账号类型（见图4-14）。

图 4-14　账号类型

（4）按照提示，填写基本信息（见图4-15）。

图 4-15　基本信息页面

(5) 按照指示接收邮件,并将验证码填入,激活微信公众平台账号(见图 4-16)。

图 4-16　接收验证码页面

(6) 点击"确定"(见图 4-17)。

图 4-17　点击"确定"页面

(7) 选择账号类型(见图 4-18)。

(8) 点击"订阅号"(见图 4-19)。

(9) 选择主体类型。除个人微信公众号外,政府、媒体、企业或其他组织均需要提前准备好准确的组织机构代码名称及组织机构代码(见表 4-4)。

若为政府、媒体、企业或其他组织申请微信公众号,请如图 4-20 所示,准备好准确的组织机构代码名称及组织机构代码。

图 4-18　选择账号类型

图 4-19　点击"订阅号"后的页面

第四章 微信公众号策划与运营

表 4-4 政府、媒体、企业、其他组织定义①

注册选择类型	组织机构类型
政府单位	事业单位(事业单位法人、事业单位分支、派出机构、部队医院、其他事业单位)
	政府机关(国家行政机关法人、国家权力机关法人、民主党派、政协组织、人民解放军、武警部队、其他机关)
媒体类型	事业单位媒体、其他媒体、电视广播、报纸、杂志、网络媒体等
企业类型	个人独资企业、企业法人、企业非法人、非公司制企业法人、农民专业合作社、企业分支机构、合伙企业、其他企业个体户、个体工商户、个体经营
其他组织	社会团体(社会团体法人、社会团体分支、代表机构、其他社会团体、群众团体)
	民办非企业、学校、医院等
	其他组织(宗教活动场所、农村村民委员会、城市居民委员会、自定义区、其他未列明的组织机构)

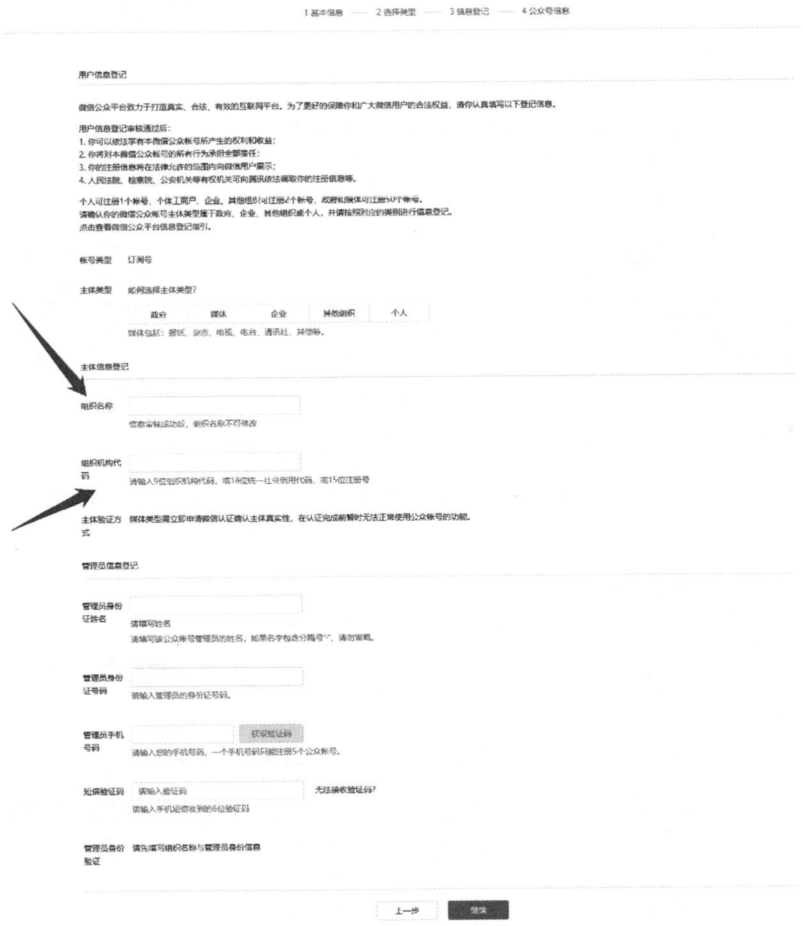

图 4-20 选择"非个人"账号后需填写信息

---

① 若组织机构代码证上机构类型为:企业法人、企业非法人,请勿选择"其他组织"类型进行登记;若个体工商户无对公账号请选择"微信认证"完成注册并认证微信公众号;微信认证选择认证类型时,请参考以上注册类型选择并根据"组织机构代码证"上显示的机构类型进行选择即可。

（10）选择主体类型为"个人"，并进行主体信息登记（见图4-21）。

图4-21　选择"个人"微信公众号后需填写信息

（11）用绑定运营者本人银行卡的微信扫描二维码进行身份验证（见图4-22）。
（12）填写微信公众号名称、微信公众号简介等信息。
（13）完成。

五、微信公众号如何起名

　　微信公众号的名字就像一个店铺的名字同样重要，它不仅决定了用户对微信公众号的第一印象，更重要的是，一个好的名字可以降低传播成本，可以为微信公众号带来更多目标用户，相比普通名字，有特色的名字的记忆率能大幅提高。

图 4-22 绑定本人银行卡

那么什么样的名字是好的名字呢？在不打开微信的情况下，可以先思考一下自己常常浏览的微信公众号有哪些，为什么自己会记住它们的名字呢？给微信公众号起一个好的名字，运营者就要设计一个好记的名字，好记这一点就要求起名通俗易懂，尽量控制在 5 个字之内，千万不要过于追求与众不同，起一个只有自己才能看得懂的名字。另外还应考虑这个名字要有特色，我们可以营造反差感，比如"严肃八卦"；或者将名字形象化，比如"单身狗""飞猪"，生动有趣又便于记忆，有特色的微信公众号名字可以快速吸引用户的关注。下面是几种为微信公众号起名的方法。

（一）原名

使用原名来做微信公众号名称的一般是大家已经较为了解的品牌的选择，例如中国联通、人民日报、一条、知乎、招商银行等，用众所周知的企业名称或产品名称来命名微信公众号，简单明晰、直截了当，即使人们原来并不确认有这样的微信公众号，但有需求的时候仍会直接在微信中搜索这些名称,比如查新闻真伪的时候会下意识地参考人民日报这样的央媒公众号是否发布信息,查手机套餐使用情况或者充话费时则会直接在微信上搜索运营商的名称,因为下载运营商的APP对大部分用户来说既浪费时间又浪费手机存储空间,用公众号就能轻松、完美地解决问题。

(二)个人IP

如果已经在其他平台——例如B站、小红书或抖音等平台拥有一个有较高知名度的个人IP,如果这个个人IP风格与微信公众号即将要做的品类不冲突甚至高度稳合,直接选择用原个人IP命名微信公众号将事半功倍,甚至可以将原有平台的粉丝引流到微信平台,快速完成微信公众号从零到一的落地。

可能此时你会想同一批粉丝放在不同平台难道不是一样的效果,这不是多此一举吗?其实不然,每个平台的属性和使用场景不同,即使是完全相同的内容,吸引粉丝的标签也各不相同,反馈也会不同,更何况针对用户使用场景的变化,我们也需要调整内容的走向。例如同一个主题,如果放在抖音平台,我们可以将用户的使用场景定义为短平快的娱乐休闲场景;而如果将该主题放在微信公众号平台,我们可以将用户使用场景设置在上下班路上,虽然不能称之为深度学习的场景,但是能沉下心来看微信公众号图文的用户,对于该主题的深度的要求一定是高于抖音平台的,因此在做内容时也要注意调整,不要过度娱乐化或者空泛化。

这种个人IP类型不推荐重新起名,因为重新起名会在无形中损失之前在其他平台积累的流量,除非做的内容跟原先大相径庭。例如吴晓波的个人IP就是先在财经圈内积累了人气、获得了认可,后来才做微信公众号,并开启非专业领域用户这一块的流量,他的内容也相应地调整成了非专业用户也能看得懂的财经"大白话"。

(三)人名+行业

作为新媒体策划运营零基础的新手,如果你想从零开始打造属于自己的个人IP,建议选取"人名+行业"的方式来命名你的微信公众号,从一开始就给用户展示清晰的定位。例如"琰琰婚礼日记""力哥理财""邱老师身心调理讲堂"等,这类名称能够凸显个人IP,比如"琰琰""力哥""邱老师"都是商业IP,一个新的IP的社会影响力一旦形成,变现能力将是无法预估的。其中运营者琰琰是真正从零开始打造的素人IP,力哥本身是金融学硕士,在做这个账号之前就已经是《理财周刊》的首席记者,而邱老师在做微信公众号之前就已成名,是众多商界人士及演艺界明星的养生顾问。当然从微信公众号的用户来讲,他们三个人都能被看作素人IP,因为离开了他们原有的圈子,在微信公众号这个非专业赛道上,他们的IP又回到了同一起跑线上,而此时"人名+行业"的取名方式可以快速打开新的流量市场。

(四)关键词

关键词命名的方法属于自带流量的微信公众号取名方式,例如,假设我们最近"书荒",就可以搜索"读书"这样的关键词,这时就会发现排名靠前的微信公众号大部分是我们感兴趣的内容,比如"微信读书""樊登读书""十点读书"等。但仔细了解后,你就会发现这是三种完全不同的读书风格,每种都很有趣,很容易沉淀用户。因此,如果在注册时能选中一个有效的关键词来命名你的微信公众号,再加上高品质的内容,微信公众号甚至能够以几何倍数的速度引入陌生流量。

（五）提问

其实我们每天都生活在问题与选择之中，打开淘宝、抖音、拼多多，虽然你只想买个杯子，却能搜出来成百上千个样式，最后你直接被海量选择湮没了，到底什么值得买？到了吃饭时间，点外卖、下馆子还是下厨，什么值得吃？到理财时，又犯了难，这么多理财产品，什么理财值得买呢？用提问的方式取名能够有效对标用户的实时需求，实用价值较高。例如微信公众号"什么值得买"是集导购、媒体、工具、社区属性于一体的真实的消费内容社区，每天都会推荐一些有意思的好物；"什么值得吃"是一个推荐餐厅、网购美食、有趣生活方式的微信公众号。用户一旦形成阅读习惯，用户黏性极强，后台数据也能得到稳定长久的保证。

（六）地区＋用途

如果你准备策划的微信公众号想服务的是某一特定区域的用户，建议用"地区＋用途"这样的取名方式，可以让用户精准地找到你，同时节省了解公众号的时间。例如"上海发布"就是上海市人民政府办公厅公开上海市最新资讯的微信公众号，"上海话剧艺术中心"就是让大众了解上海近期话剧演出信息和周边新闻的微信公众号。这类名称直接定位用户的位置，为此范围内的用户或关注此范围的用户服务。

（七）形象化

这类取名方式相比其他方式要求较高。很多运营者用这个方法取名都不太成功的原因主要是如果只看名字就不太容易明白这个账号的定位是什么，这就导致在陌生流量引入微信公众号方面有很大缺陷，比如"一只柚子"。不能一味追求独特性，既要让陌生用户通过名称就能大概想象到微信公众号的定位，又不能过度直白，建议在取名时可以用联想的方法融入场景或者关键词，例如"第十一诊室""领声""关爱八卦成长协会""侠客岛"等。在选取形象方面多花心思，再加上高质量的内容、提高内容更新频率和精心运营等，就能很容易收获细分领域忠实度较高的粉丝。

（八）起名注意事项

1. 避免"雷区"

在给微信公众号取名时，有几个雷区是很容易踩到的，新手一定要注意：第一，名称以短小为好，不要太长；第二，尽量不用生僻字、繁体字；第三，尽量不要将中外字符、单词结合；第四，尽量不用符号；第五，顺口顺眼，不要拗口，最好能做到朗朗上口、便于传播；第六，取好名字后一定要给周围的朋友看看，特别是微信公众号的目标用户，他们往往能提供有效的信息，帮助你把名字优化得更好。

2. 没有灵感

如果以上几种取名方法仍然没有给你带来灵感，或许你应该重新思考做微信公众号的目的、类型和定位的主题，理清思路，然后在白纸上列出选取的相关词语，再将词语之间进行联系、联想和重组。

3. 能否注册

值得注意的是，微信公众号的名称一旦被注册过就无法再申请了，我们可以提前准备几个名称，通过搜狗搜索引擎提前查看是否被注册过。

第一步：打开搜狗搜索引擎，点击左上角"微信"（见图 4-23）。

第二步：输入想好的微信公众号名称，点击"搜公众号"（见图 4-24）。

图 4-23 搜狗引擎中"微信"的位置

图 4-24 搜索微信公众号名称页面

六、微信公众号简介怎么写

微信公众号简介长度应控制在 4~120 个字，一个自然月中微信公众号简介可以修改 5 次。微信公众平台功能介绍的修改方法如图 4-25 所示：请登录微信公众号"设置"—"公众号设置"—"账号详情"—"介绍"—"修改"，输入需要修改的简介内容后点击"确认"即可。

因为微信公众号的名称字数有限，所以微信公众号简介是对微信公众号名称的进一步拓展，以及对微信公众号的简短介绍。微信公众号的简介就像与一个人初次见面递上的名片一样，我们在不了解这个人的情况下只能通过名片上的内容构建他的形象框架。如果我们在不了解两个名称相似的账号做的内容质量时，内容简介就决定了陌生用户是否会给这

图 4-25　微信公众号简介修改页面

个账号一个深入了解的机会——点击"关注",因此它的重要性就不言而喻了。但是到底怎样才能写出吸引人的简介呢？运营者在写微信公众号内容简介时,最忌定位不明、无价值体现,只罗列一些表意模糊、看似美好的文字,我们应该注意微信公众号简介应用最少的字表明立场、陈述价值。简介就是告诉用户：你的微信公众号是做什么的？对用户有什么帮助？如何用简短的话语将这些内容表达清楚呢？主要有以下几点要求。

（一）表明价值

微信公众号"罗辑思维"的简介就非常言简意赅地表达出它的价值感（见图 4-26）。用户只要关注它,每天就能收到好书推荐,而用户判断是否对这本书感兴趣的时间成本也很低,只需要 60 秒,这个过程非常有趣,就像拆盲盒一样,每天都有新的期待。除此之外,该公众号还在简介里插入了商业 IP"罗胖"——罗振宇。我们可以参考这个结构来写简介,体现微信公众号的价值。

图 4-26　微信公众号"罗辑思维"简介

（二）简洁明了

微信公众号"练瑜伽"短短两行字的简介中信息量满满,既提供了账号价值——每天提供一段瑜伽免费视频教学,又告知了晨练时间,还表明账号定位是围绕瑜伽、健身、修心、美学和生活（见图 4-27）。在有限的字数内,新手写简介要把握好简洁明了这个原则,既不能贪心,写得太冗长,又不能输出无效,定位、价值都写得不清不楚。

图 4-27　微信公众号"练瑜伽"简介

（三）贴近真实生活

微信公众号"十点读书"在名称和简介中直接加入时间元素,深夜十点是一个非常私人的时间,是大部分用户的睡前时间,这个场景紧密地贴近了用户的真实生活,进而容易将用户拉入使用场景,将公众号的内容嵌入用户生活,在睡前读书、听文的习惯一旦养成,忠实用户就会快速沉淀下来,账号的商业属性也会因此得到提升（见图 4-28）。

图 4-28　微信公众号"十点读书"简介

（四）生动有趣

微信公众号"三只松鼠"的简介为"'CCTV·匠心坚果领先品牌'三只松鼠,股票代码 300783! 欢迎来玩,坚果我请!"可以说是简介设计得有趣且丰满的一个代表（见图 4-29）。在这段简介中,商业 IP 是既有实力（坚果领先品牌）又活泼可爱的小松鼠,想想自己买零食的时候还拥有了一只小萌宠,是不是非常有意思呢？

另外,这条简介给了我们一些启示,新手也可以设计一个有趣的 IP 或者形象,这个 IP 往高设计可以成为微信公众号中独一无二的意见领袖,往低设计可以是一个软萌可爱的小甜宠,你的用户将与这个 IP 形象产生无限互动,最好的结果就是未来的某一天这个 IP 具备了商业价值,实现盈利。

图 4-29　微信公众号"三只松鼠"简介

（五）独一无二的 IP

提到设计商业 IP，很多人都会不由自主地联想到自己的名字，会选择把 IP 和自己的名字关联起来做设计。值得注意的是，一定要上网搜索自己设计出来的 IP 名字，如果你选取的 IP 已经被很多人用过并且已经小有名气，或者已经在微信公众号上注册过无法使用的话，就需要重新选取一个 IP。

像微信公众号"邱老师身心调理讲堂"的简介（图 4-30），IP 就是"本人姓氏＋身份＋定位"，上网搜索此 IP 后，即会出现跟她本人信息相关的简介、书籍等内容，这个 IP 显然是成功有效的。

另外，设计出的 IP 相当于在微信公众号中为自己打造了一个人设，这个人设可以是信息分享者、陪伴者、学习者、树洞、逗乐的形象等。在微信公众号的简介、欢迎语等各个角落都应该留下 IP 的痕迹，与用户互动得越多，这个 IP 的形象就越成熟，用户信任度就越高，IP 的商业价值也就越高。

图 4-30　微信公众号"邱老师身心调理讲堂"简介

对于微信公众号策划运营零基础、暂时没有商业 IP 的运营者来说，写一个好的公众号内容简介绝对是吸引用户极其关键的一步。我们可以打开自己订阅的微信公众号列表，以用户思维来判断它们的简介是否吸引你，特别是新关注的或者比较小众的账号，去思考他们的简介有没有把这个账号定位的主题、价值等信息简洁明了地讲清楚，想想你当时为什么选择关注它，此刻你还愿意继续关注吗？

七、怎么写微信公众号欢迎语

欢迎语是用户关注微信公众号后第一次与创作者、运营者的近距离互动，如果只是干巴巴地打招呼就显得很敷衍，毕竟这时候用户对微信公众号的印象还是陌生的，微信公众号欢迎语除了需要热情地打招呼、欢迎用户之外，最好能够快速植入 IP、提供价值或是重复定位等。总之，欢迎语的目的是加深用户的好感度和提高用户对微信公众号的需求度。

（一）塑造自身及用户虚拟形象

1. 幽默账号"冷兔"欢迎语

"欢迎添加！我就是那只行走在搞笑前沿的兔子，想要快乐关注我就对了！"

2. 乐活账号"喵大白话"欢迎语

"恭喜你！喜提【沙雕神器】！这里是【喵大白话！（前身史上最贱喵）】发誓每日为你提供快乐源泉，如果你不开心，请务必来看我！我的名字是：史上最帅气质睿智高智商高情商偶尔大男人偶尔暖男偶尔小鲜肉的壮年美男子贱喵桑是也。"

（二）将用户导航至热门历史话题

1. 情感账号"李月亮"欢迎语

"哈喽，终于等到你。这里有一个看问题超准的作家。每天有百万粉丝听她讲热点，聊人性，分析世间百态。她的文章特别好看，你来了就会不想走，对了，这里还有全网最新的搞笑段子，每天都能让你笑一场，所以千万别取关。心情不好的时候，记得来。心情好的时候，更要来。月亮的往期爆文：《怎么评价王菲这个人？》《张文宏亲哥真实身份曝光，震惊所有人：原来最好的教育，就是要拼爹》《梁朝伟那么爱张曼玉，为什么却娶了刘嘉玲？》《孩子，我为什么宁可放弃五十万，也要逼你去读书》。每晚 8:30，好文奉上，不见不散。"

2. 美食账号"暖暖的味道官微"欢迎语

"盼了好久，您终于来了！这里是【暖暖的味道】，'500W＋'掌勺人的美食大家庭。这里不仅有每日更新的大厨菜谱、窍门、养生知识，还可以买到暖暖严选好食材、好厨具等；戳→【最新菜谱】这 4 种隔夜菜太危险，即使放冰箱也要扔掉！小心伤肝、中毒，尤其春天，很多人都大意了。戳→【每日更新】6000＋道家常菜，帮您轻松解决吃什么的实际难题～《暖暖的味道》节目公众号，每天下午 16:00 准时更新，记得准时来打卡哦～"

（三）提供价值，提高用户黏度

1. 情感账号"同道大叔"欢迎词

"来，说一下你是什么星座？给你把把脉。举例回复：摩羯、天秤、双鱼……公众号回复关键词'红包'，可以领取同道商城的 60 元红包！"

2. 财富账号"简七读财"欢迎词

"理财更简单，人生更自由。你好，我是简七～我想把纷繁复杂的金融世界读成一本小说，情节简单，结局明了。我会为你推送有趣、有用又易懂的理财知识科普，一起感知和应对世界的变化。在这里，你还可以：1.看科普文章。2.了解适合新手的「极简投资」。3.21 天财务整理计划。4.下载 APP，免费领 VIP 会员。更多新鲜全面的信息，欢迎点击下方菜单栏了解。"

（四）解决用户实时问题

1. 政务账号"上海发布"欢迎语

"欢迎关注'上海发布'微信。小布提供 25 项办事查询服务，进入微信界面"市政大厅"，点击相关栏目即可查询。目前热门功能包括：垃圾分类查询、公交实时到站、景区实时客流、入学信息查询、交通卡余额查询、网上预约出入境办证等。另，'上海便民信息数据库'又升级啦，我们对多个关键词进行了更新，回复以下数字或括号中的关键词即可查询：001【交通】002【轨交】003【教育】004【医疗】005【社保】006【民政】007【住房】008【文化】和【旅游】009【体育】011【WiFi】012【热线】。"

2. 旅行账号"旅行雷达"欢迎语

"好开心，朋友您终于来啦！旅行雷达使用技术手段，为您汇报最新最精确的旅行信息。雷达数据，所报机票价格均为'含税'真实总价，绝不以'税前低价'哗众取宠吸引眼球。有任何旅行相关问题，都可以联系我们。也欢迎来小号（旅行雷达助手）'调戏'小编。用真心服务,做良心雷达!"

(五)嵌入"关键词回复"提高用户活跃度

1. 科技账号"虎嗅 APP"欢迎语

"终于等到你~虎嗅是一个聚焦科技与创新的资讯平台,致力于为一切热爱思考与发现的用户,提供有效率的信息服务。【妙投】APP 隶属虎嗅旗下,专注为二级市场投资者提供决策型信息服务,点此送您一张妙投 7 天体验会员券>>,添加妙妙子微信(huxiuvip302)为您奉上一份投资锦囊。妙投会员"体验好礼"!妙投会员是个啥?回复【?】了解更多~"

2. 文化账号"每日豆瓣"欢迎语

"感谢你关注豆瓣订阅号!我们会收集最新鲜的热点内容,推荐在豆瓣中的精彩生活,帮你发现你可能感兴趣的未知事物。回复【广播精选】,查看豆瓣精彩广播。"

(六)预告文案发布时间

1. 科技账号"差评"欢迎语

"Hi,你好!欢迎关注差评~科技互联网正在改变世界,我们致力于告诉你,他们是如何改变世界的!正如我们的 Slogan 所说:Debug The World! 每晚 23:59,我们在这里等你~"

2. 文化账号"十点读书"欢迎语

"深夜十点,陪你读书。如果你是深度内容的爱好者,点击关注十点人物志,打开新世界的大门,遇见每一个值得被记录的人。我们在一起,让阅读绽放人生。"

(七)引流

1. 创业账号"36 氪"欢迎语

"Hello,欢迎登陆氪星!这里是 36 氪!我们将每天为你带来第一手的互联网资讯和最深度的行业观察,星标我们会更加方便~

早晨【8 点 1 氪】,互联网资讯尽收眼底;

下午【行业深度】,深度分析和预判,助你洞见未来;

晚间【热门新闻】,不只是简单的新闻,还有专业前沿的解读。

「让一部分人先看到未来」是我们的 slogan。接下来的日子,我们与你一同前行!

对了,还推荐你→→点击这里关注【36 氪 Pro】公众号。这是 36 氪旗下官方账号,提供独家的行业信息,帮 1% 的人捕捉商业先机。"

2. 职场账号"一亩三分地 Warald"欢迎语

"一亩三分地有四个订阅号。这个号专注提供华人在美国的求职、职场、签证、移民、生活信息,以及美国经济(尤其是互联网行业)深度分析。

第二个号:一亩三分地求职与职场,内容侧重留学生和华人在美国、加拿大、英国等国家找实习、找工作以及职场晋升等话题。

另外一个号:一亩三分地出国留学资讯,头像是浅色背景的'亩'字,专注提供留学信息,适合留学前期和申请阶段的读者,欢迎关注。

最后一个号:一亩三分地海外投资,头像是黄色背景的'亩'字,专注于投资理财、房产及资产配置,欢迎关注。

回复'APP',获得官方手机应用下载链接。建议您先进行微信注册/绑定,手机 APP 里就可以'每日签到'拿积分了。

注意：微信注册/绑定，可以在公众号底部菜单→联系我们中找到；已有账号可以直接登录APP。"

八、微信号与头像设计

（一）设计微信号

微信号的号码是微信公众号的唯一凭证，一年只能修改一次。微信号在设计的时候有几点需要注意：第一，必须是英文字母开头，大写小写都可以；第二，微信号需要由6~20位字母、数字、下划线、减号其中一项或几项组成；第三，字符只可以用减号"—"和下划线"_"两种。

一般情况下，我们会将微信号设计得简单易懂便于记忆，可以选择用纯拼音（缩写）、英文（缩写）或者与微信公众号相关的数字，例如微信公众号"央视新闻"的微信号设计成纯英文：cctvnewscenter（见图4-31），微信公众号"中国电信客服"的微信号设计成拼音缩写：zgdxkf（见图4-32）。这样的微信号基本上用户看过一遍就能记住。值得注意的是，微信号在设计时应该尽量避免暴露个人隐私信息，例如生日、QQ号码、手机号码、姓名等。

图4-31 微信公众号"央视新闻"介绍界面

（二）头像设计

对于一个陌生的微信公众号，头像往往会给用户留下重要的第一印象，在设计头像前运营者需要注意：上传头像的图片不可大于2M；格式只能为GIF、JPG、BMP、JPEG；在一个自然月中头像最多只能申请修改5次。

图 4-32 微信公众号"中国电信客服"介绍界面

1. 头像设计原则

在设计头像时要注意什么呢？应参考以下几个原则。

第一，头像一定要清晰。最好使用高清图片，图片大小在1～3M比较合适，分辨率高的图片看起来质感更好，更容易给用户留下微信公众号制作精良的优质印象。高清图片可在以下网站寻找灵感：Canva可画、Pexels、Unsplash、Pixabay、拍信、全景等。注意这里不是让大家选一张好看的图片来做头像，而是建议在微信公众号风格确定后，将图片与微信公众号名称和风格融合设计，再设置为头像。

第二，头像设计要简单明了。用户一看头像就能快速反应过来是哪一个微信公众号，这类头像记忆点非常明确，太过繁复的头像看的时间久了会让用户生厌，记忆点也比较弱。

第三，头像设计主色要鲜明。设计头像切忌花里胡哨、色彩缤纷，尽量不用暗色。颜色以两种最佳，对比度明显看起来更加干净，建议用品牌色，这样的头像会给用户留下深刻的印象（见图4-33）。

图 4-33 微信公众号"支付宝"头像

第四，微信公众号头像一定要直截了当地展现账号定位，能够结合微信公众号名字更佳。如果只是随意找一张图片做头像，对于用户来说，不仅难以定位微信公众号的主题，还很难产生深刻印象。

图 4-34　微信公众号"文化上市公司"头像

图 4-35　微信公众号"上海市招聘"头像

如果仅仅参考头像的话,首先来看图 4-34 的账号头像,它给用户的印象应该是与文物相关的一个账号,比如做文物知识相关内容分享,但它的账号名称是"文化上市公司",它的简介是"文化上市公司,代表了文化产业最为先进的生产力。本号由同济大学和华东政法大学联合研究团队共同创建,旨在分享文化企业研究成果,与您共同洞见文化产业的历史演进、世界格局、战略价值与未来大势"。相信账号的内容是优质的,但如果是陌生用户呢?用户即使拥有再丰富的想象力,也很难从一张文物图来清晰地了解账号的定位,仅仅因头像的问题便会白白错失多少流量。其次,我们看到图 4-35 的账号头像时,可以看出它用心地做了一个极简的设计,但仍然很难通过头像想象出它是做"上海市招聘"的账号,账号内容的需求量肯定是巨大的,但是头像与账号名称几乎没有相关度,这两个案例值得我们反思。最后,我们再来看一下微信公众号"樊登读书"的头像(见图 4-36),形象(一本打开的扣着的书)、IP(樊登)、账号定位(读书)三者融合在一起,即便没有任何简介,用户也能从头像了解账号的属性,这个头像的引流能力值得我们学习。

2. 头像设计类型

(1) 用微信公众号名称(缩写)作为头像。

这个类型的头像最为简单明了,无论之前是否有成熟品牌都可以设计成这种头像,在设计时应注意背景色最好用选定的品牌色。除此之外,字体也很重要,如果微信公众号的内容较为严肃,就可以选用比较四方板正的字体,如微信公众号"央视财经"的头像(见图 4-37)。而微信公众号内容轻松休闲就比较适用于有弧度的字体,如微信公众号"有书"的头像(见图 4-38)。

图 4-36　微信公众号"樊登读书"头像

图 4-37　微信公众号"央视财经"头像

图 4-38　微信公众号"有书"头像

(2) 用"图形/图样＋微信公众号名称"作为头像。

这个类型的头像可以加强品牌名称和微信公众号定位之间的联系。比如微信公众号"十点读书"的定位是"在深夜十点陪你读书",它的头像中设计了一个翻开的书本的剪影(见图 4-39),书本图形和账号名字做到了相互呼应,头像的设计非常完整。微信公众号"上海发布"的头像中包含着东方明珠等能代表上海这座城市的建筑图样的剪影(见图 4-40),仅仅从剪影就可得知这个微信公众号的内容一定与上海这座城市息息相关,而它的定位是代表上海市人民政府新闻办发布上海的资讯,微信公众号头像设计与它的账号定位高度一致、相得益彰,这就能让用户快速记住它。

(3) 用个人照片作为头像。

用个人照片作为头像这个方法一般适用于已有相对成熟的个人 IP 的类型。这样的账号在做微信公众号前就已经拥有相当数量的粉丝群体,微信公众号的创作可能就是用来沉淀粉丝流量的。在这样的情况下,仅仅用他的照片或者名字就能快速沉淀非常多的目标用户。这种账号的用户画像是非常清晰的,定位也非常清晰,对于后期新流量的引入有很大的帮助。例如微信公众号"凯叔讲故事"这个 IP,他的微信公众号头像始终是他自己扶着眼镜、眼神中充满好奇的一张照片(见图 4-41)。

图 4-39　微信公众号　　　图 4-40　微信公众号　　　图 4-41　微信公众号
　　"十点读书"头像　　　　　　"上海发布"头像　　　　　　"凯叔讲故事"头像

(4) 设计卡通形象作为头像。

设计卡通头像做微信公众号头像更适合新手入场,暂时没有成熟 IP 但是未来想做个人 IP 的微信公众号。一方面,头像中的卡通形象可以在简介或者欢迎语中用第一人称视角跟用户进行互动,以加深用户印象,在文案内容中也可以嵌入卡通形象 IP 来减少与用户的陌生感与隔阂。另一方面,陌生的卡通形象 IP 比陌生的真人 IP 更容易被用户接受,特别是线条流畅、外形圆润可爱的卡通形象 IP。

例如头像圆滚滚,专注于出品星座娱乐内容的漫画家"同道大叔"这个 IP(见图 4-42),这个账号做的主要是星座、漫画这类神秘又有趣的内容,因此特别需要调动用户的想象力,这时候如果用一个陌生真人的照片来做头像,就会破坏用户对于运营者和文案内容的想象力,甚至这类账号神秘的美感也失去了。而漫画头像就很容易调动用户对于"同道大叔"IP 形象的想象力和潜意识下的美化能力,因此"同道大叔"才会给用户留下十分亲切且有趣的印象。

图 4-42　微信公众号"同
　　道大叔"头像

对于没有画画或设计功底、又想做漫画头像 IP 的运营者来说,在具体设计的过程中,可以将账号定位与能简易设计出漫画脸的相关手机 APP 结合起来进行设计,如"激萌""漫画脸""PicsArt""一甜相机""漫画相机"等。值得注意的是,账号定位很重要,它与漫画头像的设计思路息息相关,绝不仅是拍一张漫画头像就能解决的,还要根据账号名称、定位思考调试头像的配色等。

(5) 用英文、拼音(缩写)作为头像。

最后一种头像设计类型主要用英文单词或拼音(缩写)做头像。这样的头像从视觉呈现效果上来讲是最简洁明了的,容易给用户留下深刻印象。例如从传统出版领域进军新媒体领域的微信公众号"Vista 看天下",其头像就是一个经过精心设计的红色字母 V,整体看上去非常醒目、清晰又简洁(见图 4-43)。

九、微信公众号的功能

当我们注册成功,填写好微信公众号名称、简介等相关资料,就会进入以下界面,左边是运营者运营时的功能列表目录,右边是特定项目的具体情况展示(见图 4-44 至图 4-47)。

(一)自动回复

对用户来说,现在是一个信息爆炸的时代,微信公众号种类

图 4-43　微信公众号"Vista 看天下"头像

图 4-44　微信公众号功能后台"内容与互动"界面

图 4-45　微信公众号功能后台"数据"界面

图 4-46　微信公众号功能后台"广告与服务"界面

图 4-47　微信公众号功能后台"设置与开发"界面

繁多,信息量越来越大,但质量却良莠不齐,因此对微信公众号运营者来说,在有限的用户数量中抢占他们的碎片时间这件事就显得尤为重要。大部分用户在关注微信公众号后可能就是偶尔看看微信公众号中感兴趣的内容,在没有引导的情况下很少会主动进行互动,因此我们一定要把握好提升微信公众号互动量的秘密武器——微信公众号"自动回复"功能。

设置方法:微信公众平台—内容与互动—自动回复。

在微信公众平台通过编辑内容或关键词规则,可以快速进行自动回复设置。自动回复包括三种形式:被关注回复、关键词回复、收到消息回复,如图 4-48 所示。我们可以设定文字、图片、音频、视频、视频号动态为自动回复内容,并制定自动回复的规则,当订阅用户的行为符合自动回复规则的时候,该用户就会收到自动回复的消息。

图 4-48　自动回复后台页面

1. 被关注回复

在微信公众平台设置被添加自动回复后,订阅用户在关注这个微信公众号时,微信公众号就会自动发送已设置好的文字、音频、图片、视频给订阅用户,运营者在设置后可根据需要"修改"或"删除"回复。

"被关注回复"是每个运营者首先要考虑的,它是用户订阅账号之后自动弹出的第一条回复。对于大部分不活跃的用户来说,这可能是微信公众号唯一一次与用户互动的机会,因此把握好这次机会就显得尤为重要。早期大部分账号在用户订阅后仅仅自动回复一段纯文字欢迎语(见图 4-49),其实单纯回复欢迎语意味着错失了一次引导用户与微信公众号互动的机会。运营者能引导用户的方式有很多,比如我们可以像微信公众号"好奇博士"一样,引导用户提出问题,再从提问中进行选题(见图 4-50);或者在欢迎语后可以引导用户回复一些点击量高的关键词,或是像微信公众号"丁香医生"的回复中,罗列一些自身的功能项、爆款文案的链接引导用户阅读等(见图 4-51)。还可以通过二维码或小程序的嵌入引流用户下载 APP 或进入其他渠道(见图 4-52)。

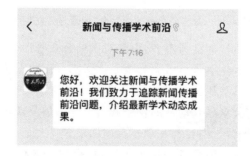

图 4-49　关注微信公众号"新闻与传播学术前沿"自动回复页面

2. 关键词回复

在微信公众平台可以通过添加规则(规则名最多为 60 个字符)设置关键词回复,订阅用

图 4-50　关注微信公众号"好奇博士"自动回复页面

图 4-51　关注微信公众号"丁香医生"自动回复页面

图 4-52　关注微信公众号"玩车教授"自动回复页面

户发送的消息内如果包含设置的关键字(关键字不超过 30 个字符,可选择是否"全匹配",如设置了"全匹配",则必须关键字全部匹配才生效),即可把设置在此规则中回复的内容自动发送给订阅用户。在设置关键词回复规则的时候,还有以下几种限制。

(1) 字数限制。

微信公众平台认证与非认证用户的关键词回复设置规则上限为 200 条规则(每条规则名称最多可设置 60 个字符),每条规则内最多设置 10 个关键词(每个关键字,最多可设置 30 个字符)、5 条回复(每条回复,最多可设置 300 个字符)。

(2) 规则限制。

运营者可通过微信公众平台设置多个关键词,如订阅用户发送的信息中含有设置的关键词,则系统会自动回复。同一规则中可设置 5 条回复内容,如设置了"回复全部",用户发送信息中含有已设置的关键词,则会将设置的多条回复全部发送,若未设置"回复全部",则会随机回复。

(3) 关键词限制。

①每个规则里可设置 10 个关键词,若设置了相同的关键词,但回复内容不同,系统会随机回复。

②每个规则里可设置 5 条回复内容,若设置了多个回复内容(没有设置"回复全部"),系统会随机回复。

③多条回复设置方法:点击关键词回复—添加规则—输入关键词匹配内容后,再添加内容,然后选择"回复全部"即可。

④关键词在设置时使用回车键分隔,输入回车键可添加多个关键词,每个关键词少于 30 个字符,切勿使用逗号、分号、顿号、句号进行区分。

(4) 完全匹配功能限制

①若选择了"全匹配",在编辑页面则会显示"全匹配":对方发送的内容与设置的关键词须完全一样,才会触发关键字回复,不能多一个字符也不能少一个字符。比如设置"123",仅回复"123"才会触发关键词回复。

②若没有选择全匹配的情况下,编辑页面则会显示"半匹配":只要对方发送内容包含设置的完整关键词,就会触发关键词回复给对方。比如设置"123",回复"1234"就会触发,但回复不完整的关键词,如"12"则不会触发关键词回复。

关键词回复是运营者通过编辑关键词及回复内容规则,使得用户在发送规定关键词后快速收到自动回复内容的设置,比如政务账号"上海发布"就通过设置关键词"001"的规则来引导用户搜索更加细分的交通信息(见图 4-53)。我们不仅可以把关键词回复功能运用到欢迎语的内容中,还可以频繁地引入最新的文案内容中,将该文案的阅读流量引入往期热点内容之中。

3. 收到消息回复

在微信公众平台设置消息自动回复后,用户在给微信公众号发送消息时,平台会自动回复用户已设置的文字、音频、图片、视频。

收到消息回复是运营者操作的后台页面,不同于关键词回复针对可预知的词汇设置的回复,收到消息回复应对的是用户发送的完全不可预知的内容。对于用户来说,在账号主页发送想了解的问题,这时后台就会收到消息,但是运营者往往无法做到秒回,因此为了提升用户体验,可以在收到消息回复后台页面设置一个自动回复,例如微信公众号"好奇博士"设置的自动回复虽然没有做到有针对性的回复,但也在给了用户秒回的体验下开展了下一轮互动引导——点击进入"好奇实验室"(见图4-54)。

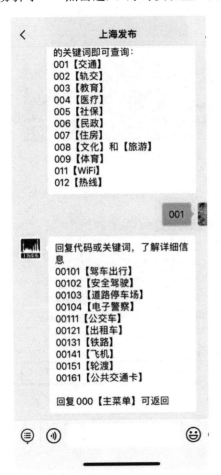 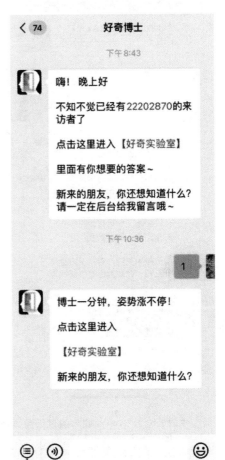

图4-53　微信公众号"上海发布"关键词回复页面　　图4-54　微信公众号"好奇博士"收到消息回复页面

另外,我们在设置回复时需要考虑用户向账号发送消息时的场景、需要的帮助,设置有引导性的、相对笼统的回复,例如苹果的微信公众号"Apple"在设置收到消息回复时就考虑到用户很可能是需要提供服务才发消息,因此在后台设置了关于订单、产品、技术支持等相关词汇设置,力求引导用户通过互动解决问题(见图4-55)。需要注意的是,收到消息回复功能是有一些限制的:1个小时内只能回复1~2条内容;暂不支持设置图文消息、网页地址消息回复;消息自动回复只能设置1条信息回复。

(二)自定义菜单

后台设置好的自定义菜单显示在微信公众号会话界面底部,菜单项按照账号需求来设定,并可以为它设置响应动作。用户可以通过点击菜单项,收到运营者设定的响应,比如接收消息、跳转链接等。需要注意的是,显示在界面底部的主菜单最多可以新建3个,单个主菜单最多输入4个汉字或8个字母,且仅支持中英文和数字。单个主菜单中最多添加5个子菜单,子菜单名称名字不多于8个汉字或16个字母(见图4-56)。

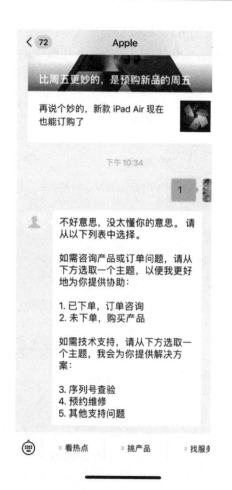 

图 4-55　微信公众号"Apple"收到消息回复页面　　图 4-56　微信公众号"陕西历史博物馆"菜单

设置方法：微信公众平台—内容与互动—自定义菜单—添加菜单—设置主菜单名称—设置子菜单名称—子菜单内容选择"发送消息/跳转网页/跳转小程序"—设置内容—保存并发布。

编辑中的菜单不会马上被用户看到，点击发布后，24小时后在手机端同步显示，粉丝不会收到更新提示，若多次编辑，以最后一次保存为准。菜单跳转的内容有3种，分别是发送消息、跳转网页和跳转小程序（见图4-57）。

1. 发送消息

发送消息功能可以为用户发送图文消息、图片、音频、视频、视频号动态、文字，选择这种类型的自定义菜单，用户点击后会在微信公众号对话窗口中直接向用户发送一条对应的消息。其中图文消息可以选择已发表的图文素材或者选择"转载文章"；图片可以从素材库中添加或直接上传本地图片；音频可以从素材库中选择，或自行上传音频，要求格式支持MP3、WMA、WAV、AMR、M4A，文件大小不超过200M，音频时长不超过2小时；视频可以从素材库选择或者新建视频自行上传，要求视频时长小于1小时，如果时长超出限制，可以通过腾讯视频上传，视频可以设置弹幕和话题标签，视频提前保存进素材库后才能设置自定义贴片，视频动态可以设置任意想选择的视频号；纯文字有认证限制，目前只有认证订阅号

图 4-57 自定义菜单后台页面

支持纯文字功能,非认证订阅号暂不支持该功能,纯文字最多可以输入 600 个汉字。

2. 跳转网页

目前未经过认证的个人订阅号只允许从自己的图文消息中选择相关链接跳转网页,不支持外部链接的跳转网页。选择这种类型的自定义菜单,用户点击后会打开微信浏览器,展示网页内容。认证过的个人订阅号可以选择外部链接跳转网页。

3. 跳转小程序

在选择跳转到小程序时,我们需要点击"选择小程序",在此之前一定要提前关联好小程序,否则无法选择小程序。

关联小程序步骤:微信公众平台—广告与服务—小程序管理。所有微信公众号都可开通此项功能,已关联的小程序可在各业务场景下使用,如群发文章、微信公众号介绍页、自定义菜单、模版消息等。

关联好小程序后就可以正常设置跳转小程序功能了。选择小程序后,还需要填写备用网页,以应对使用旧版本微信的用户(见图 4-58)。选择这种类型的自定义菜单,用户点击后会直接跳转到小程序。

(三) 投票管理

投票管理功能可以在比赛、选举等活动中收集用户意见,也可以提供参赛选手或其他内容信息给用户,让其参与投票。这个功能可以插入图文消息内进行群发,用户收到该群发消息后,进入图文消息即可参与投票,也可设置在关键词回复、自定义菜单等形式中参与。

例如微信公众号"上海发布"举办了一个名为"2020 年上海市十大健康新媒体"的网络投票(见图 4-59),在这条图文消息中介绍了每个健康类新媒体的基本情况供用户参考,最终结果会在后台投票管理中对应的投票标题中显示。

设置方法:微信公众平台—内容与互动—投票—新建投票。

图 4-58 跳转小程序后台页面

图 4-59 "2020 年上海市十大健康新媒体"网络投票页面

编辑投票功能的内容时,注意事项如下。

(1) 选项不能为空且长度不能超过 35 个字。

(2) 投票最多可设置 10 个问题,每个问题最多设置 30 个选项。

(3) 投票截止时间只能在当前时间之后的半年之内。

(4) 投票名称、问题项不能为空,且长度不能超过 35 个字。

(5) 投票内容一旦删除,投票数据无法恢复,且图文消息中不可查看。

(6) 投票图片为 300 像素×300 像素,格式为 PNG、JPG、GIF,大小不超过 1M。

(7) 后将统计该投票在各个渠道的综合结果总和,包括群发消息、自动回复、自定义菜单等。

(四) 话题标签

设置方法:微信公众平台—内容与互动—话题标签—创建话题—图文话题/视频话题/音频话题。

话题标签显示在微信公众号首页的顶部,它在同一话题内添加相同主题的内容,主要是方便用户连续浏览,例如微信公众号"十点读书"的话题标签就设置了 1000 本好书、十点态度、《红楼梦》专栏等(见图 4-60)。

话题标签功能支持创建图文话题、视频话题和音频话题。每篇文章最多添加 3 个话题标签,每天最多修改话题名称 1 次。话题标签支持分享给好友或分享到朋友圈,通过好友的分享,可以让更多的读者浏览发布的内容。同时,话题标签也支持收藏到微信,用户可以对持续关注的话题标签内容进行收藏,方便后续的持续阅读。需要注意的是,话题内的文章必须声明原创,并且一个话题下限制 200 篇文章。运营者在设置话题标签时,只要同一话题标签不少于两篇文章,就可以打开"文末连续阅读"功能,用户可以快速查看该话题标签包含的文案,快速切换文章,方便用户使用。例如微信公众号"胡师姐新传考研"中的话题标签——你想看的上岸经验贴合集(见图 4-61)。如果文章所属多个话题,仅显示话题内容中最前面的话题内容。

对于用户来说,在朋友圈或者聊天中添加话题标签也非常简单,只需要在朋友圈或聊天中插入"#"符号和具体内容,例如在微信聊天时输入"#上海发布",点击发送生成的蓝字会直接跳转到"上海发布"的相关内容中去(见图 4-62)。与此同时,用户也可以收藏感兴趣的话题标签,方便未来持续阅读。对于运营者来说,用好话题标签可以有效增加微信公众号的活跃度,提升阅读量。

(五) 赞赏功能

设置方法:微信公众平台—内容与互动—赞赏。

赞赏账户用于原创内容的赞赏收款,运营者打开赞赏账户后可以开启赞赏功能,暂支持图文、视频,用户消费原创内容后通过"喜欢作者"向作者赞赏,赞赏款项由对应的赞赏账户收取。

满足下面两个条件中的任意一个就可以邀请开通赞赏账户:第一,以同一作者署名发表 3 篇及以上的原创图文;第二,发表 3 篇及以上的原创视频,不包括图文内的视频。完成这一步后会在后台收到通知,就可以邀请开通赞赏账户了,同一微信公众号最多可以邀请开通 3

图 4-60　微信公众号"十点读书"话题标签页面　　图 4-61　微信公众号"胡师姐新传考研"话题标签详情页

个赞赏账户。

需要注意的是,邀请开通的赞赏账户可以是微信公众号,也可以是原创作者微信的微信号,也就是微信公众号向原创作者发出开通赞赏的申请,作者需要关注该微信公众号,一个作者账号可以绑定 10 个微信公众号。邀请完成后,对应的账号就会收到服务通知,点击通知,设置接收赞赏账号,设置收款账户名称,每个账号只有 1 次改名机会。除此之外,赞赏账户、微信公众号名称遵循全平台名称唯一,同主体或同管理员的情况下,赞赏账户名称可以和微信公众号或小程序保持一致。

怎样设置赞赏引导语和赞赏默认金额呢?运营者可以打开手机搜索进入"赞赏账户"小程序,点击头像,在"收款设置"里可以设置赞赏引导语和具体的赞赏金额,用户的赞赏会在 7 天后到达赞赏账户对应的微信零钱账户。电脑版赞赏回复设置方法:微信公众平台—内容与互动—赞赏—赞赏回复设置(见图 4-63),赞赏回复字数不能超过 100 个字。

那么,创建赞赏账户后,怎样接收来自读者的赞赏?我们可以在"赞赏账户"小程序中点击头像,在"可收款微信公众号"里添加微信公众号。关于图文设置的赞赏,我们可以在对图文声明原创时,输入赞赏账户名进行查找,选择赞赏账户的图文可以开启赞赏。对视频设置的赞赏,我们可以群发原创视频(非图文中视频),勾选"赞赏",输入赞赏账户名并查找确认,

图 4-62　微信公众号"♯上海发布"话题标签页面

图 4-63　赞赏回复设置后台页面

群发后赞赏可生效。对于已关注微信公众号的用户来说,收到回复的赞赏用户会在"订阅号消息"中收到通知,点击后,将在微信公众号与用户的会话中展示内容。如果用户收到的回复是"图片+文字",将收到两条消息。对于未关注微信公众号的用户来说,收到回复的赞赏用户会在"服务通知"中收到通知,点击后将在一个独立的网页展示内容。如果文案作者不是管理者,也可以使用赞赏回复功能,但作者仅会在"服务通知"里收到赞赏回复的通知和内容。

补充资料

赞赏款项未及时到账怎么办?

赞赏的资金会结算到作者开通的个人微信号中,结算周期为"T+7"天。作者可以通过"赞赏账户"小程序查看赞赏明细。常见的资金未到账原因有以下几种。

(1) 该赞赏账户绑定的个人微信号的实名信息与创建赞赏账户时填写的实名信息不一致。

① 解决方法:将已绑定赞赏账户的个人微信号的实名信息修改为与赞赏账户的实名信息一致,修改一致后,款项将会陆续到账。

② 赞赏账户实名信息查看方式:使用该赞赏账户绑定的个人微信号,登录"赞赏账户"小程序—点击赞赏账户名称—实名信息。

③ 个人微信号实名信息查看方式:我—支付—页面右上角"…"→实名认证。

(2) 赞赏账户绑定的个人微信号未进行实名认证。

① 解决方法:将已绑定赞赏账户的个人微信号进行实名认证,且实名信息需与该赞赏账户创建时的实名信息一致,操作后,款项将会陆续到账。

② 个人微信实名信息查看方式:我—支付—页面右上角"…"—实名认证。

(3) 赞赏账户绑定的个人微信号被冻结。

解决方法:登录该个人微信号,并根据页面指引进行解除冻结操作后,款项将会陆续到账。

(六) 原创

设置方法:微信公众平台—内容与互动—原创。

原创是提供给原创作者保护原创内容的功能。原创文章在原创声明成功后,微信公众平台会对原创文章添加"原创"标识,当其他用户在微信公众平台发布已进行原创声明的文章时,系统会为其注明出处。原创功能类型分为图文原创、视频原创、漫画原创,除此之外,原创还添加了"全局可转载账号"功能(见图4-64)。

图文原创要求发表的文案字数需要大于300个字,其中不包括标点符号、空格等,即使原创文字远远大于300个字,但通过官方引用文字占总篇幅的50%以上时,仍然无法申请原创。视频原创要求在微信公众平台上传视频时才可以声明原创,已上传的视频不支持更改为原创状态,可通过微信公众平台后台重新上传历史视频并声明原创,成功声明原创的视频将进入原创库而获得保护。另外要求文字不低于300个字,且不包括标点符号、空格等。开通漫画原创需要发表过至少3篇漫画内容、原创能力未被封禁的微信公众号才能申请。开

第四章 微信公众号策划与运营

图 4-64 原创功能后台页面

通后,发表漫画图片至少需要 4 张图片、字数要少于 300 字即可声明原创。在内容上,原创的漫画作品通过绘画形式讲述故事情节或表达个人观点,要具有一定的故事性、叙事性和逻辑性。普通的摄影作品、插画、表情包等无故事性、叙事性、逻辑性的图片无法申请原创。

一条优质的原创文案不免会被很多微信公众号提出转载的申请,如果想开通转载权限,可以选择"原创"中的"转载设置"。开通"单篇可转载账号"可以通过添加转载账号,授予指定微信公众号对该篇图文具有"可修改"或"不显示转载来源"的转载权限,如果需要修改"全局转载账号"的权限,可以授权指定微信公众号"全局可转载账号"权限来进行修改。

在运营者编辑好微信公众号内容后,编辑页面会出现绿色标志"声明原创",一旦发布成功,文案顶部就会出现"原创"二字。但如果这篇文章在其他平台上发布过,被其他微信公众号运营者看到并转载,尽管他们没有申请原创,原创作者在微信公众号上也无法申请原创标志。因此运营者应该尽量把原创内容先发布至微信公众号再考虑发布到其他平台,或同一时间将原创文章一同上传至几个平台。值得注意的是,在实际操作过程中,运营者经常会遇到申请原创群发时被拦截的情况,切忌强行群发,一定要阅读拦截提示,可在拦截页面发起申诉。

拓展资料

微信公众平台文章原创保护指引[①]

公众平台鼓励用户就自行创作并发布的作品标识原创,但作品本身应受著作权法保护

---

① 资料来源:https://mp.weixin.qq.com/cgi-bin/announce?action=getannouncement&key=11565151480ZCKVy&version=1&lang=zh_CN&platform=2。

(如公开性质内容不具备著作权,则不在原创范围内)且不得侵犯他人权益(如未获得授权的翻译加工等)、符合平台运营规范(如营销宣传内容及其他违法违规内容不在原创范围内)。

文章原创标识属于发布方对所发布文字内容中自行创作部分的著作权或著作权来源的单方面声明。平台会通过系统的方式对文字进行一定的识别比对,成功声明原创的文字,并不代表内容一定符合原创要求(如有异议,请按文章原创保护整体措施,据具体场景需求进行申诉或者投诉),最终以平台原创运营规范为准,详情请查看《微信公众平台运营规范》。

(七)视频弹幕

设置方法:微信公众平台—内容与互动—视频弹幕。

视频弹幕是用户基于视频时间线开展互动的功能。运营者需要在微信公众平台后台上传视频,且要以视频消息的方式群发出去,但是图文中插入的视频素材暂不支持弹幕功能。

弹幕发送口在视频底部,用户可以在看视频时轻松发弹幕,发出的弹幕会即时展现在视频页面(见图 4-65)。运营者可以在微信公众平台后台管理弹幕列表,对弹幕进行查看、删除、优先展示等,可以优先展示精彩有趣的弹幕内容。在任一位置修改视频的弹幕设置,所有位置都将同步生效,包括图文消息、视频消息和素材库。另外,开启"屏蔽骚扰弹幕"后,存在骚扰行为的弹幕会自动进入垃圾箱。

图 4-65 微信公众号"这里是微信 G"视频弹幕页面

(八)号内搜索

设置方法:微信公众平台—内容与互动—号内搜索。

设置微信公众号推荐搜索关键词,帮助用户快捷检索号内关联内容。用户可以通过微信公众号首页放大镜符号进入搜索栏,运营者可以设置自己推荐的搜索词语,例如提供配音机会的微信公众号"声语繁星"设置的关键词都是与配音相关的词语(见图 4-66)。

第四章　微信公众号策划与运营　173

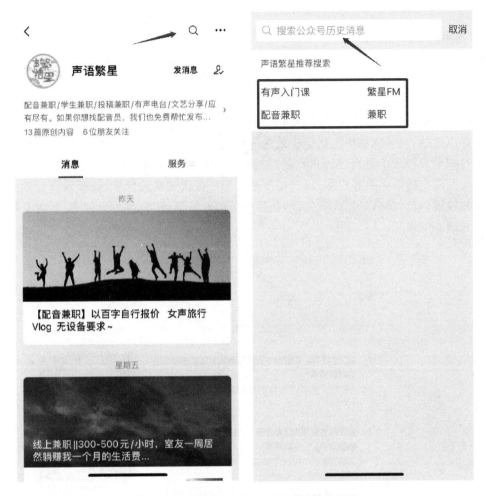

图 4-66　微信公众号"声语繁星"关键词页面

第二节　文案策划与运营

一、选题

选题是文案策划中最重要的一环,它直接决定了微信公众号的活跃用户数量。鉴于运营一个微信公众号需要定时定量地为用户提供优质内容,输出量要求非常大,不能完全依靠运营者瞬间产生的灵感,运营者应该养成日常积累素材的好习惯。为了稳定控制每一篇文案的质量,运营者需要在文案被提上日程之前建立一个有效稳定的选题库,这样对于运营者来说既能轻松把控后续文案的质量,又能有条不紊地推进其他工作的进行。既然选题不能凭空想象或依靠乍现的灵光,那么我们怎样才能积累优质、关注度高的选题呢？积累选题有以下几个要点。

(一)来源于热点信息

1. 善用网站搜索热点

1)知乎

知乎作为一个知识分享社区,吸引了各类用户在这个平台上分享自己的知识、经验和见解,我们日常可以多浏览、关注知乎的热榜、热搜或与自己运营的微信公众号相关的话题,如果一个微信公众号定位的主题是考研,我们可以搜索"考研"这个话题,页面就会出现与考研相关的热门话题,再从这些热门话题中挑选优质的选题即可(见图 4-67)。除此之外,我们还可以通过知乎日报来了解当日的热点新闻或讨论度较高的话题,知乎日报是知乎推出的一款拥有千万用户的资讯类客户端,每日提供来自知乎社区的精选问答,还开设有国内一流媒体的专栏特稿,每天都会更新优质文章,包括权威的时事解读、有趣的生活建议,也是一个非常适合找热点的途径。

图 4-67 知乎热榜

2)微博

在微博这一社交平台中,可供运营者搜索的主题更加细致垂直,可以从微博热门话题、微博实时热点、头条、热搜榜、24 小时榜、1 小时榜、周榜、月榜、男榜、女榜,甚至是从行业知名博主、媒体类博主等各个地方找到热点话题。在这个平台,我们可以轻松地找到此时此刻最受关注、最热门的话题(见图 4-68)。

3)哔哩哔哩

哔哩哔哩,英文名称是 bilibili,是中国年轻一代高度聚集的文化社区和视频平台,被粉

第四章 微信公众号策划与运营

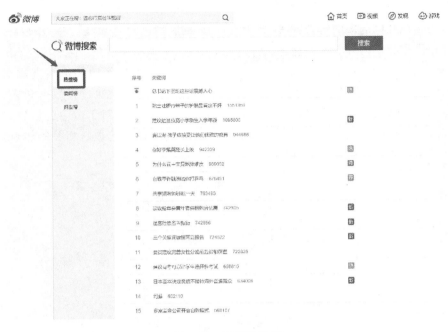

图 4-68 微博热搜榜

丝们亲切地称为"B 站",其围绕用户、创作者和内容,构建了一个源源不断产生优质内容的生态系统。B 站已经涵盖动画、番剧、直播、鬼畜等 7000 多个兴趣圈层的多元文化社区,我们可以在该平台首页"热门"中找到当下 B 站热度最高的稿件、各个领域中新奇好玩的优质内容,从而发掘热点内容(见图 4-69)。点击"热门",根据其中稿件内容质量、近期点击率、评论等数据,可以看到标识着分数的"排行榜",即本时段内点击率最高的视频排名。当然,也可以通过关键词搜索找到自己所运营的微信公众号的垂直内容。

图 4-69 哔哩哔哩首页"热门"区域

4)小红书

小红书是以社区起家的短视频APP,其中70%的新增用户是90后。一开始,该平台用户主要在社区里分享海外购物经验,到后来,除了美妆、个护相关信息,小红书上还出现了关于运动、旅游、家居、旅行、酒店、餐馆等的信息分享,触及了消费经验和生活方式的方方面面。2016年初,小红书将人工运营内容改成了机器分发的形式。通过大数据和人工智能,将社区中的内容精准匹配给感兴趣的用户,从而提升用户体验。对于微信公众号运营者来讲,当你在小红书选定自己关注的细分领域后,后台就会持续推送最新相关的热点内容,可以从这些信息中寻找选题灵感(见图4-70)。

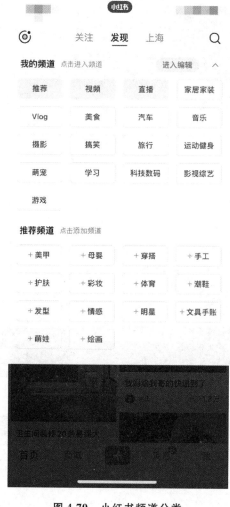

图4-70 小红书频道分类

5)爱奇艺

爱奇艺风云榜是按照影视内容热度值进行排序的榜单(见图4-71),从爱奇艺内容热度的构成维度可以看出,观看行为、互动行为、分享行为等都与用户在线实时行为密切相关,榜单中的"总榜""热播榜""热搜榜""飙升榜""泡泡UP榜"都可以成为热点来源、热点素材,作为微信公众号运营者,我们可以将选题与热播剧结合起来,这样不仅能增加点击率,还会加深用户对微信公众号的印象。

图 4-71 爱奇艺风云榜

6)百度热搜

运营者还可以通过百度热搜查看数亿网民关注的实时热点,百度热搜共包含 9 个榜单,分别是热点榜、小说榜、电影榜、电视剧榜、动漫榜、综艺榜、纪录片榜、游戏榜和汽车榜。其中,热点榜主要反映热点事件在百度平台的热度,其他榜单主要反映榜单内关键词在百度平台的热度(见图 4-72)。

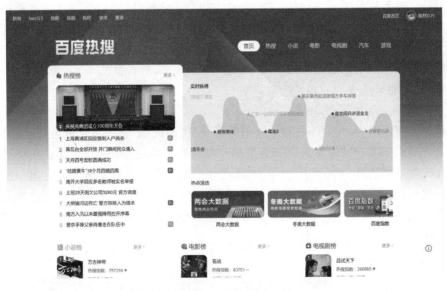

图 4-72 百度热搜

2. 善用专业榜单平台

1)新榜指数

以榜单为切口,新榜向众多 500 强企业、政府机构提供线上、线下数据产品服务,"号内搜""新榜认证""分钟级监测"获得广泛应用。在协同内容创业者商业化方面,新榜依托数据挖掘分析能力,建立用户画像和效果监测系统,连接品牌广告主和品牌自媒体,用一年时间迅速成长为 KOL(关键意见领袖)、自媒体原生广告的服务商之一,旗下电商导购服务团队也已成为连接自媒体和供应链的重要桥梁和平台。

2) 百度指数

百度指数是以百度海量网民行为数据为基础的数据分析平台,是当前互联网乃至整个数据时代重要的统计分析平台之一,自发布之日起便成为众多企业营销决策的重要依据。"世界很复杂,百度更懂你",百度指数能够告诉用户:某个关键词在百度的搜索规模有多大、一段时间内的涨跌态势以及相关的新闻舆论变化,关注这些词的网民是什么样的,分布在哪里,同时他们还搜了哪些相关的词,可以帮助用户优化数字营销活动方案。对个人而言,大到置业时机、报考学校、入职企业发展趋势,小到约会、旅游目的地选择,百度指数可以助其实现"智赢人生";对于企业而言,竞品追踪、受众分析、传播效果等,均以科学图标全景呈现,"智胜市场"变得轻松简单。大数据驱动每个人的发展,而百度倡导数据决策的生活方式,正是为了让更多人意识到数据的价值。

3) 新浪微博微指数

微指数是对提及量、阅读量、互动量加权得出的综合指数,更加全面地体现关键词在微博上的热度情况。微指数实时捕捉当前社会热点事件、热点话题等,快速反映舆论走向,能为政府、企业、个人和机构的舆情研究提供重要的数据服务支持。

4) 微信指数

微信指数是基于微信大数据的移动端指数产品,能反映关键词在微信内的热度变化。微信指数整合了微信上的搜索和浏览行为数据,基于对海量数据的分析,可以形成当日、最近 7 日、最近 30 日以及最近 90 日的关键词动态指数变化情况,用户可以方便地看到某个词语在一段时间内的热度趋势和最新指数动态。它所反映的热度变化来源于对微信搜索、微信公众号文章以及朋友圈公开转发文章形成的综合分析。它可以提供社会舆情的监测,能实时了解互联网用户当前较为关注的社会问题、热点事件、舆论焦点等,方便政府、企业对舆情进行研究,从而形成有效的舆情应对方案。

5) 好搜指数

又称 360 搜索指数,用户不仅可以查看最近 7 日、最近 30 日的单日指数,还可以自定义时间查询。是以 360 网站海量网民行为数据为基础的数据分享平台,是当前互联网乃至整个数据时代重要的统计分析平台之一,也是众多企业营销决策的重要依据。360 搜索指数能够告诉用户:某个关键词在 360 网站的搜索规模有多大,一段时间内的涨跌态势及相关的新闻舆论变化,关注这些词的网民是什么样的,分布在哪里,他们同时还搜了哪些相关的词,帮助用户优化数字营销活动方案。

(二) 在留言区找选题

在微信公众号日常的选题中,运营者要关注用户的互动留言,特别是其他用户认同度高的留言。优质微信公众号会经常选取留言中获赞数较高的话题作为之后的文案选题,这样就能通过该文案快速反馈用户留言,形成良好的服务和互动感受,既能快速地满足用户需求,又能高效开拓选题库,完成微信公众号与用户之间的深层互动,激发用户的参与感。留言区成为选题的重要来源之一。

例如，"丁香医生"作为科普医药小知识的微信公众号，某期文案留言栏中，一用户询问抗生素和消炎药的区别，运营者很快予以回复，并安排发布了《抗生素≠消炎药！用错后果很严重，一招轻松辨别》一文（见图4-73）。在用户了解、习惯这样的双向互动后，就会更加积极地在留言区域提问，这样循环往复下去，微信公众号不仅能沉淀忠实的目标用户，营造良好的社区氛围，还活跃了后台的数据。

图4-73 微信公众号"丁香医生"选题来源

（三）学习优秀的同类微信公众号

首先，运营者可以通过"新榜"等网站来了解跟自己运营同品类的微信公众号的排名情况。其次，运营者根据偏好选择几个微信公众号来关注、了解，思考它们选题的方式、规律、共同点及区别。再次，可以考察选题的切入点、立意、深度、内容结构、行文风格、素材选择等。最后，如果选题一致或趋同，还应关注这几个微信公众号文案的发布时间、总阅读数、是否为头条、总"在看"数、用户评论等数据，选题重点要深挖其没关注到但有意思的选题切入口和用户想看却没写透的角度。

（四）规范选题工作流程

学会如何选题后，运营者要逐渐将微信公众号选题工作规范化、流程化。

（1）应该每周对上周发布的文案的数据进行分析，了解目标受众近期的关注点与偏好趋势。

(2) 每周二前拟定 30 篇文章选题。

(3) 讨论后确定下周具体发布的选题。

(4) 每周三填写本周选题排期表(见表 4-5)。

表 4-5　本周选题排期表

发布时间	标题	时间	图文排行	选题类型	是否原创/来源	播讲时间	备注
2022.1.1	《绯闻 20 年后,周杰伦蔡依林唱哭 3 亿人:终于看开爱回不来……》	星期二	头/次/三	女性励志/健康生活/亲子关系/职场技巧/经典解读/热点评述	原创/来源其他内容平台	7分11秒	商业软文广告

二、标题

微信公众号的使用场景与其他平台不同,受众往往是利用碎片化的时间通过手机完成浏览、阅读行为,而且微信公众号的基数庞大,每人每天接收到所关注账号发送的内容是海量的,因此在设计标题时,运营者需要考虑的重点就是文案标题否能在一瞬间抓住用户的眼球,并能引起用户的好奇心进而阅读文案。以下是一些常用的设计标题的方法。

(一)疑问句:充分调动用户好奇心

举例:

①《有一个高情商的男友是一种什么体验?》

②《交 15 年社保和交 25 年社保,退休后养老金差距有多大?》

(二)悬念性词语:冲击力强,吸引力强

举例:

①《震惊!淘宝上居然还能买到这些东西?》

②《必须收藏!均价 20 出头,上海各大医院自制"神"药大公开》

③《利润超过 400%!这个暴利行业,正在慢慢杀死你》

（三）巧用数字

举例：

①《找文献必备！5个网站帮你找到99％的电子书》

②《史上最全新娘买买买清单(100样必备单品)》

（四）利用名人效应

举例：

①《张小龙、雷军、刘强东、周鸿祎等10位大佬,最失败的项目是什么?》

②《中国"顶级天团"的家世背景曝光,原来这才是他们厉害的真相》

（五）关乎用户实际利益

举例：

①《一招教你如何不花钱查询托福考位》

②《@所有女生！Lily:商场？ 599,这里？ 66!》

③《上海启动在沪居住台胞新冠疫苗预约接种,4月19日起可预约》

（六）巧用地域

举例：

①《山东女子回乡自救指南》

②《今天起,上海这些东西通通免费》

（七）共情:调动情绪,满足用户情感需求

举例：

①《抱歉,我们没这么熟》

②《那些不回微信的人》

（八）警告性标题

举例：

①《中方宣布制裁!》

②《这项检查让无数老人避免失明,推荐爸妈都该去查》

（九）犹抱琵琶半遮面:不完整的标题也很吸引用户

举例：

①《深更半夜,我突然看到一张脸……》

②《第一批吃素的网红博主,身体已经垮了……》

（十）与共识相逆

举例：

①《租客搬走前的这波操作,亮了》

②《讲真,水果打成汁,不比可乐健康多少》

（十一）结合热点新闻、热播剧

举例：

①《〈三十而已〉:好的婚姻,一定要三观相同,步调一致》

②《〈三十而已〉大结局曝光,隐藏的 12 个彩蛋,细思极恐!》

(十二) 借助权威机构

举例:

①《NASA 一直没有对外公布的信息》

②《尺度惊人!央视这片把我看傻了……》

三、文案

作为运营者,一定要明白微信公众号的文案内容是具有特殊性的,与我们平时写的随笔不同,发布的文案不是用来自娱自乐的。很多人写文案时一味地追求文章的深度和猎奇的角度,其实只是满足了自己,没有考虑到文案的受众范围,也没有关注到用户的体验、需求和理解能力,因此会失去很多原本设定的目标用户。

另外,在创作微信公众号的文案内容时,我们要特别注意内容的传播度和转化率,好的文案不一定有多深刻,但是一定能在此时此刻获得目标用户的认同,用户通过阅读逐渐认同这个微信公众号,他才有可能成为粉丝并进行转发、互动行为,从而提升账号活跃度。接下来,我们就文案中的具体内容一一展开分析。

(一) 文案类型

1. 点评类

举例:

①《刚刚,美方对华又有新动作!假期 12 大消息影响节后行情(附股+点评)》

②《【解局】谁是祸害新疆的"内鬼"?》

2. 采访类

举例:

①《97 岁奶奶绝色一生,被封人间国宝》

②《百名记者采访百名党员"铁军新木兰"》

3. 集锦类

举例:

①《找文献必备!5 个网站帮你找到 99% 的电子书》

②《收藏!上海公布 35 家市级医院咨询电话》

4. 资讯类

举例:

①《北京最新通报!》

②《产证"立等可取"!沪推出不动产登记服务改革 4.0 新政(附办理攻略)》

5. 知识干货类

举例:

①《来自 35 所院校的亲学长学姐要来给你讲课啦!精准择校就是现在!》

②《有种药随便用很伤身,很多人还经常吃》

(二)表现形式

1. 文字＋图片(见图 4-74)

图 4-74　微信公众号"凯哥讲故事"文案

2. 文字＋视频(见图 4-75)

图 4-75　微信公众号"侠客岛"文案

3. 音频＋文字（见图 4-76）

图 4-76　微信公众号"罗辑思维"文案

4. 文字＋视频号（见图 4-77）

图 4-77　微信公众号"央视新闻"文案

5. 纯文字（见图 4-78）

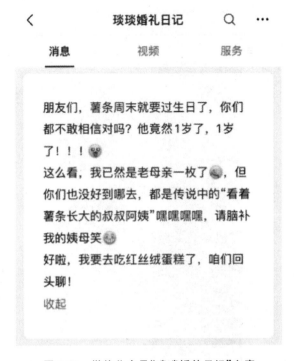

图 4-78　微信公众号"琰琰婚礼日记"文案

6. 一条语音（见图 4-79）

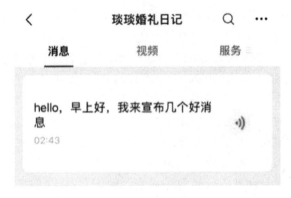

图 4-79　微信公众号"琰琰婚礼日记"文案

7. 长图(见图4-80)

图4-80　微信公众号"大学生兼职"文案

(三)文案立意

一篇好的文案,不仅体现在阅读数量为"10万+",还体现在转发量、"在看"数量、评论数量等,这些数据都反映了用户对文章深深的认同和关注。在动笔之前,我们要明确写作动机是什么,大致构思一下,是写带观点的点评类文案,还是满含价值的知识干货类文案?一个高质量的微信公众号想要常出"10万+"文案,就需要在文章的立意上下功夫。

简单来说,文案要聚焦于人们真正关心、乐于传播、深切认同或者感到震撼的事情。要写出好文案,我们关注的第一个维度应该是"人"与"世界"的相处之道。一个人每天都要做很多选择,这些选择就是我们与这个世界的相处之道,比如晚上的夜宵要不要吃、要不要做完今天的作业再休息、周末是在家休息还是和很久没见的老朋友聚会,等等,人们往往对其他人如何面对选择、如何与世界相处非常感兴趣。例如文案《在职场上,歌唱和点赞也是要有资格的》关注了职场新人与职场老人如何相处的问题;文案《我听过最大的谎言,就是"改天请你吃饭"》关注的是一个人该如何与"虚情假意"的朋友相处的现象。这些大大小小的问题和选择构成了我们的生活,因此这种相处之道是好的立意必备的第一维度。

要关注的第二个维度是文案的高度和深度,例如,《我家的墙面超级整洁》这种文案不可能成为"爆款"文案,但如果改为《保持墙面整洁为什么能延长我3年寿命》,显然点击率就会大大增加,因为立意从墙面这一客观情况转移到了整洁和长寿的关系上。

第三个维度是，好的立意一定要从矛盾入手。文案的立意既要关注"人"，也要关注"世界"。第一种情况是对于一件事情，我们的观点与外在世界的观点一致；第二种情况是我们的观点与外在世界的观点不一致。在这里我们只需要重点关注观点不一致的情况，当自己认同一件事，而外在世界不认同的时候；抑或是自己不认同一件事，而外在世界却认同的时候，矛盾就产生了。如何与这个世界相处就成为一件很有意思的事情，"爆款"文案往往也由此而来，当我们将与外界不一致的观点细细分解出来时，这样的文章往往吸引力强又震撼人心，因为外界可能从未思考过你的角度，例如文章《深到骨子里的教养，是接纳别人的不完美》，一组矛盾是自己与他人是否有教养，另一组矛盾是自己与他人是否完美。

第四个维度是，出现矛盾后要辩证地解决矛盾。例如文案《深到骨子里的教养，是接纳别人的不完美》呈现了两种情况：第一种情况是，一个人很有教养但别人不完美，解决的方式可以是包容他人的不完美并一起成长；第二种情况是，一个人不完美，但他人很好且有教养，于是这个人见贤思齐，希望靠近他人并成为更好的人。

总而言之，文案一定要从"人"与"世界"的相处入手，抓住矛盾，辩证地解决矛盾以形成好的立意。

（四）文案切入点

第一，解决痛点。思考一下，对于微信公众号的目标用户来说，是否有什么问题是很难解决但又普遍存在的？比如对于大学生来说，梳理细致的课堂笔记是他们所需要的；对于宝妈来说，儿童的饮食和人身安全是其最关注的；对于中老年人来说，养老问题是他们特别想要了解的。如果你的文案可以针对目标用户提出一些非常新的观点或解决问题的方法，那一定会很受欢迎。

第二，结合热点事件或热播剧。当你发现一个事件或一部剧开始有发酵的苗头，就要尽快着手准备与之相关的素材库，思考文案立意和切入点。除此之外，也要关注这些事件或影视剧在百度指数等网站上的用户关注度走向，随时关注热点事件的生命周期，不要过早消费热点，也不能待热点过时后再结合其写文案。

第三，结合情感和两性话题。情感和两性话题是人类不分国界永恒关注的论题，很多时候，用户需要通过文案对外在世界表达一些他们难以表达或说不清楚的观点和看法，我们需要契合目标用户的心理，将他们潜在的情绪用文字清晰地表达出来。特别是一些"不那么温和"的观点，用户平时可能很难说出口，但转发、评论或点赞这样的文章就能表明他们的态度。

第四，逆向思维。在构思文案的切入点时，学会逆向思维、制造"矛盾"很重要。在人际交往中，沉默的螺旋理论非常适用，当你身边越多的朋友正向评论一件事情，你就越难给出负面的评论。但是，大多数用户只会关注到前几个给出正向观点的文章，如果你的文案仍旧在附和已经根植于用户心里的观点，那么想写出"爆款"文案就非常困难。在互联网这个环境中，沉默的螺旋理论的效果已经层层削弱，我们也更有勇气在道德约束内发表自己的反向观点，或者对于一件事情表述自己与众不同的看法，一旦这样新颖、出人意料的观点被发布出来，一定会得到目标用户广泛地关注与讨论。

（五）理清文案思路

文案编辑每天工作较为繁杂，因此建议新手编辑借助文案筹备表来帮助自己理清思路，如表 4-6 所示,表格可以根据微信公众号风格的具体情况进行类目的增减。

表 4-6 文案筹备表

文案筹备表	
选题	
标题	
发布时间	
文案类型	
表现形式	
文案立意	
切入点	
素材	1.
	2.
	3.
	4.

除此之外,为了有效管理文案素材,应建立完善的素材库,并勤于分类整理。好的习惯是成功的开始,很多微信公众号的运营者都会建立 PC 端、移动端同时可操作的在线编辑文件夹,如石墨文档、腾讯文档等,文件夹中包含选题库、标题库、图库、经典句库等。

有了这样一个管理素材的文件夹,无论以后我们有了什么新创意、收集到了什么新素材,都可以随时填充进去。对于运营者来说,留意生活中的问题、现象,积累刹那间的灵感绝对是笔不小的财富,实时记录这些想法、素材、选题,养成这样的好习惯,会让文案的写作变得更加轻松。

四、文案排版工具

好的排版能够更顺畅、更简洁地呈现文章的内容,降低用户的阅读疲劳,带给用户更好的阅读体验,因此一定要重视排版细节。文字、图片相得益彰,同时用优美的线条对文字进行分隔,从视觉上给人以舒适感和美感,可以采用相关的微信图文排版工具。目前网上的排版工具多达上百款,经过综合分析和比较,较常用的主要有以下几种。

(一)秀米编辑器

1. 简要介绍

秀米编辑器是由传扬信息科技(上海)有限公司推出的一款排版工具,主要功能有微信公众号排版以及 H5 制作。无论作为微信公众号的排版工具,还是 H5 秀的制作工具,秀米编辑器的使用量都很高。对于用户来说,其简单易用、颜色美观,风格清新自然,广受用户欢迎。

2. 功能和使用

首先打开一款浏览器,搜索"秀米",在弹出的网页条中选择"秀米官网",进入网页。进入官网之后,点击右上角的"登录"。登录成功后便可以选择"新建一个图文"进入编辑状态,进入编辑页面后,为了让推文显得更加美观,可以在顶端选择"更多模板",在提供的模板中选择喜欢的图案,以吸引受众。

好的标题是一篇文案成功的一半,可以在工具栏"标题"中选择喜欢的标题样式,添加到右边编辑框内。在标题下方直接导入正文会显得布局过于紧凑,可以在工具栏"组件"中选择分割线或贴纸,让文章整体布局自然,也可以提高读者阅读的体验感。

编辑正文时,可以选择工具栏中的"卡片",选择文字的排版方式,有基础卡片、轴线卡片等分类,根据推文风格选择合适的文字排版格式,如条列式文字可搭配轴线系列排版,给人条理清晰的感觉。

如果不想自己创建模板,也可以在"推荐模板"中选择"最新模板",利用已有模板来添加文字、图片,在工具栏"图片"中也可上传自己所需图片,但需注意图片数量要在20张以内。

最后值得注意的是秀米编辑器中的文字、图片或图文排版的模板支持用户收藏,在工具栏"图文收藏"中能够找到。系统偶尔会出现不稳定的情况,因此使用秀米编辑器做推文时,要随时保存,图文编辑完保存后可以直接同步到微信公众号。秀米编辑器的排版可以共享给其他人,支持团队协作,总的来说还是很方便的。

此外,作为H5秀的制作工具,秀米编辑器提供了丰富的页面模板和页面组件,以及独有的长图文页面,让用户可以制作与众不同的H5秀。

(二)135编辑器

1. 简要介绍

135编辑器是提子科技(北京)有限公司推出的一款在线图文排版工具,主要功能服务分为内容排版、课程教学、营销日历、活动中心、模板定制、企业插件、涨粉裂变、运营指南、分销平台、微配图十大板块。135编辑器力求打造一个为新媒体人提供一站式服务的平台,努力提高排版运营的生产力。

2. 功能和使用

和使用秀米编辑器相似,首先打开一款浏览器,搜索"135编辑器",在弹出的网页条中选择"135编辑器官网",进入官网,点击右上角注册成为新用户,目前可以用手机号注册,也可以用QQ、微信等第三方账号来注册。

注册成功后登录便可以看到135编辑器界面共分为4个区域:样式展示区、素材排版区、常用功能区和热点速报区。样式展示区是排版素材参考展示区域,可在这里搜索样式并点击使用;素材排版区可以导入图文素材,同时可以选取左侧的样式作为模板并且对样式进行修改;在常用功能区有文章导入、样式配色、微信复制、图片生成等功能,辅助排版之后的操作;在热点速报区则为用户实时更新最新的热点资讯,以及135编辑器功能更新日志。

同时,135编辑器有自己的个性化功能点,比如可以自动输入网址导入文章,或者使用二维码来替代冗长的网址,可以在线使用特殊符号,不需要登录就能同步图文,可以将内容另存供其他用户或在线多人协作,还有提供格式刷功能的"秒刷",省时省力。此外,135编辑器有两个出彩的功能——原创标签和定时群发,使用起来非常方便。

(三)i排版

1. 简要介绍

i排版是北京小黄人科技有限公司旗下的产品,它是一个第三方的微信图文编辑工具,主要核心业务包括微信开发、微信运营策划、公关传播等。

2. 功能和使用

作为微信公众号的排版工具,使用 i 排版制作推文时有以下步骤及注意事项。

①i 排版的功能很齐全,整体风格轻松明快,页面看起来十分清新,和 135 编辑器非常类似,但操作逻辑稍逊色,不能同步更新到微信公众号后台。

②支持格式清除与一键排版,在编辑中用户可随时预览和保存草稿,支持短网址转换。

③右上角有极简模式,如果用户操作比较熟练,可以直接使用极简模式,这是 i 排版界面的一个比较重要的工具栏。

④如果用户操作比较注重微信整体排版的配色,可以根据微信文章的整体风格来进行配色的选择。

(四) 96 微信编辑器

1. 简要介绍

96 微信编辑器是 96 新媒体旗下的产品,是一款微信图文排版工具,此外 96 新媒体的核心业务还包括抖音号微信公众号交易、新媒体资讯、新媒体训练营等。96 微信编辑器操作简单,提供多样化的素材样式,同时提供了格式刷、颜色更改按钮等设置,极大提升了用户体验。

2. 功能和使用

通过网页搜索"96 微信编辑器",点击"96 微信编辑器官网"进入编辑器页面。96 微信编辑器分为三大板块:素材工具区、素材呈现区、编辑区,其中素材工具区主要包含了样式、模板、一键排版、宣传动图、在线作图、SVG 编辑、图片素材、保存收藏、运营工具等按键。

编辑全文风格时,用户可单击左侧"模板"来设置。用户可以选择分开使用或者全部使用模板中的样式,文字图片内容作为范例仅供参考,在使用时需要替换。此外,用户使用"一键排版"功能时,需要先输入内容。

在推文的头部,用户可点击素材工具区"样式"下的"引导"按钮,设置满意的引导样式。引导样式制作完成后,开始编辑文章正文,点击"样式"下的"正文"按钮,下拉菜单里会有很多正文样式。点击正文下拉菜单中的样式,并选择素材,使其进入右侧编辑区,再进行编辑操作:如点击"底色内容"样式,各类素材则展示在中部,可点击素材进行选择。用户还可以修改素材中的内容或者更换素材的颜色,来制作自己想要的样式。在更改素材内容的颜色时,用户可单击编辑框中的素材部分,素材右侧会出现颜色框,上方有个下拉菜单,分别显示"全文换色""选中换色""素材换色"。若文章正文需要插入分割线点缀,同样可以点击素材工具区"样式"下的"引导"按钮,除了引导素材,还会出现各式分割线素材,用户可选喜欢的分割线素材添加在文章中。

推文的结尾部分,用户可以添加二维码样式,方便读者关注。通过选择"样式"中的"其他",出现二维码样式,选择"图文",中部呈现出图文样式的二维码素材,并任选一个。进入编辑区后,右击出现"换图"按键,选择上传二维码即可。用户若需要把编辑好的内容移到微信平台的图文消息编辑器,可以选中编辑好的内容,点击"复制"按钮,再粘贴到微信的图文消息编辑器中即可。同时 96 微信编辑器提供手机预览功能,让用户在排版和编辑上更加方便。同时有各类弹幕模板可供挑选,样式十分丰富。

此外 96 微信编辑器还提供一些附加的功能,比如空隙插入,在右边的编辑框中,点击右键,可以看到"前插入段落"和"后插入段落",选择其中一项,就可以加大空隙并隔开两个素材。又如小图标编辑,用户选择小图标,进入右边编辑框,可以调整小图标的大小、颜色等。

(五)新榜编辑器

1. 简要介绍

新榜编辑器是一款专为微信公众号设计的文章编辑工具,为用户提供了非常丰富的文案素材,帮助用户制作出优质的文案,吸引更多粉丝前来阅读。新榜编辑器区别于以上几种微信图文排版工具,它不仅有网页版,同时有专属APP,可以更好地进行微信内容管理。

2. 功能和使用

打开一款浏览器搜索"新榜编辑器",在弹出的网页中选择新榜编辑器官网,进入官网;或者用手机在用户商店搜"新榜编辑器"下载APP,进入官网或APP首页后点击右上角注册成为新用户。

新榜编辑器不仅能进行文字竖排,还支持html、格式刷、背景色、自动排版等常见图文排版功能,支持多平台一键分发和海量在线图片搜索,还有大数据帮助用户了解"什么值得写",是一款功能很强大的微信编辑器。

在利用该图文排版工具进行图文编辑时,也有些需要注意的小技巧:首行无需缩进;段落之间最好空一行;正文段落尽量不超过一屏,多分段;正文字号建议为15~18像素;行间距建议为1.5~1.75倍;字体颜色设置为黑白灰或暗红色均可,灰色的编码为♯595959,暗红色的编码为♯c0504d;强调文字可以通过改变字体颜色或背景;可添加适当的排版样式。

五、高质量图片

(一)图片要求

关于微信公众号文案所用的封面图和文案配图,有以下几点需要注意。

(1)封面图要与文案主题相契合。

(2)尽量用高清无码图片。

(3)保持微信公众号封面图与文案配图风格统一。

这几个要求看上去并不困难,但在实际操作时,每天寻找符合要求的图片成为很多编辑头疼的事情,但是高质量的用户一定对微信公众号稳定的审美是有要求的,也就是说封面图和配图的美观度对于文章的数据会存在一定的影响。

运营者每天要找大量高清的、与主题契合的图片,工作量就会非常大,而且很多专业网站中的图片都是需要收费的原创图片,这种图片付费对于尚处于起步阶段的微信公众号来说是一笔不菲的支出,但如果不付费,则后期会存在侵权追责的问题。所以我们作为微信公众号运营编辑的初学者,一定要注意所使用的图片的版权问题。

(二)高质量图片网站

下面总结了几个常用的高质量的图片网站,大部分是公益网站,图片无须付费,可以根据微信公众号的风格进行选择使用。

1. Unsplash

Unsplash里都是真实的摄影照片,有超过50000名摄影师在这里公开展示他们的作品,其已经发展成为一个行业领先的摄影社区。个人项目或商业使用皆可自由选择网站提供的免费图片。使用者可将图片运用在任何地方,无须付费,也不用标注原作者名称。照片的分辨率也很高,用来做网页素材已经足够了,该照片网站每 10 天更新 10 张照片。

2. Pexels

Pexels 里所有的照片都可以免费用于任何商业用途。该网站是一个较大的照片网站,里面有高清的摄影图片和剪贴画,内容比较丰富。我们只需要在首页上创建一个账号和关注列表,就可以访问关注的摄影师发布的照片。

3. Pixabay

Pixabay 是一家高质量图片分享网站,里面有 200 万张免费的不同类型的高清摄影照片,涵盖一般相片、矢量图及插图。该网站目前提供中文界面。Pixabay 用户无须注册就可以获得免费的高质量图片。用户在该网站上传图片就默认放弃该图片版权,从而可使图片得以广泛流通。该网站允许任何人修改图片。

4. SOOGIF

SOOGIF 是一个专门推荐热门的、有趣的动图网站。SOOGIF 里除了海量优质的动图资源,平台的搜索引擎还可基于用户情绪场景词展开,能够匹配丰富的情绪类词汇。该网站还有很多功能,例如多图合成 GIF、视频转 GIF、GIF 拼图、智能 GIF 抠图等。

5. Foter

Foter 拥有超过 3.35 亿张图片,其中 2.2 亿张照片是获得知识共享许可的,可以免费下载以供商用。目前照片的数量还在不断增加。

6. Public Domain Archive

Public Domain Archive 最大的特色是图片的质量非常高,所有资源都是免费的,可以用于商业用途,网站每周更新。

7. Visual Hunt

Visual Hunt 收录大量免费图片,号称数量超过 3 亿张,其中有 1 万多张是以 CC0 授权的免费高画质相片,个人或商业用途皆可。该网站除了能以一般关键词进行搜寻,还能通过颜色来查找相片。网站同时提供多种尺寸的免费图片格式,用户无须注册、登录即可在线下载图片。

进入网站后,默认显示最新图片,采用大图呈现,从网站左侧可以调整检视模式和类型。点击任一图片后,将鼠标光标移动至图片上方,选择下载,即可下载原图。此外,在图片下方也会显示该图片目前的下载次数、档案大小、尺寸等。

8. Streetwill

Streetwill 是一个无任何广告的图片分享网站,网站提供超高分辨率的图片资源,由众多摄影师提交并分享,不仅可以让你欣赏到世界各地方的自然风景、人物写真,同时也可以把它们当作图片素材来使用。

9. Gratisography

Gratisography 是一个发布有创意的、免费的照片的网站。该网站每周都会更新,图片角度和题材都比较另类,也有不少人物图片,网站图片不受版权限制。另外,该网站的 logo 也比较有特色。

10. Magdeleine

Magdeleine 是一个每天分享免费高分辨率照片的网站,图片的主要类别有自然、城市建筑、动物、技术等。

11．POND5

POND5 是世界上最大的视频集网站，并包含数百万首音乐曲目、音效、动态图形和图像。该网站每天新增超过 20000 个新视频。目前该网站图像资源没有版权设置，但是只有 65000 个免费资源，在下载时须辨别是否为免费资源。

12．Fancy Crave

Fancy Crave 是一款免费商用摄影图库，该网站不以图片数量取胜，而是坚持每天手工挑选，只更新两张来自真实使用者的图片素材，这些图片无论是个人或商业用途都可自由下载。网站还提供各种主题的图库集，用户可在众多同类型图片中找出适合自己的素材。

13．Pngimg

Pngimg 是一个非营利性的 PNG 透明背景图片素材库，是由国外一家小型的设计师团队创办的，因为他们在工作中经常需要一些高质量的 PNG 图片，但搜索找到的图片总是不太符合他们的要求，而且比较耗费时间，于是他们创建了这个网站。该网站提供了海量的高质量 PNG 图片，专门为设计师提供优质的无背景图和剪贴画，用户无须注册即可免费下载使用。10 万多张不同种类的无背景素材图片，全都经过处理，可直接免费使用。

14．Life of Pix

Life of Pix 是一个提供免费高清图像素材的网站，并且无版权限制。网站内的图片多为欧洲景观，多为摄影师拍摄的生活类图片。所有的影像都由公共领域捐赠而来，用户可以使用该站点上的图片资源用作个人或商业用途。

进入 Life of Pix 网站后，可看到有建筑、城市、纹路、海边、人物、食物、黑白照、动物、海滩等分类的图片库，虽然数量不算很多，但网站每周都会更新 10 张新图片素材。下载图片时不需要注册账号，在分类里小图模式看到想下载的图片时，只要把鼠标光标移到该图上，点击下载即可。

15．Foodies Feed

Foodies Feed 网站提供超过 1600 张免费高清食物图片，常见的有咖啡、蛋糕、披萨、肉类、水果等食物类型，都是经过摄影师和专业厨师合作拍摄的精美的食物照片。

虽然精选的食物图片数量并非海量，但是都经过精挑细选，且可以免费下载图片用于设计作品。Foodies Feed 支持简体中文，访问速度很快，用户无须注册就可以免费下载图片。

16．Cupcake

Cupcake 里提供了大量授权的图片素材，可以免费下载这些图片而无须支付任何费用。图片色调厚实，适合做背景图，该网站的图片质量极高。

六、图文设计工具

新媒体策划与制作的过程中，图文设计工具对于生成好的内容与图片起到非常关键的作用。一般来说，新媒体策划与制作常用的图文设计工具包括网页图形图像处理软件（以 Photoshop、美图秀秀为例）、新媒体图片在线编辑工具（以创客贴、Fotor 懒设计为例）和 H5 海报图片设计工具（以 Canva、易企秀、凡科网为例）。

（一）网页图形图像处理软件

1. Photoshop

1）简要介绍

Adobe Photoshop，简称"PS"，是由 Adobe Systems 公司开发和发行的图形图像处理软件，主要处理由像素构成的数字图像。2003 年，Adobe Photoshop 8 更名为 Adobe Photoshop CS。2013 年 7 月，Adobe Systems 公司推出了新版本的 Photoshop CC，Photoshop CS6 作为 Adobe CS 系列的最后一个版本被新的 Photoshop CC 系列取代。

截至目前，Adobe Photoshop 2022V23.5 为市场最新版本。Adobe 支持 Windows 操作系统、安卓系统以及 MacOS，但 Linux 操作系统用户也可以通过使用 Wine 来运行 Photoshop。在制作网页时，Photoshop 是必不可少的网页图像处理软件，网络的普及也促使更多人去掌握这个软件的操作。

2）功能使用

大多数人对 Photoshop 的操作界面的了解仅限于"一个很好的图像编辑软件"，通过 Photoshop 中种类繁多的编辑处理及绘图工具，可以有效地进行图片编辑工作。实际上 Photoshop 的功能十分丰富，涉及图像、图形、文字、视频、出版众多方面，总体可分为图像编辑、图像合成、校色调色及特效制作四种功能。

（1）图像编辑。

图像编辑是图像处理的基础，可以对图像做各种变换，如放大、缩小、旋转、倾斜、镜像、透视等，也可进行复制、去除斑点、修补、修饰图像的残损等操作。这在婚纱摄影、证件照处理中有非常大的用处，可以对人像上不满意的部分进行美化加工，满足用户的要求。

（2）图像合成。

图像合成是将几幅图像通过图层操作、工具应用合成完整的、传达明确意义的图像，这是美术设计的必经之路。Photoshop 提供的绘图工具可以让外来图像与创意很好地融合。

（3）校色调色。

校色调色是 Photoshop 非常重要的功能之一，可方便快捷地对图像的颜色进行明暗、色偏的调整和校正，也可在不同颜色之间进行切换，以满足图像在不同领域如网页设计、印刷、多媒体等方面的应用。

（4）特效制作。

特效制作在 Photoshop 中主要由滤镜、通道及工具综合应用完成，包括图像的特效创意和特效字的制作，如油画、浮雕、石膏画、素描等常用的传统美术技巧效果都可由 Photoshop 特效完成。

3）应用范围

作为一款专业的网页图形图像处理软件，Photoshop 的使用主要在以下几个方面。

（1）内容设计。

在进行网页的内容设计中，网页广告、影像、图片、文字、三维场景等都需要使用 Photoshop 进行编辑制作。

在商业化的发展环境下，页面广告是网页的重要内容。广告摄影作为一种对视觉要求非常高的工作，其最终成品往往要经过 Photoshop 的修改才能得到满意的效果。Photoshop 具有强大的图像修饰功能。利用这些功能，可以快速修复一张破损的老照片或者修复人面部的瑕疵。同时影像创意是 Photoshop 的特长，通过 Photoshop 的处理可以将原本风马牛不相及的对象组合在一起，也可以通过调整使图像发生巨大变化。网页文字的设计同样离不开 Photoshop，用户利用 Photoshop 对文字进行艺术化处理，为图像增加效果。

一些页面具体内容，如制作建筑效果图且图中含有许多三维场景时，人物与配景包括场景的颜色常常需要在 Photoshop 中进行调整。即使在三维软件中能够制作出精良的三维模型，但如果不能为模型应用逼真的贴图，就不能得到好的渲染效果。因此在实际制作时既要依靠软件本身具有的材质功能，还要利用 Photoshop 制作在三维软件中无法实现的合适的材质。

此外，页面中的插画等也需要使用 Photoshop 来绘制。Photoshop 具有良好的绘画与调色功能，许多插画设计师会使用铅笔绘制草稿，然后用 Photoshop 填色的方法来绘制插画。近些年来非常流行的像素画也多为设计师使用 Photoshop 创作的作品。

（2）界面设计。

界面设计是一个新兴的领域，已经受到越来越多的软件企业及开发者的重视，虽然专业的界面设计师暂时还未成为一种风口上的职业，但相信不久之后一定会出现大量的需求。在当前用于界面设计的专业软件还很少，因此绝大多数设计者使用的都是 Photoshop。

（3）视觉设计。

视觉设计是设计艺术的一个分支，此类设计通常没有非常明显的商业目的，但由于它为广大设计爱好者提供了广阔的设计空间，因此越来越多的设计爱好者开始学习 Photoshop，并进行具有个人特色与风格的视觉创意与设计。

2. 美图秀秀

1）简要介绍

美图秀秀是 2008 年由厦门美图科技有限公司研发、推出的一款免费的图片处理软件。该软件主要针对女性群体，为其提供智能拍照、修图服务。

相比 Photoshop 而言，美图秀秀的专业性虽不足，但它独有的图片特效、美容、拼图、场景、边框、饰品等功能，以及每天更新的精选素材，可以让用户 1 分钟就能做出媲美专业影楼修图师处理的照片，还能一键分享到新浪微博等社交网站上。从诞生至今，美图秀秀功能越来越完善并强大，已经成为许多人日常必不可少的工具之一。

2）功能使用

在浏览器中输入"美图秀秀"，使用其网页在线版或者下载"美图秀秀"应用。2018 年 8 月，美图公司在北京正式发布"美和社交"战略。进入新版美图秀秀界面后，其主要呈现为包含"图片编辑""海报设计""证件照设计""智能拼图""抠图"五大入口的功能模块和包含"高清人像""照片修复""高级祛痘""人像去噪"等多个入口的工具模块。

从功能上来看，"图片编辑"提供了基础的美化修饰功能，"海报设计""证件照设计"满足了新媒体传播时代人们的社交心理，好的创意与美图永远能获得更多人的关注，"智能拼图""抠图"则突出了图片的传播属性与娱乐属性，比起文字传播，图片传播更加直观生动，比起普通图片，运用拼图或抠图技巧的图片更具传播价值与娱乐性。

从工具层面来看，美图秀秀主要应用于人像修饰，工具模式化，简单便利，因而应用的范围相对有限，在制作项目图片时明显专业性不够，主要适合个人美化图片后进行社交分享。

（二）图片在线编辑工具

1. 创客贴

1）简要介绍

创客贴是一款零基础、快速上手、使用起来极其简便的图片编辑工具。它有专门针对新媒体配图的模板，除了部分 VIP 限用的模板外，其他的模板均可免费使用。同时创客贴字体丰富，有大量精美无版权字体，可以支持绝大多数主题文章的配图。

2）功能使用

打开创客贴官网，可以看到界面的左侧"设计场景"中有新媒体配图板块，这个板块是专门针对各种类型的新媒体配图而设计的，主要内容包括微信公众号封面首图、封面小图、二维码等，都有可以直接利用的模板。用户选中合适的模板后，可以对图中文字的内容和字体进行修改，还可以根据需要添加图片容器和文本容器，迅速做出一张专属的新媒体配图。

2. Fotor 懒设计

1）简要介绍

与创客贴类似，Fotor 懒设计同样是一款对在线图片进行设计的工具，它不需要经过下载就能在短时间内完成需要的配图设计，操作非常简便，新用户很容易上手。Fotor 懒设计同样也有专门针对新媒体配图的板块，里面的素材尺寸与微信公众号推文的封面图等都很适配。

2）功能使用

进入 Fotor 懒设计官网，点击界面顶部的"开始设计"即可进入各种类型图片的选择界面。它提供的模板种类非常丰富齐全，不仅包括微信公众号封面首图、封面小图等，还有手机海报、朋友圈邀请函等，同时还提供在线印刷服务。用户如果需要对微信公众号封面首图进行设计，只要点击微信公众号封面首图即可，用户可以根据需要选取适合的模板进行编辑，修改文字的内容和字体等，就能非常迅速地设计出独一无二、符合主题的配图。

（三）H5 海报图片设计工具

1. 在线设计工具 Canva

1）简要介绍

Canva 是最早出现的在线设计模板编辑工具，国内所有类似的平台都是在它的启发下建立或改版的。Canva 中所有的平面设计品类都有对应的精美模板，一定时期内可免费使用。同时 Canva 是一款简单易用的手机作图软件，无须设计技巧，只需要使用由专业设计师设计的模板进行简单调整，就能制作出独特精美的设计作品。

2）功能使用

Canva 的功能主要包括提供海量素材库供用户使用，以及进行一些实用性的推送。Canva 素材库资源非常丰富，拥有上百万的图片与插画素材、10 多万个精美模板，还有 500 多种字体。无论用户是想设计一张海报，还是想制作拼图或者设计 logo，都能在这里找到各种风格的模板。从社交图片、邀请函、贺卡、壁纸到活动宣传页、个人简历、名片等，只要用户需要，Canva 都能提供满足各类图片要求的素材。

Canva 还专门为用户制作了特色节日节气的模板与插画，在强调易用性的同时，还兼顾了实用性。生活和工作中处处需要进行设计，然而各种专业的设计软件常常让人们望而却步。有时候人们只是想设计一张朋友圈的配图，或者一张简单的海报，面对专业设计软件却无从下手。Canva 的神奇之处正在于,它能够帮助很多并不具备专业设计能力的"小白",在短时间内快速制作出一张富有艺术美感的图片。使用 Canva 作图只需三步:首先选中心仪的模板,轻点屏幕开始编辑;然后通过简单的拖拽替换模板中的图片、文字、素材等,就可以得到理想的精美作品。

2. 在线 H5 编辑器易企秀

1) 简要介绍

易企秀是一款非常好用的营销工具,用户能够在里面免费地制作 H5 页面,用来进行产品的宣传,完成营销任务。

2) 功能使用

用户打开浏览器搜索易企秀,进入官方网站并注册账号。注册成功之后,就可以在首页制作场景。易企秀为用户提供了海量的免费模板,用户点击其中任意一个模板,进入编辑页面,双击想要修改的区域就能进入编辑状态,例如双击文字,用户就能对模板文字进行修改,十分方便。同时用户还可以在模板里面对很多项目进行设置,也可以将喜欢的效果添加进场景。编辑完成后,用户将成果保存好发送出去,就可以让更多的人看到。

3. 在线设计官网凡科网

1) 简要介绍

凡科网是广州凡科互联网科技股份有限公司旗下的一站式中小微企业营销服务平台,主要产品包括凡科建站、凡科互动、凡科微传单、凡科轻站小程序、凡科微信公众号助手、凡科快图、凡科邮箱等,主要为中小微企业提供营销产品和服务。

2) 功能使用

其中应对新媒体场景式营销设计的主要工具包括凡科微传单、凡科微信公众号助手等。凡科微传单的主要功能有:为企业 H5 微广告制作产品;简单自主制作 H5 场景;特效模板;数据监控;一键转发;精准传播;为企业带来低成本流量;实现推广与销售转化。凡科微信公众号助手是一款帮助企业轻松进行微信营销管理的免费产品,多个营销工具进行统一管理、发布、分析,形成一体化管理矩阵,解决展示、推广、交易、沉淀等多个微信场景的营销难题。

虽然现在的 H5 页面制作工具有部分内容形式大同小异,但在具体功能上还是有一些区别的。对于追求强功能 H5 页面制作工具的用户来说,可以使用凡科微传单。凡科微传单的 H5 页面制作工具可以做成 H5 页面、微海报、电子邀请函等 H5 场景,并且用户不需要缴纳任何费用就可以免费注册账号使用。还有一个好处是,用户在注册的时候无须填写个人信息资料,既方便又安全。

七、文案自检

(一) 标题

(1) 标题是否契合目标用户需求?
(2) 标题中是否带有强烈的情绪?
(3) 标题能否引起用户的兴趣?
(4) 标题所述能带给用户什么?
(5) 标题是否清晰地表达了你的目的?
(6) 标题中是否存在模棱两可、可删减的词语?
(7) 标题是否真的做到了吸引用户往下看?

（二）副标题

(1) 副标题是否更加精准地直指你的目标用户？
(2) 副标题是否有效补充了主标题缺乏的细节信息？
(3) 如果去掉副标题，会影响主标题的吸引力吗？
(4) 副标题是否太过直接，从而降低了主标题的吸引力？
(5) 副标题是否增强了主标题的情感？

（三）主题

(1) 主题是否明确？
(2) 主题表达的观点是否正确？
(3) 从某个角度来讲，主题是否独一无二且有意义？
(4) 主题是否针对目标用户群？
(5) 主题是否有可靠数据的支撑？

（四）结论

(1) 结论是否让人印象深刻、恍然大悟？
(2) 得出的结论是否能刺激用户有所行动？
(3) 最后一句话是否是全文情绪的高潮点？

（五）细节

(1) 在文中与用户互动时，是否善用第二人称"你"？
(2) 其他人阅读时是否流畅？
(3) 文案的遣词造句是否鲜活、有文采，还是更像一则枯燥的通知？
(4) 文案目的是否单一明确？
(5) 文案需求是否清晰，用户能否很容易理解需求？
(6) 用户理解文案需求后，文案是否引导用户进行下一步行动？
(7) 文案发布后，是增加还是减少了用户对微信公众号的信任度？
(8) 文案对用户提需求的遣词造句会引起用户反感吗？
(9) 文案中是否用了众所周知、低级无趣的套路？

八、审核发布

在文案自检完成后，确认无误，就可以准备发布文案了。

首先，需要将通过排版软件（如秀米编辑器）将排好版式的文案复制粘贴到微信平台的编辑器中，检查无误后发布。需要注意的是，正式群发前一定要测试发布一次，需要设置权限——仅编辑个人可见，并不是发布给所有人看。操作这一步的原因主要是对于编辑来说很容易在版式、字体等方面出现失误，测试就多了一次检查的机会，千万不要忽略这一步骤。

其次，当编辑看到测试发布的文章后，应预览文章，审核文案的图片、字体、字号、行间距、配色、动图、视频的播放、投票等是否有问题，是否按照要求和标准呈现。

再次，将审核、修改完成的文案测试发布给运营者审核，设置为其他人不可见。将审核完成的文章入库，在预定的时间推送给用户。

最后，在后期制作广告软文时，要特别注意广告商的名称和链接的跳转是否正确、顺畅。

九、数据统计复盘

文案群发代表着这篇文案开始接受目标用户的检验,群发的文案越多,越需要对每篇文案的后台数据进行统计,便于将复盘工作流程化、规范化,而不是简单地凭感觉复盘,这样可以有效减少后续的工作量,提升工作效率,明晰用户对于文案中每次做出的新尝试的反馈是好是坏。数据统计复盘流程如表4-7所示。

表 4-7 数据统计复盘流程

时间	具体流程
文案推送24小时后	(1) 查看微信后台数据 (2) 统计包括用户分析、图文分析、消息分析的相关数据 (3) 根据数据统计结果进行复盘,得出可行性的建议
每天11点前	(1) 统计文章阅读量 (2) 统计分享链接数 (3) 统计留言点赞量 (4) 统计文章在看量 (5) 统计新增用户数
每天12点前	录入数据
每周五	根据本周数据进行复盘总结

通过对文案发布后数据的统计工作,我们可以知道一周数据的基本概况。通过文案的阅读量、点赞量、在看量、评论数、新增用户数、分享链接数等几项数据(见表4-8),了解过去一周内哪些文案的数据较好,分析原因,究竟是因为标题吸引人,还是因为内容引起了用户的共鸣,拉动用户转发。此外,关注这一周的文案类型有哪些,分析不同的文案类型对数据是否有影响。总结这一周的内容做了哪些新的尝试,后台数据反馈怎么样,下周是否还要继续尝试。除此之外,还要分析在上周的工作中有哪些不足,计划接下来如何改进。

表 4-8 数据统计复盘表

数据统计复盘表											
日期	星期几	类型	文案名称	阅读量	点赞量	在看量	评论数	新增用户数	分享链接数	打开率	转发率	复盘结论

我们还要细致分析数据较好的文案的特点、数据的异常点、成功的原因,可以按照文案类型,重点分析每条文案的打开率和分享率。这两个数据非常重要,重中之重是要分析打开率、分享率双高的文案,如果能归纳出这样的文案的特点并在未来的文案中加以运用,一定能非常有效地引起目标受众的关注,快速提升微信公众号的后台数据。

数据分析对于微信公众号的运营来说是至关重要的,数据是最客观地体现微信公众号文案各种指标的考量标准,每个运营者都应该在微信公众号的运营中运用所学习的知识,结合各个微信公众号本身的特质,融合形成一套个性化的数据分析标准,从而提升持续创作优质内容的能力。

推荐资料:

[1] 叶妙琳.微信公众号平台操作与版式设计全攻略[M].北京:人民邮电出版社,2021.

[2] 叶龙.微信公众号运营:100000+爆款软文内容速成[M].北京:清华大学出版社,2019.

[3] 庐七.微信公众号运营:实战方法、案例与技巧[M].北京:电子工业出版社,2017.

[4] 郭春光.微信公众号运营与推广一册通 流程 技巧 案例.[M].北京:人民邮电出版社,2015.

[5] 叶龙.从零开始学微信公众号运营推广[M].北京:清华大学出版社,2017.

[6] 谭贤.微信公众号运营[M].北京:人民邮电出版社,2018.

[7] 闫河.微信公众号后台操作与运营全攻略[M].北京:人民邮电出版社,2017.

[8] 叶飞.微信公众平台:图文颜值美化+吸粉引流方法+赚钱赢利技巧[M].2版.北京:清华大学出版社,2020.

[9] 鲍玉成.微信软文营销实战技巧[M].北京:化学工业出版社,2017.

[10] 粥左罗.公众号运营实战手册[M].北京:中信出版社,2018.

(1) 请简述订阅号与服务号有哪些区别?

(2) 如果你即将创建一个微信公众号,你会选择怎样的主题?请说明原因。

(3) 请简述设置微信公众号名称的要点。

(4) 如何定位你的微信公众号?

(5) 结合案例谈谈个人订阅号有哪些分类。

(6) 你最喜欢的微信公众号是什么?请说明原因?

(7) 请选择你的微信公众号文案的发布时间,并说明原因。

(8) 常见的微信图文排版工具有哪些?

(9) 秀米编辑器主要包含哪些功能?

(10) 请简述微信公众平台数据分析的作用。

(11) 请简述从哪些方面对微信公众平台的数据进行分析。

(12) 请结合案例,谈谈可以通过哪些方法提升文案的数据指标?

(13) 请结合案例,详细描述你最近创新了哪些微信公众号的运营方法?

(14) 在你的订阅号列表中,选择10条你感兴趣的"10万+"的文案,并分析它们有哪些相同点。

第五章 短视频策划与制作

本 章 提 要

本章旨在厘清短视频的新媒体特质——它已然不仅仅是传统媒介视阈下的策划与制作。根据广电总局监管中心《2020年短视频行业发展分析报告》，短视频在题材范围、传播覆盖、用户量、社会影响等方面均显示出蓬勃生机。短视频丰富了信息传播内容，拓宽了信息传播渠道，浏览短视频也逐渐成为互联网用户在日常生活中消耗碎片时间的主要娱乐方式。短视频成为具有较强发展潜力，呈现新生态、新格局的新媒体传播现象。

在此背景下的短视频的策划与制作，首先要考虑其略带营销性质的媒介特质——短视频并非断章取义般地对传统影视时长的缩减，亦非对传统电影语言的颠覆，而是贯穿始末的营销动机与策略。从目前各大短视频平台推出的剧情微电影（软广告）的慕课教程以及其他碎片化影像来看，其背后的文化景观以及商业资本的运作显而易见，这也将进一步影响到短视频的生产模式。其次是软硬件设施以及制作技术的发展：拍摄方面，移动终端、单反替代了传统 Arri、Red 摄影机成为拍摄主体，后期剪辑软件除了传统的 Premiere（简称 Pr）、Final Cut Pro（简称 FCP）、After Effects（简称 Ae）、Motion、Davinci 之外，还出现了为短视频量身定制的剪映、秒剪，这些软件不仅可以融合格式与平台，也有便捷的视听语言，极大限度地降低了短视频的制作门槛，提高了制作效率；融媒体、云计算等理念进入短视频的策划与制作中，进一步形成后现代电影理论体系下短视频的分众定位以及模块化协同。再次，短视频作为传统微电影的变体，逐步形成了自己独特的电影语法和修辞艺术，无论是调色、剪辑风格还是动态效果（简称动效）的制作，这些行之有效的电影语言很快在短视频后期软件中固化成流行用语，更加夯实了短视频自身的语言特色。最后，本章将在软件操作的基础上，结合影视理论，力图打造一站式短视频策划与制作的解决方案，从前期拍摄到素材整理、粗剪，再到调色和动效包装，所涉及的相关软件包括 MacOS 系统下的 FCP、Motion、Davinci 等，所提及短视频的后期核心技术如实景抠像、运动追踪、电影级调色等，同时涵盖软件间协同配合应用，比如 FCP 与 Davinci 的套底回批。Motion 与 FCP 的动效参数以及模板发布等。

第一节 什么是短视频

随着我国进入 5G 网络新时代，依托于移动终端的短视频技术环境日益成熟，短视频迎来了发展迅猛的新机遇，其内容生产与传播渠道日益走向成熟。自 2016 年短视频爆发式发展以来，这一新型视频传播形式逐渐成为人们日常生活的表达方式，渗透至大众生活的方方面面。在 5G 网络新时代，短视频的发展将得到更强大的技术支持，出现新的发展路径。短视频目前已成为电商平台、社交平台的重要组成部分。而抖音、快手的用户流量依然保持着领先位置。"短视频＋"内容的制作推动打造多元、垂直、专业的精细化内容，并连接到更多领域之中进行拓展。

一、短视频的定义及特点

短视频又被称为小视频，仅仅从文本特征来看，这是一种以秒计数，时长多在 5 分钟以内，依托于移动智能终端实现快速拍摄和美化编辑，并且可在社交媒体上实现发布与实时分享的新型视频形式。从文本特征看其媒介本质，短视频主要有如下特点。

（一）作为实验短片

在信息爆炸的时代，人们的工作和生活节奏日渐加快，工作和生活之外的时间多呈碎片化特征，而短视频以秒为单位的叙事形式刚好与受众休闲时间的碎片化特征相匹配。新型视频形式开启了"秒时代"，视频时长短则仅有几秒，长则通常不超过 5 分钟。短视频的"短"顺应了社会与时代的发展，也顺应了受众的心理需求。关于短视频的时长，这是个颇让业界困惑的问题，因为并没有关于短视频的时长上限。参照微电影的时长问题，虽然微电影同样没有时长的上限，但是微电影之"微"是相对于传统电影的三幕式或者起承转合的结构而言的，微电影的通常做法是直接去掉三幕式中的第二幕或者起承转合部分中的"承接"。换言之，微电影之"微"是对于叙事结构而言的，并非武断的时间上的压缩。但是对于短视频这一更为宽泛的移动影像概念，所谓讲故事的叙事性并不是短视频的必要元素，如果短视频涉及叙事，则可参考微电影的相关界定，但如果仅仅作为纯纪录或者专题展示等实验片，短视频在整体时限和架构的概念界定就显得相当模糊了，只能从相关的文本特征出发来定义。

（二）基于移动终端设备的生产

短视频的内容生产自由度高且没有技术的专业性要求，一条视频制作周期相较于微电影等短幅视频更短，并且成本更低，更多的是体现生活的真实性与原创性，形成更多元的资讯。同时，短视频的制作门槛低、简单且易上手的特性，使得其传播主体覆盖了广大草根创作者。视频生产者可以以单人为主，也可以以专业视频制作团队的方式参与制作。创作者可通过手机、平板电脑等移动终端进行拍摄及上传,实现生产、制作和传播的一体化,实现提高短视频的即时性、海量性、生活性和便捷性。

短视频的降维制作并不意味着制作质量的下降,相反,从某种程度上来说,降维制作对于前期拍摄和后期动效都提出了相当高的要求。短视频的技术手段异于传统影视的拍摄,比如短视频需要通过较高超的后期技术和手段来弥补移动设备拍摄导致的画质不清晰的问题。因此短视频在设备上的降维意味着在前后期技术上的极大挑战,这其中包括小光圈曝光补偿、后期调色动效等。

(三) 具有运营以及其他的社交属性

在受众及反馈方面,短视频的传播平台具有分享、评论等互动功能,用户可对自己喜爱的视频作品进行转发、分享、评论、点赞等操作,还可以与其他用户进行交流,因此短视频既具有媒体性,也具有社交功能。随着技术的升级,传播媒介之间具有开放的关系链,短视频可以轻松地在各大社交新媒体平台之间进行交流与分享,用户可以即时与亲朋好友、网民分享个人观点。传播者与受众群体的划分不再绝对化,用户既可以是视频的生产者,也可以是视频的接收者。

正是因为短视频极具运营和社交属性,短视频从某种程度上来说不单单是一个影像的文本,而是依赖于特定后台程序的融媒体平台,可以将其看作一个基于互联网的封装,在这个封装内,众多格式(如RM、RMVB、WMV、MOV、MP4、MPEG、GIF等)是兼容的,影像内嵌于播放程式。播放程式一般有弹幕、链接、评论以及后台数据库等。不仅如此,作为一个更加开放的文本,短视频的含义需要作者与受众共同建构,从电影语言来说,短视频拍摄和剪辑更加接近人们的认知习惯,观众不需要接受特定的电影训练,也能迅速心领神会。

二、短视频平台 APP 分类

2020年短视频迎来了全新的发展时期,居家生活催生了人们期待沟通的渴望,而不受时间、空间限制的短视频成为人们生活、工作、交流情感的渠道,各类短视频平台爆发式出现,达到平衡发展的行业态势,平台呈现出多元化、类型精准化、内容主流化的特征。为了更细致地了解短视频,本部分将针对短视频 APP 的功能以及代表软件进行介绍。

短视频引用作为一种新型的传播方式,不仅满足了用户的娱乐心理需求,同时也提供了一个依赖短视频作为交流方式的社交平台,得到了广大互联网用户的喜爱与追捧。短视频 APP 作为一种独立运营的平台,为用户提供了内容分享的接口,用户接收信息、分享信息的习惯及社交方式的改变推动了短视频行业的发展。相较图文,具备视听元素的短视频更能满足用户对丰富内容、个性化表达和互动形式的追求。同时,短视频以较低的制作、营销成本,带来较高的用户流量、用户黏性和其他收益,从而将大量资本引入短视频平台方和内容方。在短视频行业逐渐加剧的竞争中,各类短视频平台定位出现分化(见表5-1),有了更为清晰的类型特征。

表 5-1 短视频类型及代表平台

类 型	代 表 平 台
社交媒体类	抖音、快手、微视、小咖秀等

续表

类　型	代　表　平　台
资讯媒体类	头条视频、央视新闻等
BBS类	B站、A站(AcFun)等
工具类	剪映、小影、美拍等

（一）社交媒体类

社交媒体类APP的内容生成模式以"UGC+PGC"为主，用户可以上传时长数秒至几分钟的视频，APP以导入视频作为维持用户稳定及增强用户黏性的方式，并通过用户在社交平台上进行分享来扩大自身的影响力。该类型软件中，美国的Vine以及国内的抖音、快手等是典型代表。但是这一类APP也有不足之处，即功能性单一，发布的内容质量良莠不齐。

（二）资讯媒体型

资讯媒体型APP的视频生产主要关注垂直、细分视频内容，头条视频、央视新闻是其中的代表性产品。同样是传播新闻资讯，相比较传统媒体平台，这一类短视频APP的语言表达更为生动、简洁，并且形式也更加轻松，给用户带来平易近人之感，这类APP能帮助传统媒体适应新兴媒体传播方式。

（三）BBS类

BBS全称Bulletin board system，翻译成中文为"电子布告栏系统"或"电子公告牌系统"，用户可以在BBS类APP上发布信息或提出看法。该类短视频APP起初是论坛型短视频APP，是年轻一代的网络聚集地，代表着年轻群体的主流文化。

（四）工具类

工具型APP是指用户可以在APP内直接进行后期美化，降低使用和制作门槛，提升用户体验感及满足感。该类型软件娱乐性强，用户定位趋于年轻化，代表产品有剪映等。但该类型APP要求平台具有相对快的更新速度，满足用户的娱乐心理需求，避免产生审美疲劳。同时我们也可以发现，由于此类APP操作简单，拍摄和制作流程极易模仿，因此导致由此类APP制作出的短视频作品同质化现象严重。

三、常见短视频平台及介绍

（一）抖音

抖音（见图5-1），是由字节跳动孵化的一款音乐创意短视频社交软件，该软件于2016年9月20日上线，是一个面向全年龄段的音乐短视频社区平台。用户可以通过这款软件选择歌曲，拍摄音乐短视频。同时，抖音也会利用大数据等技术，根据用户的性格偏好为其推荐视频。抖音自带音乐功能，提供音乐片段供用户选择，方便用户制作短视频，同时带有部分特效功能，玩法多样。一些用户还开通了电商连接和直播权限，以实现变现。

（二）快手

快手（见图5-2）是北京快手科技有限公司旗下的产品。其前身为"GIF快手"，诞生于

2011年3月,最初是一款用于制作、分享GIF图片的工具应用软件。2012年11月,快手从纯粹的工具应用软件转型为短视频社区平台,用户可以在上面进行记录及分享生活,也可以开通直播与粉丝进行实时互动。快手中自带众多特效,可供用户对视频进行美化,用户也可以自行挑选照片、视频进行短视频创作。

（三）西瓜视频

西瓜视频(见图5-3)是字节跳动旗下的个性化推荐视频平台。西瓜视频基于算法为用户进行视频推荐,并帮助视频创作者轻松地向大众分享自己的视频作品。同时创作者可以在视频中插入与内容相关的商品卡片,用户观看时若点击卡片完成交易,创作者即可获得佣金分成。

图5-1　抖音APP图标

图5-2　快手APP图标

图5-3　西瓜视频APP图标

（四）火山小视频

火山小视频(见图5-4)是北京微播视界科技有限公司开发的原创生活小视频应用软件。创作者通过短视频展示自我爱好,获得粉丝与人气。火山小视频自带特效功能,可添加美颜、背景音乐、文字特效等,操作简单便捷。同时用户还可以根据个人爱好为喜爱的创作者赠送虚拟礼物,如跑车、飞机、999朵玫瑰等。

（五）秒拍

秒拍(见图5-5)由炫一下(北京)科技有限公司推出,为用户提供可套用的MV主题、清新文艺范的滤镜,同时还具有个性化水印和独创的智能变声功能。秒拍支持视频同步分享到微博、微信朋友圈等,是集剪辑、观看、分享于一体的视频软件。

（六）微视

微视(见图5-6)是腾讯旗下短视频创作平台与分享社区,用户不仅可以在微视上浏览各种短视频,而且可以通过创作短视频来分享自己的所见所闻。此外,微视还关联了微信和QQ等社交平台,用户可以将微视上的视频发送给好友并分享到社交平台。在微视上录制视频可以直接使用原视频音乐,模仿原视频动作进行拍摄,降低了拍摄创意门槛。

图5-4　火山小视频APP图标

图5-5　秒拍APP图标

图5-6　微视APP图标

（七）美拍

图 5-7　美拍 APP 图标

美拍（见图 5-7）是一款可以直播并制作小视频的极受年轻人喜爱的软件。美拍自 2014 年 5 月上线后，连续 24 天蝉联 APP Store 免费总榜冠军，并成为当月 APP Store 全球非游戏类下载量第一的 APP。

四、短视频内容类型

随着 5G 新时代的到来，短视频的内容逻辑将发生巨大的变化，新媒体平台的逐渐扩大与内容生产的多元化发展，在传播内容上，短视频大多以短小精悍为特征，整体上分为以下四种类型。

（一）新闻资讯类

在短视频的发展过程中，人们对于新闻资讯类短视频的关注度低于其他类型，这也势必推进了新闻资讯类短视频的变革。随着新闻资讯类短视频创作的发展，用户对资讯的获取逐渐由图文形式转向短视频形式，其短、平、快的特征尤为突出。主流媒体的传播内容多为硬新闻，承担着传播信息、引导舆论的重要职责，有着极强的权威性和公信力，其通过在"两微一端"进行分发和传播新闻资讯，极大地提高了传播过程中的时效性与针对性，扩大了主流媒体的影响力与话语空间。新闻资讯类短视频的新闻信息被高度浓缩，内容丰富多样，选题方向大致分为突发新闻、热点新闻、社会调查、幽默新闻等，适合大众利用碎片时间移动观看。但在当前泛娱乐化、碎片化阅读的大趋势下，新闻原本具有的严肃风格很难吸引受众，尤其是年轻群体，于是主流媒体在保持专业性的同时，将大众化语言与当下流行的网络用语结合，语气亲切、自然，贴近普通民众，快速拉近与受众之间的距离，以增强用户黏性。

（二）广告营销类

2021 年 2 月 3 日，中国互联网络信息中心在京发布第 47 次《中国互联网络发展状况统计报告》。报告显示，5 年间我国网上零售额突破 10 万亿元，年复合增长率为 24.6%，其中实物网上零售额对社会消费品零售总额增长的贡献率达 45.6%。短视频类广告对网上零售起到巨大的推动作用，其依靠精准投放、曝光量大等特点为广告商带来传播的新路径。大数据时代，短视频平台借助庞大的用户数据库，帮助广告商准确勾勒出用户形象，再根据用户的不同特点进行精准投放，有效提高了广告的转化率和传播效果。同时，广告营销类视频相较于传统广告，能够缩短受众和主播间的距离，通过与主播的互动等增强消费体验。

（三）生活记录类

短视频的一个重要功能是对日常生活的记录，其中以 UGC 为主的短视频内容无疑贴近人们的日常生活。但是，由于受众的注意力是有限且珍贵的，简单展示生活中的琐碎日常往往并不能引起受众的兴趣，在短视频的包装下，日常生活纪录不再是对生活本身的还原，而更倾向于被精妙包装的"超越日常"。如部分美食类视频，视频内容所表现的重点已经不再局限于食材的烹饪流程，而是通过对美食和环境的融合来进行情感的表达，营造出让用户向往的生活方式。

（四）创意短剧类

该类短视频通过独特的创作内容及形式表达，拍摄一系列反常操作和夸张的行为，来满足受众的猎奇心理，颇受大众的喜爱。该类短视频让用户心情放松的同时又获得了新鲜感，挑动受众平淡的情绪，直接回应受众的精神需求，更具娱乐性和趣味性，可以带给受众更为丰富的观赏体验。

第二节　短视频内容生产

随着技术的不断升级和信息量的迅速攀升，短视频行业的竞争愈发激烈，用户对平台和内容的要求也越来越高。短视频创作者要想在行业中脱颖而出，就必须做好内容规划，以"内容为王"，保持长期影响力，通过合理的规划发挥自身优势，提高核心竞争力。有价值、高质量的视频内容是促使用户形成深刻记忆并广泛传播的起点，用户通过观看视频产生共鸣，从而实现广泛传播，因此内容生产是短视频传播的重要环节。想要做到打破陈规、有所创新，就需要结合用户喜好有针对性地进行内容创新，选题内容尽量多元化，同时注重内容之间的内在联系，形成整体的主题策划风格，了解用户到底对什么样的内容感兴趣，同时需要关注当前的热门话题，引导用户参与话题讨论。

一、短视频账号定位

随着短视频平台用户规模不断扩大，用户的构成也越来越多样化，这也促成了平台内容的纵向化和精细化，以满足各类用户的娱乐或学习等需求。用户内容偏好是用户使用需求的直接体现，是基于用户日常生活习惯、个人价值观而确立的。把握用户需求，推动短视频内容的垂直化、精细化，高价值持续渗透。但是创作者在拍摄短视频时常常会出现不知道拍什么内容的状况，所以前期工作中要做好账号定位，其关乎运营的成功。对账号进行定位，才能够专注于某一领域进行垂直内容输出，而内容越垂直，吸引的用户越精准，越有利于扩大账号影响力，最终实现变现。账号定位需要做好以下三点。

（一）制定标签

标签即外界对账号的简要概括，账号可以通过系统打上的标签，从而被推荐给相关用户观看。同时也可以对短视频主人公附加"人设"。标签也是一种符号，经纪公司常常使用构建"人设"的方式对明星进行包装，就是一种给明星贴上标签的设计。这种标签附加在短视频上，能够让账号更好地在短视频市场中找到自己的位置，迎合特定用户心理需求，在互动中强化受众的认同感。粉丝量与点赞量并不是唯一追求的目标，而创作者需要坚持弘扬正能量，内容大于流量，并且在此基础上，提高账号曝光度和影响力。因此，要提高账号的传播力、影响力，熟悉平台的传播规律是基础。平台会根据用户的操作习惯为其制定标签，即构建用户画像。用户画像一般是指利用大数据技术在真实用户数据基础上构建的目标用户虚拟模型，对用户文本的分析可对其做更深一步的数据挖掘，并在服务或者产品上为其进行私人订制或个性化服务。用户画像的内涵可简单归纳为标签化的用户全貌，在制作用户画像时可从两个角度进行描绘：一是用户的固有属性，如年龄、性别、职业、收入、社会地位等，但这些信息一般无法穷尽，只要选取符合的信息即可；二是需要分析网络行为数据，创作者需要明确受众的消费特点和习惯等。根据用户画像,平台会为用户推荐他们喜欢的内容,从而提升用户黏性。因此,账号定位越精准,内容越垂直,短视频平台越能为账号和视频匹配感兴趣的用户,对提升播放量和传播力越有利。同时,垂直、高质量内容的发布,能够让账号本身的标签变得更加清晰明确,进一步提升系统对账号的权重判定,使账号获得更多的叠加推荐,从而提升"爆款"视频的产生概率。

(二)明确内容

明确内容即明确短视频的目标受众以及他们的心理需求,所以需要在所在领域进行调研,前期调研可以使短视频避免随意化、无价值内容的发布,是一种系统地搜集信息的活动,也是为实现传播效果而精心设计的规范的方法与步骤。各短视频平台需深入了解其用户在多个细分维度下的差异,不同平台的用户偏好会有所不同,短视频创作者需要了解不同平台的用户偏好,从而制定更精准的市场定位和更合理的发展战略。随着大数据技术的发展、普及与使用,用户画像为用户分析提供了强有力且更为精准的技术条件,全面地描述用户的信息全貌,从而帮助创作者了解、跟踪和探究用户的需求变化。在选择这类信息时,也要符合短视频的内容定位。通过用户画像可进一步把握用户需求,针对性地为用户推送信息。

(三)分析热门视频成功的原因

对优质内容分层拆解、放大,进行深度挖掘,寻找成功的原因,是一个不断学习、提升的过程。在平台中,播放量、点赞数、分享量和评论量等指标都是反映视频内容传播力度的客观指标。通过对热门短视频的标题、发布时间、点赞量、转发量、评论量等基本信息进行整理后,反复观看视频,采用内容分析法对短视频的种类、主题、音乐、字幕等内容特征进行编码,总结热门短视频的主要特征,以解释这些短视频获得较高关注度的原因,为之后的创作指导方向。

在进行分析前,我们可以使用飞瓜数据(见图 5-8)对视频数据进行探析。飞瓜数据是专业的短视频数据分析平台,是基于抖音短视频的生态服务平台。它在一定周期内根据粉丝量、点赞量、评论数、转发量等数据进行加权计算,客观反映账号的运营状况。我们可以通过访问飞瓜数据小程序,或在 PC 端登录飞瓜数据抖音版官网,里面包括热门、排行榜、电商等栏目。我们可以根据热门视频的分类,锁定要关注的领域,然后再对该领域内的热门账号以及作品进行分析和研究。

飞瓜数据提供 6 小时、12 小时、24 小时、72 小时等不同时间段内的抖音各个领域最新热门视频(见图 5-9),方便用户快速地了解当下热点。同时还提供筛查功能,用户可以通过热词、账号以及热度进行筛选。当我们需要搜索账号时,可通过抖音号搜索,也可以从排行榜中点击,实时查看榜单中播主的数据,学习他们的成功经验。

图 5-8 飞瓜数据

图 5-9　飞瓜数据"播主排行"页面

二、高质量的视频内容

拍摄视频的时候，内容策划是内容引流、品牌传播、营销变现的基础。"内容为王"也就是要求创作者要有强大的内容生产力，下面将从选题与内容两个角度进行讲解。

（一）制定选题

创作者在确认选题阶段便需要开始构思内容，短视频内容既不要过于深奥，也不要太过简单，表述太过复杂可能会让用户产生抵触和畏难心理，过于简单则会造成用户无法获取实用性新知识。以科普类短视频为例，创作者既需要在规定时间内传播知识点，也需要考虑内容是否对用户有足够的吸引力。简而言之，创作者必须同时考虑短视频内容和节奏、时长。

对于一条成功的短视频来说，选题是极其重要的，在主题选择上应明确账号定位，结合短视频特点，寻找受众易理解、易接受的选题。在选题过程中创作者需要把握以下三点。

1. 突出关键信息

短视频的时长以及碎片化叙事，意味着视频内容可能无法将故事情节完整传达，因此，关键内容放在重点呈现是抓住用户眼球的必要之策。在选题过程中，创作者要注意体现内容中最亮眼的地方,即用户的注意力重心。视频首先要遵循的技术要求就是"短",因为观看短视频的用户大多是在闲暇时间,没有过多的耐心观看铺垫,如果短视频在5秒内没有进入主题,用户往往会滑动进入下一条视频。因此,为了保证用户的耐心与好奇心,需要建立起短视频的思维方式。不同于长视频和电影,由于短视频需要在短时间内快速让用户完成信息接收和情感代入过程,传统视频中事件发展的逻辑性难以展开,所以创作者需要打破逻辑性叙述方式。

2. 设置问题

创作者根据短视频内容统领式地设置问题,而问题的答案要贴合用户迫切想要知道的信息,这一需求点就是最好的选题。所以短视频在选题时要以受众关注的问题为导向,以动态的形式寻找答案,通过展现寻找答案的过程来吸引用户的注意力,并邀请用户参与到内容中。其背后的逻辑是当用户在视频页面看到创作者设置问题的标题时,会自然地进入预先被设置的思考路径里,进而重视与思考该问题,这种方法让用户有了一探究竟的欲望。同时,在结尾处设置悬念也是一种设置问题的方式,可以让用户在看完短视频之后对接下来的情节有所期待,有想要继续观看下去的欲望。

3. 传播情感

热门短视频在内容上往往有情怀、有感情、带情绪,具有激发朝着积极方向发展情绪的能力。短视频最擅长的是以情动人,观众才会更有点赞、分享的热情。如今观众对娱乐内容的需求仍然很高,娱乐、搞笑类视频仍然是短视频用户的首选。创作者若想要增加在某一领域的持续影响力,需要长时间在该领域内生产有价值的内容,以便获得平台中的主要流量。抓住"情感"这一主题,通过关键画面呈现,视频配文点题,背景音乐渲染,唤起受众的互动欲望,以达到传播效果。与用户产生情绪共鸣的视频,通常能够取得较好的传播效果。其情感包含爱国情、友情、亲情、爱情等,都能引发用户共鸣,调动用户情绪,与用户的价值观达成共识,内容、文案、画面能够戳中用户的心,使用户进行转发、留言、点赞等互动,进而提升账号的传播力、点赞量和用户黏性。

(二) 内容策划

拍摄高质量内容的短视频除了优质选题外,还需要对内容进行布局,制作精美、信息密度高、内容生动有趣的视频,才能给予用户良好的浏览体验。一条优质短视频要包含娱乐性、哲理性、人文关怀等,如资讯类短视频,在报道社会重大事件时,需要持续关注每一阶段的过程和细节,多角度、全方位进行跟踪报道,使短视频具有时效性、真实性等。而对于非资讯类短视频,要贴近大众生活,接地气,选取老百姓的故事展示鲜活的生活场景,彰显创作者的人文关怀,关注人物命运,直击人们的心灵。对热门话题或事件进行传播时,要善于寻找与其他创作者不同的思考角度和落脚点,进行差异化传播。

1. 差异化内容

当某种新内容、新模式在短视频市场中脱颖而出,众多创作者会紧随其后,扎堆模仿,造成的结果是同种类型的短视频过多,视频同质化导致受众视觉疲劳。因此,开拓创新模式、突破同质化壁垒应成为创作者在内容生产阶段的着力点。差异化是指短视频为避免与同类型风格的短视频同质化,在选题、表现形式、内容策划等方面进行创意创新。表现形式的差异化会给用户带来耳目一新的感觉和思维冲击。除此之外,视频人设的差异化增强了短视频的记忆点,形成个性化的高辨识度人设,打造出无法复制的风格化标签和用户黏度极高的

IP人设,通过人设在市场中的定位来吸引目标用户群。内容差异化才是获取流量最为健康的状态,用户在被内容引起共鸣以及获取到新鲜信息后,会有强烈的自主扩散意愿,从而带动更多的资源曝光。面对短视频用户的需求缺口,以上述因素为抓手,构建优质、差异化的内容生态是短视频"驻流"的突破口。

2. 低入门与垂直细分相结合

网络社交平台对个体有数字赋权的功能,但这并不意味着权力中心由此衰亡,相反,这样的网络环境更加激励了个体争夺影响力的行为。若一个短视频账号发布的内容没有既定的主题,内容杂乱,是不利于巩固用户群体的。所以发布作品选择垂直领域延伸,可增强用户黏性。向用户输出更多经验性与实用性的垂直内容,不仅能带给用户短期的视觉刺激,还能收获长期的价值,从而获得用户的青睐。知识性垂类内容在短视频平台上受到用户的喜爱,反映出用户对短视频的内容品质、知识含量的较高诉求,也呈现出全民教育、终身学习在短视频平台上的全新表达形式。低入门标准与领域垂直细分相结合,内容细节上的拆分,细化到用户能够理解记忆并且能够操作的程度,使用户产生信任感。例如制作美食类的短视频,创作者从准备食材到制作再到展示成品,在这个过程中有详细的分步骤讲解,让用户不仅能够欣赏美食的外观,还能够了解制作这款美食的步骤。在收获知识的同时,用户还会对制作食品的人产生由衷的敬佩感,进而延伸到对账号本身的信任。科普视频内容就是围绕垂直细分领域的知识和技巧来进行内容策划和制作,同时结合动画、虚拟人设、短剧、幽默搞笑的叙述方式等形式降低知识门槛,突出"干货"分享和实操性,降低知识类内容天然带有说教性的负面影响。

3. 巧用热点

创作者可以通过微信、微博以及各大网站的热门榜单寻找选题,也可以关注热门话题的评论,从中挖掘更多的题材和故事。当然,也需要适当考虑短视频平台上用户比较喜爱的领域,许多细分领域会因为相同爱好者的聚集逐渐成为主流。创作短视频的过程中,可以通过紧跟热点、借势热度的方式巧妙地提高视频的点击率。因为热点话题本身就受到广泛关注,自带流量输入。同时,可以根据热门内容进行话题创作,如节假日、纪念日等,创作者或平台根据热点设置话题,引起用户讨论。设置话题来自短视频自带的社交化天然基因,因此,在创作阶段就要考虑传播过程中可能带来的反响。通过巧妙设置话题,鼓励用户参与话题讨论、制作发布相关内容,引发互动。

三、案例分析

"人民日报"抖音号是中央级媒体人民日报新媒体中心在抖音短视频平台开设的视频账号,以"参与、沟通、记录时代"作为传播理念。截至2022年9月7日,该账号共发布作品4435个,粉丝数为1.6亿,总获赞数高达99.1亿。其中2021年2月8日发布的短视频,讲述年轻消防员在新春佳节吃到母亲寄来的年夜饭,不禁潸然泪下(见图5-10)。该视频点赞量高达千万,为主流媒体在短视频内容生产中提供了成功的实践范例。视频中整体呈现出以下两个特点。

(一)平民化、碎片化叙事策略

通过讲述年轻消防员的生活故事,一改传统媒体以往的严肃话语风格,转向侧重于情感表达,在画面上聚镜于基层群众,在文案设计上也贴合生活化语气,塑造感人的情感内核。

图 5-10 "人民日报"抖音号视频

"救火英雄"得知眼前的美味佳肴是母亲亲手所做的后潸然泪下,展现出其内心柔软的一面。画面与视频拍摄背景的解说词相结合,可视化呈现,以音乐做铺垫,增强了视频内容的信息量与真实感,贴合用户碎片化观看习惯。

(二)精准把握社会热点

视频的发布时间为防控疫情期间,又把握住了"异地过年"的社会热点,激发出观众的情感共鸣。将消防员放置在日常的生活场景之中,由年夜饭激起消防员心中对亲人的思念之情,是对敬业、亲情的生动诠释,引发用户情感上的共鸣,进而获得良好的传播效果,既是传播态度,也是传播温度。

第三节 短视频制作

正如我们之前提及的,短视频的制作理念和方式不同于传统的影视工业,虽然同属于影视制作,但是因为制作周期、成本、市场等的不同,其制作理念以及所用工具也与传统的影视工业大相径庭。由于播放媒介和基于互联网传播载体的特殊性,目前主流的短视频最高像素在 4K 以下,这也就意味着传统的 Arri、Red 等高清摄影机在短视频制作上无用武之地,移动设备(手机、大疆灵眸等)拍摄成为常态,而画质能达到 6 K 的单反(包括微单)成为较高的配置。通常短视频制作较少使用到轨道车、摇臂、灯光(含发电车)等重型摄辅设备,这也就意味着短视频无法在第三人称的镜头下满足传统的对于摄影机运动有关的视听语言以及大场面的摄录。即便使用 LED 便携式灯光,短视频拍摄的光线条件也是有限的。在后期制作方面,剪映等移动终端的剪辑软件成为主流,依赖于剪辑机(计算机)的 Pr、FCP 成为较高配置。此外,传统意义上的 16∶9 或 4∶3 构图已经不是唯一选择,移动终端的 6∶19 构图也对受众的观影阅读以及传统影论的构图造成较大影响。

一、前期拍摄

(一) 设定整体艺术风格

在短视频的制作流程中第一步就是确定风格,风格将影响短视频拍摄的机位、景别、运镜速度、剪辑节奏等,也是整个短视频构想能否成功的关键。短视频由于时长的限制,对故事情节复杂性要求不高,人物关系简单,剧情能快速进入高潮,也正因为如此,这对选题的要求就会更加高。选题要牢牢把握主流价值观这根弦,尝试突破原有的艺术表现视角,选取更加深刻的角度,便可以在众多的短视频中脱颖而出。

短视频的制作一方面需要遵循影视艺术的基本规律,另一方面需表现出不同于传统影视作品的艺术特色。作为一种可以引导用户重拾生活美学的艺术载体,短视频将艺术与生活融为一体的交流形式展现了崭新的艺术外观,通过强化视觉和听觉符号,最大限度地向用户显示拍摄对象的特征,并通过精美的镜头、适当的音乐和节奏,获得观众的认可。

(二) 制作文案及分镜头脚本

文案制作首先需要确定视频主题,而视频中常包含热点、笑点、泪点、正义点、矛盾点、知识点中的一点或几点,满足用户的心理需求,这些主题导向的核心价值能让用户产生共鸣。由于短视频的特殊形式,短视频文案有别于常规剧本写作,这要求创作者在开头 5 秒内展现出亮点,抓住用户眼球,提升完播率。其次,在播放中途需要掌控好内容,推进节奏,利用人物关系、音乐等吸引用户观看下去。最后,视频的结尾可以埋下伏笔或者制作"彩蛋",引导用户反复观看。

分镜头脚本是影视创作中必不可少的部分,是连接导演、摄影师、剪辑师、演员和所有创作人员的重要参考。同时,它也给时长的把握和镜头的设计提供了思路。分镜头脚本一般包括镜号、画面、内容、效果、秒数、台词和音乐等信息,可制成表格,分项填写(见表 5-2),可灵活掌握,不必拘泥于固定形式,主要的目的是为创作服务。

表 5-2 分镜头脚本样式

镜号	画面	内容	台词	音乐	效果	秒数

续表

镜号	画面	内容	台词	音乐	效果	秒数

景别是指在焦距一定时,由于摄影机与被摄体的距离不同,而造成被摄体在摄影机录像器中所呈现出的范围大小的区别,一般可分为特写、近景、中景、全景、远景五种。通常在绘制分镜头脚本时便可表现出来,无须单独标注出来。画面包括运镜方式、场面调度等信息。分镜头脚本是标准化工作流程中的重要一环,对最终成片负责。有了分镜头脚本,创作团队可以处于一个有条不紊的工作节奏之中。若画图能力较差,可将画面一列分解为场景、景别、机位、画面内容四个部分。

(三) 运镜及光线的把控

拍摄视频时,首先根据前期准备好的分镜头脚本,考虑视频的构图来确定不同镜头使用的景别。由于大多数用户观看短视频时使用的是移动端,屏幕界面较小,所以短视频画面尽可能选择中景、近景和特写等景别,拉近镜头与受众的社交距离。

其次,在短视频拍摄中需要考虑被拍摄对象的画面结构,通常使用水平线构图、十字构图、九宫格构图、三分法构图、黄金分割构图等经典构图方式。但这些构图方式仅仅是辅助,拍摄必须围绕着画面的视觉中心点来展开,明晰要表达内容的主次,画面简洁明了,在此基础上大胆创新,多角度、多方位进行拍摄,以达到效果最优化的目的。

最后,注重运镜方式的使用。随着拍摄设备的精简化和平民化,移动媒体的运镜画面延伸出了横移镜头、俯视运镜、升降运镜、环绕运镜等多种尝试。受众审美情趣和艺术美感的提升,使他们更加追求画面构图的和谐和时尚感。移动媒体的发展,离不开精简化拍摄设备的辅助,手机、单反、go-pro等设备搭配一个轻便的稳定器就能实现多种运动镜头的拍摄。同时,使用无人机拍摄时,更多人会考虑使用"上帝视角"来展现城市壮阔的景象。画面的选择除了要运用多元的运镜和精美的构图,还需要遵循传统媒体的剪辑原则,对画面有整体的构思。

(四) 竖屏拍摄

竖屏拍摄短视频中是一种常见的并且与用户使用习惯高度贴合的视频画面呈现方式。竖屏拍摄适用的设备是手机,画面比例为3:4,具有极强的纵深感和挤压感,信息容量大幅缩小,有利于展现细节特征。但是竖屏拍摄让传统的构图方式以及已有的经验和法则在它的面前统统失效了,需要去寻找适合竖屏内容的新景别和适合竖屏视觉特质的影片题材。在拍摄过程中,由于竖屏画面没有左右构图,只有上下构图,所以需要打破以往的场景布置方式。同时,竖屏画面收窄,虽然更适合单个人或者景物的展示,但是不利于展现复杂的场面调度。

二、后期剪辑

如果说内容是主干,那么也少不了"枝叶"的包装,创作者需要对标题、封面、字幕、音乐、动画等细节进行风格化加工,增强短视频的创意性。可以根据自身的经验制定出统一的短视频制作标准,如对短视频进行片头片尾的包装、对字幕风格和字体大小进行调整、确定字幕在哪里出现等,才能为账号积累口碑,不断吸引观众,使精心制作的视频吸引更多流量,从而有助于账号形成正向循环。

(一) 素材整理

第一,在素材准备阶段,制作者应当结合主题收集、处理素材,可以收集 AVI、WAV 等文件,以及 JPG、BMP 等静态图像,并将自己选中的高品质的素材导入视频中,注意掌握首帧与末帧之间的剪切度。第二,制作者应当灵活运用新媒体软件,提高画面的整体质感、播放的流畅度,若有需要,可以添加特效,增强视觉冲击力,使其符合受众品味。第三,制作者也需要注意声音的处理,在软件上对音量、效果等进行处理,使用计算机处理声音可降低处理难度,提高视频制作效率。第四,制作结束后,制作者可以将短视频放置到剪辑窗口中检验播放效果,再进行细节完善,最终形成一个高品质的视频。

当然,随着技术的革新,无专业基础的普通用户也可以通过短视频平台直接完成从拍摄到制作的过程。在移动端工具中将已拍好的素材依据个人创意进行整合编排,视频制作难度大大降低,视频剪辑、添加字幕特效等不再只是传媒人的专利,普通用户也可以借助平台的素材库等,进行简便易上手的操作,即可完成具有个性化的原创作品。

(二) 剪辑节奏及剪辑软件

视频剪辑软件是对视频源进行非线性编辑的软件。在智能手机与移动端应用软件兴起之前,大量的视频剪辑工作都是在 PC 端完成的,虽然移动端应用软件的功能不及 PC 端专业软件完备,但是前者的优势在于可以随时随地编辑视频并且即时分享,降低了操作技术门槛。移动互联网时代,后期制作不再是剪辑师的专利,人人都可成为视频的生产者和传播者。不管是使用 PC 端专业软件还是移动端应用软件剪辑,只要在短视频制作方面契合受众的视觉需求,在画面、声音、剪辑技巧、色彩等方面下功夫,以"内容为王,形式搭台",便能做出优质的短视频。

值得一提的是,短视频剪辑软件的重要特点是视听语言(电影语言)的集成。换言之,是一种现成的视听语言。我们以剪映 APP 为例,这种视听语言的集成更加快捷方便,比如转场有运镜、MG、遮罩、综艺等效果,使用者无须细化制作专场;根据场景设定,滤镜有人像、美食、复古、影视级等效果,使用者甚至无须进行调色;根据节奏,升降格有英雄时刻、子弹时刻、跳接、闪进、闪出等效果,使用者无须去调整升降格曲线以及进行平滑过渡处理,只要确定自己想要的升降格效果即可。这种面向对象的封装不仅降低了技术门槛,也提升了非专业人士制作短视频的视听语言规范程度和质量。

短视频常用的剪辑软件如下。

1. 移动端剪辑软件

1) 剪映

剪映 APP(见图 5-11)是抖音官方推出的一款手机视频编辑剪辑应用软件,带有全面的剪辑功能,可调整多种画面比例和颜色,支持交叉互溶、闪黑、擦除等多种效果。剪映 APP 支持使用抖音曲库,有多种风格配乐和转场效果,基本可以满足大部分用户的剪辑需求。但该 APP 的缺点是其分享视频的路径非常单一。

2）VUE

VUE（见图 5-12）是一款用来拍摄 vlog,拥有多款实时滤镜、动态美颜、多镜头拍摄和编辑的应用软件。其简单易上手,能够满足大多数人对视频剪辑的需求。该应用软件可以自行设置画幅、时长和分镜头数,默认最短拍摄时长为 10 秒,可以适配微信朋友圈小视频分享。同时,VUE 还有自己的社区频道内容以及主题分组,用户也可以在社区与其他用户互动。但其缺点是软件无法进行字幕添加,需要导出在其他工具中进行添加字幕的操作。

3）inshot

inshot（见图 5-13）具有剪切、画布、滤镜、音乐、贴纸、速度、背景、文本、旋转等功能。但是免费版有水印,需要每次点击去除水印,如果想要永久去除水印或解锁更多滤镜,则需要花钱购买 pro 版本。若想使用免费贴纸,需要看 20 多秒的广告才能下载贴纸。

图 5-11　剪映 APP 图标　　　图 5-12　VUE APP 图标　　　图 5-13　inshot APP 图标

2. PC 端剪辑软件

1）Pr

Pr（见图 5-14）是一款常用的视频编辑软件,由 Adobe 公司推出。现在常用的有 CS4、CS5、CS6、CC 2014、CC 2015、CC 2017、CC 2018、CC 2019、CC 2020 版本。这是一款编辑画面质量比较好的软件,有较好的兼容性,且可以与 Adobe 公司推出的其他软件相互协作。目前这款软件广泛应用于影视编辑,如广告制作、电视节目制作中。其最新版本为 Adobe Premiere Pro CC 2020。

Pr 对于想要利用抖音变现的人来说,是一款很专业的工具。它易学、高效,可以非常流畅地把视频剪辑、拼接起来,甚至进行调色、美化音频、添加字幕等操作,帮助完成高质量的作品。

2）Ae

Ae（见图 5-15）全称为 After Effects,是 Adobe 公司开发的一个影视后期特效合成及设计软件。创作者可以利用该软件完成数百种预设的效果动画,为作品添加精美的视觉效果。Ae 同样保留有 Adobe 优秀的软件相互兼容性,它可以非常方便地调入 Photoshop、Illustrator 的层文件,且 Pr 的项目文件也可以近乎完美地再现于 Ae 中。

3）爱剪辑

爱剪辑（见图 5-16）是一款剪辑软件,其根据国人的使用习惯、功能需求与审美特点进行了全新设计。用户不需要了解视频剪辑基础,也不需要理解"时间线""非线编"等各种专业词汇,该软件以直观易懂的剪辑方式呈现在用户面前,同时还具有更多人性化的创新亮点,减少了应用中纠结复杂的交互,增强了视频的画质和艺术效果。

图 5-14　Pr APP 图标

图 5-15　Ae APP 图标

图 5-16　爱剪辑 APP 图标

（三）短视频一站式后期流程

出于演示和范例需要,在短视频一站式后期流程中,我们要尽可能地使用传统剪辑动效软件配合短视频后期软件进行(见图 5-17)。短视频项目的展开往往以素材分类整理为基点,根据短视频类型,预先下载调取相应的模板或者调色 Luts。目前市面上的软件自带的模板以及可供下载的资源已基本能够满足短视频制作的需要,这些整合了的视听语言如同写作模板,非常适合进行短视频的制作。下面我们分别以故事片、广告片以及营销类短视频为例,探讨其素材处理时的模板选择策略。

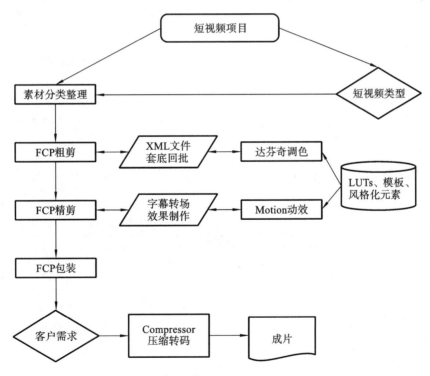

图 5-17　短视频一站式后期流程

对于故事片来说,由于其叙事的必要性,调色的应用方案相对简单。为了凸显故事主线,冗余的色彩会影响观众对于故事本身的关注,我们一般会削减颜色,并且制造相应的配色方案,比如适应戏剧冲突的明暗调以及令视觉舒适的冷暖色等。此外,故事片剪辑节奏比广告片要缓慢,除非特殊的表述,一般使用的影像修辞较少,换言之,故事片并不需要过多地使用动效,故事片的视听效果主要集中在转场以及字幕上。因此具有特定视听语言表述的转场模板是故事片预先要准备的。

而广告片的剪辑节奏一般较快,强调视觉效果和冲击力,无论在动效还是调色方案上都相对复杂。广告片的调色方案不仅大多在高中调,还要考虑在此影调下的颜色搭配,比如三原色、对比色等,以及在此影调下的颜色凸显、颜色扭曲、锐化突出细节、降噪等一系列问题。对于特效来说,广告片所需要的影像修辞相对较多且复杂,比如CGI图像、影像拼合抠像等。为了节约制作时间和成本,需要预先把广告片的动效进行有效的分流制作,或者准备大量的动效模板以应对广告短视频的制作需求。

营销类短视频这种在抖音、快手较为常见的短视频类型兼具广告片和故事片的双重特性,因此在前期的准备工作中,需要根据实际情况制定配色方案以及动效模板。

需要提及的是,大部分素材和模板已较为完备,但是针对有特殊需求的短视频项目,可以在Davinci、Motion等软件中自制模板和风格化元素。

素材整理完备后,可进入粗剪阶段,该阶段无须进行以帧为单位的精修。粗剪结束后通过XML文件进入Davinci进行调色,该步骤相当于素材的二次处理。调色结束后同样通过XML文件回批到FCP或者Pr中进行精剪。精剪包括升降格字幕转场以及动效制作等。所有具体的制作环节和技术指标如表5-3所示。最后根据播放媒体平台进行成片的包装,比如通过压缩进入剪映、微视等APP,制作成9∶16格式的短视频,并且设计相应的封面等。

表5-3 制作环节和技术指标

制作环节	技术指标
素材整理以及分类	FCP初始设置、三点编辑法
短视频分类以及类型电影	调色LUTs预置、Motion模板导入
时间线与几种剪辑方式	磁性时间线、顺序、交替、平行、多机位剪辑
粗剪进入调色系统	达芬奇套底与回批
达芬奇一级调色	色彩空间转换、LUTs使用、达芬奇标准节点构造、一级调色
达芬奇二级调色	冷暖色(上、中、下)
色彩模板	色卡分析、颜色定制
风格化调色	光影、HDR、颜色扭曲、图层混合
人物造型	美颜、瘦脸、拉伸
色彩动画	颜色动画、运动追踪
天气改造以及特殊场景处理	天空替换、气象调色、图层滤色
升降格处理以及转场	曲线升降格、标准转场
模板制作	从FCP X到Motion 5
影像图层的拼合与空间	关键帧、遮罩、摄影机动画

续表

制作环节	技术指标
影像的生成	发生器、复制器、粒子、转场
成片的包装	格式与转码、角色与章节、封面设计
短视频发布	抖音、B站的上传格式以及发布

（四）声音加工

声音可以构建空间，而音乐自带的节奏可以将我们带入影视画面情境中，由声音建立的空间感和节奏感在短视频的制作过程中被展现得淋漓尽致，因而声音在短视频后期创作中占据举足轻重的地位。声音包括音效、音乐和人声。

1. 音效

短视频音效处理可以借鉴综艺节目中使用的技巧。综艺节目中会使用大量音效，防止受众听觉倦怠，如在尴尬场景中配上搞怪的声音等。这些声音趣味性十足，能尽快将受众带入情境中。只有把握好音效的使用，才能够更加完美地贴近剧情，展现故事情节，渲染故事氛围。音效的作用可具体概括为以下三点：第一，音效可以渲染剧作氛围，强化故事发生的背景；第二，音效可以展示人物性格，梳理剧中人物之间的矛盾；第三，音效可以使观众强化印象，增强对故事情节的理解和记忆。

以剪映为例，使用该软件剪辑视频时，可以根据使用场景和功能搜索各种音效（见图5-18），有综艺常用的音效，以及笑声、人声、转场等音效可供用户选择。选好音效后，点击"使用"并拖动音频条，将音效放置在与画面匹配的位置即可。搞笑类的短视频选取适当的音效，可增强娱乐性，使得喜剧效果在无形之中被放大。

图5-18　剪映音效

2. 音乐

选择合适的音乐往往会对一个视频的传播力及点击量产生较大的影响。选择的音乐是否广泛传播，且与短视频内容契合度较高，是否有同款短视频音乐类型推出且数据较好，这些都是配乐选择之初需要充分考虑的因素。当打开短视频APP时，许多短视频的配乐都让人耳熟能详。这些音乐有旋律优美、节奏欢快、辨识度高等特点，可以快速抓住受众的耳朵，引起共鸣。当下比较热门的卡点音乐，多使用有规律性的音乐节奏等来刺激受众的听觉器官,将受众带入短视频营造的空间和氛围中。在大数据时代,编导在制作短视频时,一方面要以专业的眼光去审视作品的内在美感;另一方面要结合数据、用户画像及粉丝习惯,在选题内涵的基础上,去选择更能烘托氛围、辅助叙事、扣动特定收视群体心弦的音乐。

短视频的音乐可以从音乐榜单中选取,或者在视频上传时的推荐音乐中选取(见图5-19),但不可以使用未被授权的音乐。在选择音乐时,需要针对短视频表达的主题以及传达的情绪,确定与之相匹配的音乐风格。只有先弄清楚整体的情绪基调,才能进一步对短视频中的人、事以及画面进行背景音乐的筛选。如果你拍的是风景类短视频,可以搜寻一些空灵的纯音乐;如果你拍的是生活美食类短视频,可以选择快节奏、活泼的音乐。背景音乐虽然对于整个短视频起着画龙点睛的作用,但切忌不可让背景音乐喧宾夺主。

图5-19 歌单分类

3. 人声

常见的配音方式有自己配音、请专业团队配音或使用配音软件配音。录音环境的不同,对人声的录制有很大的影响。人声录制一般选择在专业录音棚进行,录音棚由于其隔音效果好,声学处理得当,可以拾取到干净清晰且高质量的人声。或者可以在拍摄过程中同期录音,这种录音方式虽然可以避免出现口型对不上或者感情流露不自然的状况,但是现场环境制约因素太多,不可避免地会收录进很多杂音。

人声都具有各自的特点,不同的录制方式、不同的传播形式都会对人声的表现力有重要影响,我们可以通过多种技术手段去进行表现力的塑造。随着录音技术的发展,我们可以选择更加灵活的录制技巧和拾音方式,从而获取更加自然丰富、清晰、高品质的声音,既提升了短视频作品的质感空间,也有利于后期缩混处理。

第四节 短视频传播策略

短视频的兴起,开启了内容生产全民创作的时代,也让内容消费更加方便。短视频本身具有的碎片化属性,使得用户的注意力很难长期集中在某一短视频内容上,从而形成持续关注,所以必须进行持续的运营。由此,短视频的运营策略和方法成为各个短视频头部内容机构保持增长的核心,短视频运营首先要依托于不同的短视频平台,而每个平台的调性、用户习惯、流量分发策略都不一样,这就要求短视频运营更加精细化。

一、封面制作

封面和标题作为用户第一眼看到的内容,会给人留下最直白的第一印象,同时也是用户最初了解视频主题的关键。精美的封面往往能吸引用户的注意力,从而增加点击率。我们在设计短视频封面时,要注意以下三点。

(一) 反映视频主题

作为视频的"门面",也是为用户带来最直观感受的部分,封面一定要与短视频内容保持高度的关联性,这样才可以让用户通过封面就清楚地了解视频的内容。例如美食类短视频,创作者可以用精心摆放的成品图片作为封面,让用户一目了然地了解该短视频是针对哪道菜的制作流程而拍摄的。

(二) 使用高质量图片

短视频要封面完整,并将文字放置在最佳展示区域,封面上的文字内容不要被底部标题或播放按钮遮挡住。图片的比例要合理、美观,不能存在拉伸变形的情况。通过调整图片的清晰度、亮度和饱和度,提升用户体验。另外,封面布局要简洁、层次分明,以便用户能够迅速抓住重点。

(三) 打造个性风格

如今自媒体领域越来越注重打造属于自己的独特风格,各大平台也大力支持原创内容。在设计短视频封面时,短视频创作者可以选取短视频内容中的某一个画面进行修饰后当作封面,或者设计一个独具个性的封面图或排版格式,打上创作者的个人标签,形成账号独有的风格。封面上的字体、风格一致,整齐的封面效果、统一的风格可以带给用户更好的视觉体验。

二、标题编辑

短视频有一个好的标题,往往意味着成功了一半。通过封面和标题,用户会决定是否进一步点开观看。碎片化的阅读习惯,使得用户在快速浏览时,标题就成为在纷繁芜杂的信息海洋中吸引受众点击观看的利器。为短视频设置标题时,要重点考虑以下几个方面。

(一) 明确用户群体

确定短视频的目标用户群体,通过增加用户标签提升代入感。不好的标题可能会将优质的内容埋没;反之,好的标题则能事半功倍,让短视频在繁杂的视频海洋里脱颖而出。用户标签的分类多种多样,有很多可以利用的维度,如职业、年龄、性别、兴趣爱好等。现在,短视频平台大多使用推荐算法来分发内容,机器算法对文字解析的优先级要高于视频画面内容,机器很难在短视频中获取相关的有效信息,直接、有效的获取途径就是短视频的标题、描述、标签和分类等。在进行推荐分发时,短视频平台会通过用户输入的关键词给出搜索列表,如果短视频的标题中有别的用户搜索的关键词,这个视频就会被平台推荐给相关用户。因此,短视频创作者在设置短视频标题时可以多添加一些流量高的关键词,这对提升短视频的推荐量和播放量都是非常有益的。

(二) 抓住情绪偏向

这类标题除了使用情绪偏向的语言外,还会利用标点符号和表情符号来进行情感输出,可以快速地将不同地域、不同爱好的用户拉到同一语境和情感状况下,从而形成共鸣。用户情绪是短视频创作者进行短视频制作的前提。短视频标题可以引发用户的好奇心,促使其对短视频的内容产生兴趣,进而产生点击观看的欲望。

(三) 提高社交互动性

针对强社交属性的渠道,需要选择更具社交性的运营策略,比如树立人格化的IP形象,让用户对内容产品产生情感投射。还可以在用户中培养意见领袖,为核心用户建立交流群,收集用户反馈,扩大口碑传播。

(四) 格式符合阅读习惯

短视频标题的字数要适中,不宜过多,否则会显得非常冗杂,不利于用户了解短视频的主要内容。但字数过少,又会影响机器算法提取信息的准确度。一般来说,短视频标题的字数控制在20~30个为宜,具体情况需要依据各平台标准来定。短视频标题要多用短句,并合理断句,避免用特别长的句子,这样可以控制文字的节奏。标题除了采用陈述句式,还可以尝试采用疑问句、反问句、感叹句或设问句等句式,以引发用户的思考,增强用户的代入感。短视频标题通常使用两段式或三段式,易于用户理解,减少其阅读负担,并且可以承载更多的内容,层层递进,使表述逻辑更为清晰。

以B站上的UP主毕导为例(见图5-20),他的封面与标语都展现了独特的个人风格,与同类型科普类视频形成了差异化效应,封面上的关键词简洁凝练,使用鲜明的颜色,并经过放大、加粗等字体效果,给人以强烈的视觉冲击与深刻的印象。

图5-20 B站UP主毕导主页

三、运营策略

运营策略是对账号的战略制定,把自己的账号打造成具有一定流量的明星账号需要复杂的程序、精妙的策略与精准的把控。下面将分为四点介绍短视频策划与制作不同阶段的运营手法。

(一) 找准定位,内容为王

短视频为信息传播提供了有效的传播渠道,但是传播是否有效的关键因素还是在于内容。短视频的内容分类广泛,但目前大多数短视频账号对自身的定位模糊,盲目跟风发布视频,导致内容以及形式同质化程度高,致使传播效果受阻。因此,短视频创作者应从用户观看心理需求出发,找准自身定位,找到适合自己创作的个性化内容。媒体一旦开通短视频账号,需要坚持定期、持续、稳定输出内容,才能形成用户期待,提升平台影响力。做一条好的短视频很容易,但每天至少保证一条有品质的短视频则具有一定挑战性。所以,需要进行标准化生产,形成视频制作的固定模板。这个电视栏目策划常用的办法,同样适用于短视频生产。可变的是主题和内容,不变的是视频形式,包括旁白多少字,多少个要点,逻辑怎么样,什么时候入题、点题、升华,从进入拉到空间要几个镜头等,形成固定的标准。之后按照这个标准来创作,内容质量就不会差太多,否则根本无法形成批量化生产。坚持有节奏地推出一系列符合账号定位和平台特点的原创作品,不仅有利于扩大平台的影响力,而且一旦抓住好的选题,就容易将自己的作品打造成爆款。

(二)增强互动,优化效果

在增强短视频账号的生命力的同时,也需要探索短视频的互动方式。单纯的信息发布而不通过互动将用户联系起来,会使短视频账号的价值大打折扣。大多数短视频 APP 设有评论的互动功能,用户可以在评论区表达对视频内容的看法,与其他用户甚至作者进行交流。视频作者同样也可以通过评论区留言与用户增进交流,这丰富了视频作者的创作思路。这种交流改变了传统媒体发布视频的"单向"模式,建立起一种用户与用户、用户与媒体之间的交互对话模式。短视频平台面向所有用户开放,视频制作者可以通过表演、讲故事等形式将日常生活中的趣事与他人分享,在社交平台扮演角色或塑造自我。用户既是消费者,又是生产者,短视频为用户提供了一个展示自己的舞台,强化了用户进行信息交流的能力。

(三)渠道多样,增加用户黏性

短视频想要持续发展、传播,离不开技术的支持,技术的更新迭代也对短视频的传播带来了一定的风险,如替代风险、模仿风险等。为此,就需要不断进行技术的创新,在保障质量的同时,通过探索各个平台的功能,选择具有特色、个性化服务的平台来传播视频,综合应用平台优势,拓宽传播渠道,在各个平台进行资源共享,同时兼顾不同平台的媒介形态,力求覆盖广泛的用户。充分调动用户的视觉和听觉感官,加深他们对短视频的印象。同时,多种传播渠道也能够在一定程度上兼顾不同标签的用户,增强用户黏性。

第一类传播渠道是短视频平台,包括短视频 APP 以及传统的视频网站;第二类传播渠道是社交平台,如微博、微信朋友圈等,发挥好友之间的口碑力量,利用社交关系网络对视频进行再次分享、转发和交流,进而提高短视频的播放量;第三类传播渠道是论坛型平台,大多数短视频平台除了支持分享到社交平台之外,还支持一些其他合作平台的分享,如知乎、豆瓣、百家号及头条新闻等,这类平台有助于引发深层次的讨论,使短视频成为话题热点。

与单一传播相比,跨平台传播速度更快,且用户群体更加广泛。对此,短视频的制作者应积极探索、拓展,为用户提供更广泛的观看渠道,促进短视频的可持续发展。同时,部分自媒体与电商相结合,建立品牌形象,例如"日食记""李子柒"等,这些账号在淘宝中具有自营的店铺,主要售卖一些在视频中出现的食品以及烹饪的工具、食材、成品等。除此之外,也售卖一些文化产品,如明信片等。这些产品往往与账号本身的风格相契合,被赋予了品牌内涵,在视频中不断重复出现,深化其在用户心中的品牌形象。

营销工作应重视对短视频平台的合理运用。进一步了解用户需求,更为精准地定位核心用户群体,满足不同兴趣、层次的用户,使内容创作更加优质。除了具有即时性等新媒体的显著特点,短视频还具有陪伴性、丰富性,能够促进用户的创作与分享。短视频推销产品时需要击中用户的购买点,拍摄产品要从用户重点关注的角度出发,了解用户对于产品的需求、用户的关注点有哪些、用户想了解些什么等,根据产品自身属性,挖掘产品在风格、款式、功能等方面的特色。例如,李子柒除了在抖音平台发布视频外,在淘宝、微博、小红书、B站等平台皆能看到她的作品(见图5-21)。在淘宝平台上,李子柒的视频会更突出产品的细节部分,由于时长的限制,视频去掉了对世外桃源气氛的营造,直接全方位地展现产品的制作工艺以及美观的外形。

图 5-21　李子柒各平台主页

打造短视频爆款产品后,可快速进行商业化布局,实现引流与变现。在短视频平台上,商家有更多直面用户的机会,通过在多渠道进行营销投放,深耕短视频内容,不仅可以使自己的产品更具辨识度,而且可以加强与用户的互动,提升其对产品的忠诚度。

(四)把握热点,巧妙引流

短视频除了自身创意外,也要学会借助热点,根据热点话题让短视频快速发酵、升温。创作者可以从以下四个方面把握热点,实现引流,扩大影响力。

1. 瞬时热点

瞬时热点具有突发性和偶然性,需要创作者持续关注微博热搜、朋友圈、资讯等动态情况,并根据自己的视频产品特点做出相应反应,思考如何正确利用热点话题,使其发挥其最大价值,在内容制作时结合自身特色并加以创新,做出个性鲜明的、具有独特创意的热门视频,避免盲目跟风。

2. 社会热点

该类型热点持续时间相对长久,也比较好预测,创作者可以根据某个可预见的政治时事热点、某些节日等预判选题进行运营,组织深度的内容产出。但是在后真相时代,很多热点事件往往因为其争议性强而受到广泛的关注,但其真实性无法定论,尤其是三天两头上热门的娱乐化热点,反转又反转是这类热点的一个特色。

3. 趋势热点

要了解某个行业的上升趋势，比如某个行业内用户、渠道、客户对某种内容的需求在未来较长的时间内将不断上升，这就不是简单的选题概念，而是需要运营反馈给内容部门，开发新的内容产品，抓住行业风口，结合账号本身的细分领域的定位，热点与账号定位紧密结合，制作出新的热点创意视频。

第五节　短视频营销模式

短视频改变了用户获取信息的方式，短视频营销是指创作者利用短视频吸引用户从而获取流量，对产品、品牌进行营销、推广等工作，将短视频的优势与商业宣传相结合，使得品牌在娱乐大众的同时融入大众生活中，从而达到商业变现的目的。通过挖掘短视频营销模式，可以丰富品牌的营销方式、内容和渠道，从而增加用户的关注度和黏性，深化商家与消费者之间的关系，让流量变现，实现盈利，从而大大提高营销效果。

一、短视频营销优势

（一）制作成本低廉

拍摄时间短、对专业性要求低、选择空间大、数字技术及移动设备升级，这些都赋予了人人皆可拍摄短视频进行创作展示的机会。与传统媒体相比，短视频对技术与设备的要求更低，甚至不需要专业的摄影师和剪辑师，可随时随地使用移动设备进行拍摄制作，这降低了传统媒体视频营销的门槛以及成本，便于进行视频营销。

（二）信息集中

如今中国已拥有庞大的短视频用户群体，数量及用户使用时长呈现爆炸式增长状态。短视频平台能够基于用户的历史行为数据，如浏览的视频内容、点赞、转发、评论等，形成用户个性化标签，推测用户意图，并为用户推荐合适的商品和内容。同时短视频打破了时间、空间的限制，成为互联网时代极为便捷的内容形式。但是在当下阅读方式碎片化的时代，吸引人们在海量内容中长时间固定观看的难度越来越大，所以吸引更多的用户的注意力就能获得更多的关注。短视频的内容布局省去了铺垫环节，对所需要营销的产品可直接进行开门见山式的介绍。

（三）平台具有互动性

如今的短视频平台皆开通了评论、点赞、转发等功能，用户可以实时编辑发布自己的观看想法。同时，通过互联网的信息传输，可以将文字、图片、视频等进行信息交换，用户可以对品牌产品进行反馈和互动，同时也提升了企业营销的效率。商家根据反馈结果进行战略调整，加强短视频营销的互动性，用户不再是单一的接收方，双向良性互动、沟通，可以增强产品的营销效果。

二、主要营销方式

短视频平台凭借海量的内容和强烈的视听冲击力,收割了用户大量的内容消费时间,因此成为一座潜力惊人的"流量富矿"。更重要的是,抖音、快手等短视频平台通过数据算法,甚至比用户还要了解自己的深层次需求,其将合适的产品信息以恰当的内容形式,自动推送给潜在需求者。在短视频平台内,可以运用广告、电商、IP化运营、KOL营销等多种方式进行营销。

(一)广告

广告分为冠名广告、贴片广告和原生广告。短视频用户是主要的消费者,特殊的时长限制让传统的广告形式无所适从,在数字化时代,广告商开始探索更有效的品牌广告渠道,同时也更关注消费者接触媒介的心理转变,并追踪广告的投放效果。短视频广告不仅不需要占用太多的观看时间从而避免引起用户的厌恶,同时还可以利用感官刺激迅速吸引消费者的注意力。

(二)电商

随着媒介技术的发展逐渐从电视向互联网过渡,电商成为新的营销方式,不仅承载了变现的潜力,其互动性在传播过程中还具有不小的优势。同时用户可在观看短视频的同时,点击视频下方展示的商品链接,就可以"边看边买",加速实现用户向消费者身份的转化。短视频电商变现以内容代替广告,以场景代替销售,同时依托于短视频形式,对提高电商的活跃度、用户黏性起到了重要的推动作用,从而打造出广告投放、内容引流和场景消费三位一体的生态环境。

(三)IP化运营

除了内容创新外,打造IP也逐渐成为短视频内容盈利手段的关键点。IP即知识产权(intellectual property)的缩写,同时其也受到法律的保护。IP化内容可以使短视频在竞争上体现出差异化从而脱颖而出,其成为吸引短视频流量的有效手段之一。流量作为短视频盈利模式的核心,是创作者关心的内容,内容生产持续吸引流量积累,从而实现变现。

(四)KOL营销

KOL意为关键意见领袖(key opinion leader,简称KOL),是来自营销学的概念,通常被定义为拥有更多、更准确的产品信息,且为相关群体所接受或信任,并对该群体的购买行为有较大影响力的人。在做短视频宣传时,要找的KOL是那些可以发挥社交媒体在覆盖面和影响力方面的独特优势,具有较强的用户黏性和号召力的账号。品牌会通过搜索引擎,或登录视频平台根据标签搜索筛选出来一批KOL,再通过分析他们的数据(粉丝量、播放量、收益等),选择邀请一些KOL进行合作。KOL营销能够提升品牌形象,许多品牌会通过邀请KOL作为品牌代言人或者推广大使,来提高品牌的知名度,这样可以让许多原本不知道这个品牌或者不太了解品牌的人增强对该品牌的认知,以此来推广相关的产品。依靠名人效应去得到更多消费者的关注,是KOL营销典型的推广方式。

KOL通常具有一定的粉丝基础,他们的一举一动都会引来粉丝们的围观,具有圈层影响力。因此借助KOL宣传产品是一个不错的方法,但在选择KOL的时候要注意以下几点。

1. 明确目标群体

根据短视频的主题和内容找到目标用户群体，也就是说，短视频创作者要明确自身所在领域最容易吸引哪些用户观看。例如，若创作的短视频属于美妆垂直领域，那么目标用户群体就是以80后、90后和00后的女性为主。

2. 寻找契合的KOL

KOL的品牌运营推广是与市场、用户直接对话的渠道和方式。根据目标用户群体的特点和喜好寻找契合的KOL，只有找到与产品各个方面都契合的KOL，才能有效地借助其"光环效应"达到最好的宣传效果。

3. 内容与KOL个性风格相结合

在宣传品牌产品时，文案的撰写要避免老生常谈，以免让用户产生审美疲劳。除此之外，短视频创作者还需要针对KOL个性特色撰写有创意的选题类型、内容呈现形式、内容推送、特色栏目等，将品牌形象与KOL的风格结合起来，让用户眼前一亮，与KOL的"光环效应"相互促进。

短视频营销在市场上对品牌的推广起着巨大的推动作用，大多数公司都愿意尝试这种新式营销模式，由短视频构成的产业链也正在逐步扩展。但是需要注意的是，由于短视频营销还处于起步阶段，盈利之路并未形成可以遵循的既定模式，仍然存在很多问题，例如缺乏内容创新、内容审查和资源整合不足、合作体系不成熟等问题。为了实现短视频营销效果最大化，需要生产者精准定位消费者需求，有效整合资源和渠道，使线上线下多种营销模式结合，以提高短视频的营销效率。

第六节 短视频的潜在问题及反思

短视频作为一种新型传播方式，其繁荣推动了相关产业的发展，为相关行业增添了新的活力，但火爆的背后也衍生出一系列问题。部分受众对错综复杂、海量的信息缺乏筛选、辨识、分析和批判能力，这为培养公众媒介素养带来了巨大挑战。若这个问题不能得到妥善解决，可能会造成一系列的社会负效应，不利于短视频行业健康高效的发展。本节将对目前我国短视频发展中存在的具体问题及其带来的消极影响进行梳理，并在此基础上提出相应的对策和建议，希望能为未来短视频的健康高效发展提供有益的帮助。

一、潜在问题

（一）与主流价值观相背离

短视频日益渗透到人们的日常生活中，逐渐成为信息接收的主要媒介手段。由于短视频创作的低门槛和时长限制，视频拍摄手法及内容大多对专业性和技巧性要求不高，部分短视频一味追逐浅层次的视效冲击体验，而忽视了短视频所应传达的内涵价值和艺术性，甚至出现内容低俗混乱的趋势，产生与主流价值观相背离的消极影响。

以 2018 年出现的抖音"网红"温婉为例，短短一条在地下车库 10 余秒的跳舞视频，几天内获得千万点赞，温婉变身新晋"网红"，收获无数追随她的粉丝。但她在视频中传达出来的纸醉金迷的负面思想，对青少年的感官刺激较大，很容易诱发青少年的模仿行为。青少年是互联网用户群体之一，但由于他们的思想、心智还未发育成熟，容易受到不良内容的影响，不利于未成年人的健康成长。例如，部分视频涉及关乎伦理问题的内容，如炫富、直播父母去世信息等哗众取宠的负面内容也造成了一定的消极影响。这一类低俗的视频内容为我们敲响了警钟。

（二）内容同质化现象严重

短视频市场竞争激烈，若平台上某类视频成为爆款，那么便会出现许多雷同的内容，同时内容栏目也趋于大同小异，因此短视频同质化问题饱受诟病。人们在享受着信息资源丰富、获取便捷的同时，传播内容同质化的问题越来越严重，视频内容缺乏新意、形式雷同、反复使用的"梗"消磨了受众的新鲜感和兴趣。如对同一首热门音乐进行复制性表演，很多网络段子被不断翻拍，导致受众审美疲劳，过度娱乐化导致内容价值降低，影响其创造力，这就容易引起人们的厌烦心理，使短视频的发展陷入了僵局。

（三）"真实"让位于"热度"

短视频以声画同步的现场感带来的真实性拟态环境，使得真实与虚拟的界限被模糊。在后真相时代，事实逐渐让位于情感，情绪化、碎片化视频促生事实的"失真"。具体体现在部分短视频创作者利用受众的同情心与爱心对"人性"等问题大做文章，为了击中受众内心深处的情感软肋，激起受众的悲伤或愤怒的情绪，故意将事情的真相抛之脑后。人们相信"眼见"，甚至忽略了信息的逻辑性，逐渐丧失对伦理的敬畏，导致虚假网络视频在网络如病毒般肆意传播。

例如，社交媒体上散布着大量真假不一的医学相关短视频，受众很难区分哪些是来源可靠和有效的医疗健康指南。甚至出现不良创作者为了让视频"火"一把，不惜牺牲社会道德准则，对新闻视频进行二次剪辑，拼凑成混淆视听的假新闻，刻意制造各种"意外"和"混乱"场景，给群众带来负面影响和恐慌。

二、反思与启示

短视频存在的问题虽然不会直接造成受众身体上的损害和痛苦，但会对受众的内心世界和精神状态造成严重影响，同时拍摄违反公序良俗的短视频可能会干扰社会正常秩序，破坏和谐的社会环境。基于上文对短视频潜在问题和伦理失范的分析与举例，要有效规避短视频伦理失范，必须从平台、部门、用户三者出发，各司其职，建立良性的伦理约束体系，并形成合力，共同维护短视频生态健康发展。

（一）坚持"内容为王"的创作理念

短视频凭借视觉表现上的冲击力、故事选题方面的张力吸引了大量用户，但内容同质化与碎片化成为短视频创新发展的主要阻碍因素。针对这个问题，未来短视频的内容可以以消解同质化与碎片化为主要的拓展路径，无论是 PGC、OGC 还是 UGC，在创作短视频时，都必须扩大视野，善于捕捉选题与内容创新中的亮点。

内容作为媒体的核心竞争力,利用大数据算法等技术对用户的兴趣爱好进行分析,并制作合适的内容,以满足用户的需求。既要追求内容传播的广度,也要关注内容价值的深度。部分短视频内容乍一看框架大、视野宽,实则空泛乏力,假话、空话、套话连篇,缺乏扎实的专业内容作为支撑,受众从中获得的信息很少。

浩如烟海的短视频促使受众对短视频的思想内涵、文化积淀提出了更高的要求。提供高质量的视频内容是创作者的责任,也是创作者在娱乐泛化、碎片化的信息社会中应担负起的使命。只有这样,创作者才能够在海量的信息内容中抓住用户,在增强用户黏性的同时长久且良性地发展下去。

(二)加大对短视频的监管力度

由于网络环境的开放性与隐匿性,内容监管难上加难,出现了很多低俗内容。因此,相关部门要完善管理制度,平台需优化自身监管技术,加强对内容的审核与把关,做好内容的"把关人"工作,对同质化、低俗化的内容进行有效的筛查,抑制相关内容的传播。视频内容应进一步细化分类,将内容体系化、标签化,帮用户理清短视频的分类导图及选择次序。做好价值引导工作,防止未成年人沉迷其中,鼓励有益于社会主义精神文明、物质文明建设的作品的创作与传播,坚持以维护公共利益为基本原则。

一方面,相关部门需要建章立制,完善规范管理,加强对短视频内容的审查与监管,对发布伤风败俗内容的用户采取封锁账号等措施,抵制庸俗负能量内容的传播。另一方面,为确保短视频行业健康发展,不仅需要加强短视频创作者和传播者主体的法律意识、责任意识和媒介素养,还需要提高受众的审美能力和甄别能力。学校与广大家长也要做好对未成年人的教育工作,提高未成年人的判断能力,帮助他们树立正确的价值观。有效结合受众的兴趣点,根据短视频的传播规律对主流文化进行积极的宣传与引导,是营造短视频平台良好文化传播环境的重要举措。

推荐资料:

[1] 郭庆光.传播学教程[M].2版.北京:中国人民大学出版社,2011.

[2] [美]罗伯特·麦基.故事:材质、结构、风格和银幕剧作的原理[M].周铁东,译.天津:天津人民出版社,2016.

[3] [美]理查德·沃尔特.剧本:影视写作的艺术、技巧和商业运作[M].杨劲桦,译.天津:天津人民出版社,2017.

[4] 郑昊,米鹿.短视频:策划、制作与运营[M].北京:人民邮电出版社,2019.

[5] 吴航行,李华.短视频编辑与制作[M].北京:人民邮电出版社,2019.

[6] 宫承波.新媒体概论[M].北京:中国广播电视出版社,2019.

[7] 李良荣.网络与新媒体概论[M].2版.北京:高等教育出版社,2019.

[8] 彭兰.网络传播概论[M].4版.北京:中国人民大学出版社,2017.

思考题

1. 填空题

(1) 短视频平台类型有_____、_____、_____、_____、_____、_____。

(2) 创作者在进行选题制定的时候需要注意_____、_____、_____。

(3) 声音加工包括_____、_____、_____。

(4) _____是影视创作中必不可少的部分,是连接导演、摄影师、剪辑师、演员和所有创作人员的重要参考。

2. 判断题

(1) Premiere是移动端常用剪辑软件。(　　)

(2) 机器算法对文字解析的优先级要低于画面内容。(　　)

3. 选择题

(1) 下列不属于账号定位的要点的是(　　)。
A. 制定标签　　　　　　B. 运镜及光线的把控
C. 明确内容与形式　　　D. 分析热门视频成功原因

(2) 下列不属于封面制作要点的是(　　)。
A. 反映视频主题　　　　B. 使用高质量图片
C. 打造个性风格　　　　D. 使用手绘风格

(3) 下列不属于短视频主要营销方式的是(　　)。
A. 广告　　　　　　　　B. 电商
C. IP化运营　　　　　　D. 地推

4. 简述题

(1) 简述短视频的特征及类型。

(2) 简述短视频为什么要突出关键信息。

(3) 简述短视频需要热点借势的原因。

(4) 简述社会热点的特征。

(5) 简述如何选择KOL。

(6) 简述短视频出现与主流价值观相背离情况的原因。

(7) 简述坚持"内容为王"的重要性。

第六章

附　　录

本章提要

可用于网络音频制作的软件有很多,本章选取的是专业的音频编辑软件 Adobe Audition(简称 Audition)。Audition 有先进的音频混合、编辑、控制和效果处理功能,专为从事在录音棚以及媒体与各类影视后期制作等方面工作的音频和视频专业人员而设计。选取该软件的原因在于以下三点:第一,这个软件操作相对简单,适合零基础的本科生学习;第二,该软件对声卡的要求不高,符合大部分本科生在校选用笔记本电脑作为练习音频剪辑设备的基本情况;第三,该软件导出的音频可以与 Adobe Premiere(简称 Pr)实现无损对接,方便下一步的操作练习。

而 Pr 是一款用于进行影视后期编辑的软件,是数字视频领域普及程度较高的编辑软件之一。Pr 可以提升用户的创作能力和创作自由度,是一款易学、高效、精确的视频剪辑软件。它提供了采集、组接、调色、美化音频、字幕添加、输出等全流程服务,并和其他 Adobe 软件高效集成。很多电影制片人、电视编辑和摄像师都在使用来编辑视频。

第一节　网络音频作品制作

一、如何录音

(一) 如何在多轨编辑器中录音

(1) 打开软件,选择"文件"—"新建"—"多轨会话"命令(见图 6-1)。

(2) 设置"文件夹位置"为"桌面",设置完成后,单击"确定"即可(见图 6-2)。

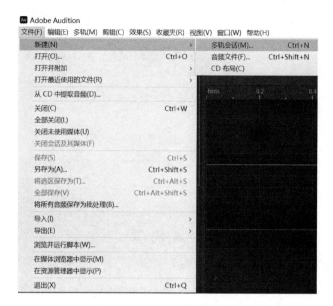

图 6-1　新建多轨会话

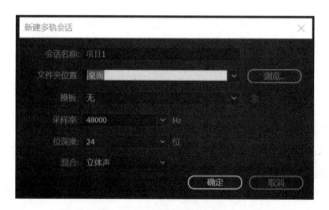

图 6-2　设置文件夹位置

(3) 单击"输入/输出"按钮(见图 6-3)。

图 6-3　"输入/输出"按钮

(4) 每一个音轨都有一个"输入"字段,在它的左侧有一个指向"默认立体声输入"字段的箭头,将其设置为"立体声"(见图 6-4)。

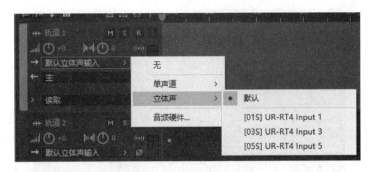

图 6-4　默认立体声输入

（5）单击"R"按钮，对着麦克风说话或者播放信号源，音轨的仪表将显示输入信号（见图 6-5）。

图 6-5　"R"按钮

（6）单击"传输控制"面板中红色、圆形的"录制"按钮，开始录制（见图 6-6）。

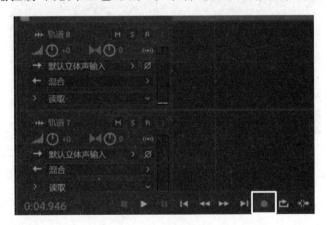

图 6-6　录制按钮

（7）单击"传输控制"面板的"暂停"按钮，可以暂停录音（见图 6-7）。

（8）单击音轨中刚刚录制完成的部分，可以将其向左或向右拖动，也可以将其拖到另一个音轨上（见图 6-8）。

（二）拖动文件到多轨编辑器中

Audition 支持将音频文件从其他地方直接拖动到单轨编辑器或多轨编辑器中。文件在多轨编辑器中自动转换为项目设置的格式。下面将介绍如何拖动文件到多轨编辑器中。

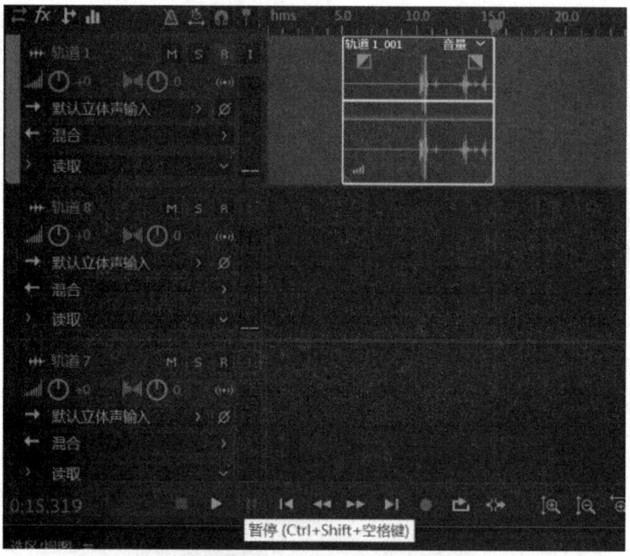

图 6-7 暂停按钮

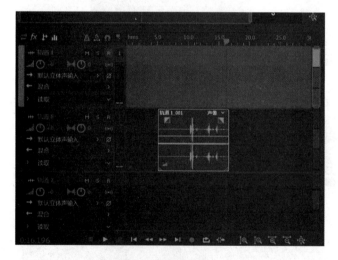

图 6-8 拖动音轨

(1) 在多轨编辑器打开的状态下,若没有文件,新建一个文件(Ctrl+N)即可。将文件保存在 demo 文件夹中。

(2) 打开 demo 文件夹,调整文件夹的显示窗口,确保能够同时显示 Audition 的音轨和已打开的 demo 文件夹。将"demo1.wav"文件拖拽至多轨编辑器的"轨道 1"开始处,按同样的方法,分别将"demo2.wav"拖拽到多轨编辑器的"轨道 2"上,将"demo3.wav"文件拖拽"轨道 3"上。

(3) 单击"播放"按钮,可同时听到各音轨上的音频文件。

二、基本编辑

对于音频文件,可以进行复制、粘贴和删除等编辑活动,以达到自己想要的音频效果。例如,当录音说错词时,可以将说错的部分删除并将更正部分粘贴到对应位置,也可以在对话中删除多余的语气词。

（一）导入音频

（1）打开 Audition，选择"文件"—"新建"—"多轨会话"命令，弹出"新建多轨会话"对话框。

（2）选择"文件"—"导入"—"文件"命令，选择想要编辑的音频，单击"确定"，即可成功新建多轨会话文件（见图 6-9）。

图 6-9 导入音频文件

（3）将音频文件拖入"轨道 1"，完成导入。

（二）删除音频区域

（1）单击上方工具栏"切断所选剪辑工具"或按快捷键 R，切换至剃刀工具（见图 6-10）。

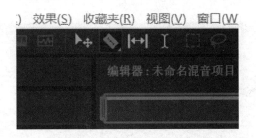

图 6-10 切换至剃刀工具

（2）使用快捷键"＋""－"水平缩放音频波形，将鼠标移至想要裁剪的位置，单击即可切断波形（见图 6-11）。

（3）将波形裁出后，切换回移动工具或按快捷键 V，选中不要的波形，按 Backspace 键或 Delete 键删除（见图 6-12）。

（4）单击后方波形，将其拖动至前方音频尾端（见图 6-13）。

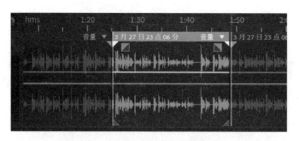

图 6-11　单击切断

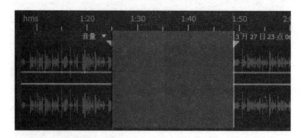

图 6-12　删除波形

图 6-13　拖动波形

（三）去除噪声

（1）双击需要调整的音频波形至单轨编辑器（见 6-14）。

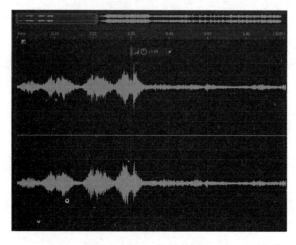

图 6-14　进入单轨编辑器

(2) 选择音频中的噪声样本(见 6-15)。

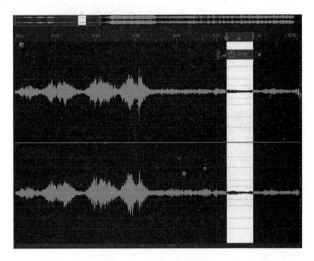

图 6-15　选择噪声样本

(3) 单击"效果"—"降噪/恢复"—"捕捉噪声样本"命令(见图 6-16)。

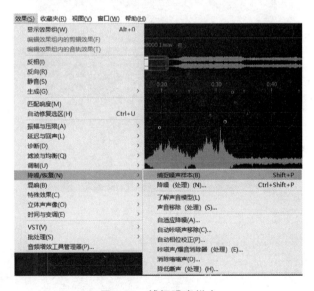

图 6-16　捕捉噪声样本

(4) 单击"效果"—"降噪/恢复"—"降噪(处理)"命令(见图 6-17)。

(5) 弹出"效果-降噪"对话框上,各参数保持默认设置,单击"选择完整文件"—"应用",即可处理整段音频中的噪声(见图 6-18)。

(四) 导出音频

(1) 在菜单栏单击"文件"—"导出"—"多轨混音"—"整个会话"命令(见图 6-19)。

(2) 弹出"导出多轨混音"对话框,在其中设置文件输出名称与格式,单击右侧的"浏览"按钮,设置输出的具体位置,在"导出多轨混音"对话框中点击"确定",即可输出多轨音频文件(见图 6-20)。

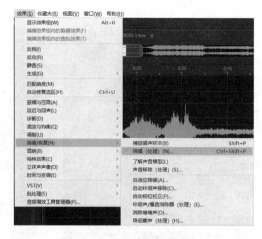

图 6-17　降噪（处理）

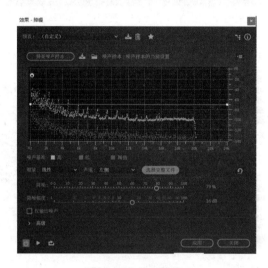

图 6-18　处理噪声

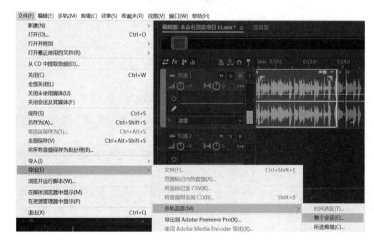

图 6-19　导出步骤

图 6-20　选择输出位置

三、常用快捷键

（一）按个人习惯编辑快捷键

（1）删除：编辑—键盘快捷键—输入删除—添加—D（键盘输入）—确认。

（2）静默：编辑—键盘快捷键—输入静默—添加—F（键盘输入）—确认。

（二）播放和录制

播放/停止：空格

录制/暂停：Ctrl＋空格

从光标所在处开始播放：Shift＋空格

从头开始播放：Ctrl＋Shift＋空格

（三）编辑波形

全选：Ctrl＋A

撤销：Ctrl＋Z

复制：Ctrl＋C

剪切：Ctrl＋X

粘贴：Ctrl＋V

删除选定的波形：Del

将选择区域以外的部分修剪掉：Ctrl＋T

（四）视图和缩放

垂直放大显示：Ctrl＋↑

垂直缩小显示：Ctrl＋↓

水平放大显示：Ctrl＋→

水平缩小显示：Ctrl＋←

第二节　网络视频作品制作

一、基本操作

（一）导入视频

（1）打开软件，选择"文件"—"新建"—"项目"命令（见图 6-21），弹出"新建项目"对话框。在对话框中点击"确定"创建新的项目文件（见图 6-22）。

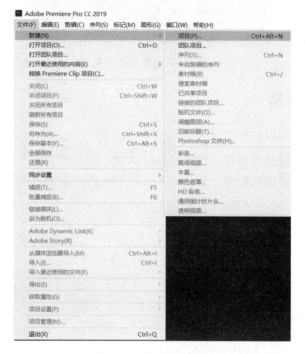

图 6-21　新建项目步骤

（2）选择"文件"—"导入"命令（见图 6-23），选择想要编辑的视频，单击"打开"，即可成功导入视频文件（见图 6-24）。

（二）删除视频区域

（1）单击工具栏中的"剃刀工具"或按快捷键 C，切换至剃刀工具（见图 6-25）。

（2）使用快捷键"+""-"水平缩放音频波形，将鼠标移至想要裁剪的位置，单击即可切断视频及音频（见图 6-26）。

（3）裁剪后，切换回选择工具或按快捷键 V，选中不要的素材，按 Backspace 键或 Delete 键删除（见图 6-27）。

（4）选中后方素材，将其拖动并与前方素材合并（见图 6-28）。

图 6-22 新建项目文件

图 6-23 导入步骤

图 6-24 导入视频文件

图 6-25 剃刀工具

图 6-26 切断视频及音频

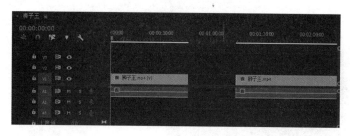

图 6-27　删除不要的素材

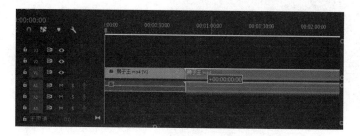

图 6-28　拖动并合并素材

(三) 视频编辑

1. 简单的视频过渡

(1) 在编辑界面左下的素材箱中,选择"效果"—"视频过渡"—"溶解"—"交叉溶解"(见图 6-29)。

图 6-29　选择溶解过渡

(2) 将"交叉溶解"效果拖动到两段素材之间完成特效添加,或在两段素材之间使用快捷键"Ctrl+D"快速添加(见图 6-30)。

(3) 如想要添加其他特效,也可在"效果"界面自行选择。

2. 简单的字幕添加

(1) 单击工具栏"文字工具"或按快捷键 T,切换至文字工具(见图 6-31)。

(2) 在右上角的画面中选择合适的位置单击鼠标,输入文字"demo"(见图 6-32)。

图 6-30　添加视频过渡效果

图 6-31　文字工具　　　　　　　　图 6-32　输入文字

（3）单击顶部工具栏"图形"，在右侧弹出的"基本图形"工具栏中选择"编辑"—"T demo"（见图 6-33）。

图 6-33　编辑文字

（4）在"文本"中选择合适的字体样式，修改字体，完成字幕添加（见图 6-34）。

（四）视频导出设置

（1）在菜单栏单击"文件"—"导出"—"媒体"命令（见图 6-35）。

（2）弹出"导出设置"对话框，在其中设置文件输出格式为"H.264"，修改"输出名称"（见图 6-36）。

（3）勾选"使用最高渲染质量"，单击"导出"，即可输出视频文件（见图 6-37）。

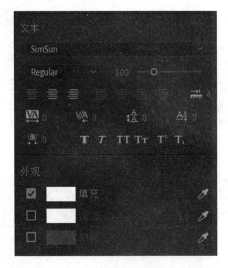

图 6-34　修改字体

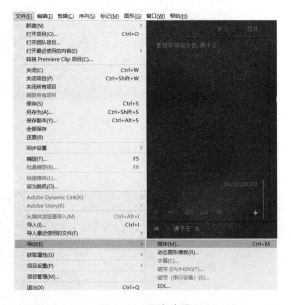

图 6-35　导出步骤

图 6-36　设置格式及名称

图 6-37 输出视频文件

三、常用快捷键

(一) 编辑视频

全选：Ctrl＋A

撤销：Ctrl＋Z

复制：Ctrl＋C

剪切：Ctrl＋X

粘贴：Ctrl＋V

播放或停止：空格键

时间单位缩放：＋、－

倒放：J

向前一帧：←

向后一帧：→

加速正向预览：L

加速逆向预览：J

补齐被剪辑片段：Shift＋Q/K

一键恢复时间轴：\

(二) 文件操作

导入：F3

采集：F5

批量采集：F6

导出：F8

需要注意的是，在编辑的过程中，记得随时用"Ctrl＋S"保存，以免系统突然假死。

引用作品的版权声明

为了方便学校教师教授和学生学习优秀案例,促进知识传播,本书选用了一些知名网站、公司企业和个人的原创案例作为配套数字资源。这些选用的作为数字资源的案例部分已经标注出处,部分根据网上或图书资料资源信息重新改写而成。基于对这些内容所有者权利的尊重,特在此声明:本案例资源中涉及的版权、著作权等权益,均属于原作品版权人、著作权人。在此,本书作者衷心感谢所有原始作品的相关版权权益人及所属公司对高等教育事业的大力支持!

与本书配套的二维码资源使用说明

本书部分课程及与纸质教材配套数字资源以二维码链接的形式呈现。利用手机微信扫码成功后提示微信登录,授权后进入注册页面,填写注册信息。按照提示输入手机号码,点击获取手机验证码,稍等片刻收到4位数的验证码短信,在提示位置输入验证码成功,再设置密码,选择相应专业,点击"立即注册",注册成功。(若手机已经注册,则在"注册"页面底部选择"已有账号?立即注册",进入"账号绑定"页面,直接输入手机号和密码登录。)接着提示输入学习码,需刮开教材封面防伪涂层,输入13位学习码(正版图书拥有的一次性使用学习码),输入正确后提示绑定成功,即可查看二维码数字资源。手机第一次登录查看资源成功以后,再次使用二维码资源时,只需在微信端扫码即可登录进入查看。